현대 기행수필론

윤 정 헌 지음

중문

머리말

　기행수필은 자신을 스스로 해부하는 수필 중에서도 가장 진솔한 전범성을 지향한다. 문학의 타장르인 시, 소설, 희곡 등이 이미지, 사건, 인물, 배경 등을 인위적으로 조작하는 데 비해 일상적 소재에서 가식없는 자아를 토로하는 수필의 원초적 순수성이 가장 잘 드러나는 방식이 기행수필이기 때문이다. 즉 여행지의 여정을 다루는 기행수필이야말로 낯선 여행지에 대한 호기심을 자극함으로써 독자의 관심을 유도하기 좋을뿐더러 자유로운 형식이 주는 소재의 막막함을 극복할 수 있는 가장 효과적 방편인 탓에 미지의 여행지에 대한 궁금증과 여수를 활용해 가독성을 증폭시킬 수 있다는 것이다.

　여행은 공간이동을 전제로 한 인간의 가장 원초적인 자기성찰의 과정이다. 사과장수 아들이 사과를 거들떠 보지 않고, 고깃집 아들이 고기 냄새만 맡아도 구역질을 내듯 우리는 다람쥐 체바퀴 돌 듯하는 일상의 무료함과 그 속박에서 벗어나기를 꿈꾼다. 그리하여 낯선 공간, 새로운 시간 속에서 비로소 새롭게 자아를 되돌아보게 된다. 그 동안 환하게 잘 알고 있다고 생각하던 자신의 본 모습을 말이다. 생전 처음 접하는 낯선 곳에서의 설레는 심사는 세상을 여는 순수한 원초지심(原初之心)에 맞닿아 있다. 그만큼 여행은 세상의 풍물과 더불어 인정세태(人情世態)에 접안(接眼)하는 가장 본질적인 인간존재양식인 셈이다.

　한국전쟁 후의 슬픈 시대상을 운명론적으로 터치해 60년대의 대표

작가 반열에 오른 소설가 하근찬은 기행체 소설 〈슬픈 장난감〉에서 북해도의 관문 하꼬다떼와 만나는 소회를 일본의 국민시인 이시가와 다쿠보쿠(石川啄木, 1884~1912)의 슬픈 가정사와 연관시켜 묘사하고 있다. 하꼬다떼 소방서의 망루에 내걸린 표어 "이시가와 다쿠보쿠(石川啄木)가 거닐던 이 거리를 불태우지 마세요"란 글귀는 그대로 노작가의 마음을 사로잡아 하꼬다떼란 북해도의 이 작은 도시를 사랑하지 않을 수 없게 했다. 뛰어난 재주를 가진 천재시인이었으나 폐병으로 26세에 요절했던 이시가와가 단지 3~4개월 교편을 잡았을 뿐인 이곳 하꼬다떼와의 인연을 불조심의 표어로 활용하는 소방당국의 로맨스적 발상이 하근찬을 감동시킨 것이다. 이쯤 되면 제 아무리 목석이라도 여행이 단지 자연적 풍광만을 보는 것이 아니라, 그 속에 녹아있는 인간의 순정한 내면에 다가서는 과정임을 부인할 수 없을 것이다.

 이처럼 인간 정체성의 순정한 바로미터인 여행을 소재로 한 기행수필도 수필인 이상, 수필의 본질적 속성인 일상성에 기초할 수밖에 없다. 그러면서도 기행수필만이 가진 변별성은 무엇인지 이 책은 이 점에 주목하여 기행수필의 양식적 특성을 규정한 후, 근대 초기의 대표적 기행작가 현진건의 기행수필 세계를 살펴 보고 이어서 실제 작품들을 소개함으로써 현대 기행수필의 실체적 덕목에 접근코저 하였다. 자료와 준비기간 부족으로 미비한 점들은 뒷날 후속 저서를 통해 보완코저 한다.

 바쁜 계절에 기꺼이 출판의 짐을 떠맡아준 중문 출판사 장의동 사장님 형제분께 감사드린다.

2022년 11월, 만추의 연구실에서

윤 정 헌

목차 目次

Ⅰ. 기행수필이란 무엇인가?

1. 수필과 기행수필 ··· 9
2. 기행문학의 역사 ··· 11
   1) 서양의 기행문학 ··· 12
   2) 중국의 기행문학 ··· 13
   3) 한국의 기행문학 ··· 14
3. 기행수필의 요건 ··· 15
4. 기행수필의 요소 ··· 18
   1) 제재 ·· 18
   2) 구성 ·· 20
   3) 주제 ·· 22
   4) 문체 ·· 25
   5) 결미 처리법 ·· 27
5. 결론을 대신하여 ··· 32

Ⅱ. 기행수필 작가 고찰 : 현진건

1. 서론 ·· 33
2. 기행수필과 현진건 ·· 35

3. 현진건의 기행수필 ·· 38
   1) 「고도 순례-경주」(1929) ···························· 38
   2) 「단군 성적 순례」(1932) ···························· 45
   3) 「금강산 정조」(1935) ································ 50

4. 결론 ··· 54

Ⅲ. 기행수필의 실제

1. '청춘 18'의 낭만에 얹혀; 일본열도 ···················· 57
   1) 고구라의 정적 ·· 57
   2) 배설의 희열과 양심의 가책이 함께 한 오사까 ······ 60
   3) 휘청거리는 오후 ····································· 65
   4) 부루라이트 요코하마 ································ 69
   5) 김노인의 실종 ······································· 75

2. 런던에서 프랑크푸르트까지; 서유럽 ··················· 82
   1) 템즈강의 유혹 ······································· 82
   2) 파리는 땀내에 젖어 ································· 86
   3) 알프스에 지는 석양 ································· 90
   4) 융프라우가 삼켜버린 추억 ························· 92
   5) 카사노바와 탄식의 다리 ··························· 99
   6) 인스부르크에서 프랑크푸르트까지 ··············· 103

3. 캥거루, 키위를 만나다; 호주·뉴질랜드 ················ 109
   1) 캥거루섬에는 캥거루가 있다 ······················ 109
   2) 그레이트 오션로드 가는 길 ······················· 114
   3) 비바! 뉴질랜드! ····································· 122
   4) 어느 것이 하늘빛이고 어느 것이 물빛이랴! ········ 130

4. 중앙아시아의 평원에서 ; 카자흐스탄 · 몽골 · 우즈베케스탄 ········· 138
   1) 백야의 알마타 ·· 138
   2) 중앙아시아에서 만난 사람 ································· 141
   3) 시루다리아강의 달빛 ·· 144
   4) 몽골의 대초원에서 ··· 147
   5) 버스에 쏟아지는 별들 ······································· 152
   6) 고선지를 찾아서 ·· 155
   7) 타쉬겐트의 여름 ·· 157
   8) 아! 사마르칸트! ··· 159
   9) 중앙아시아로부터의 엑소더스 ····························· 163

5. 북미대륙의 유혹에 끌려 ; 미국 · 캐나다 ·················· 166
   1) 나이야, 가라!, 나이야, 가라! ····························· 166
   2) 프로펠러 비행기의 낭만 ···································· 168
   3) 눈 앞에서 날아간 면허증 ·································· 171
   4) 플로리다여, 안녕! ·· 173
   5) 츄카치산맥에서의 아름다운 인연 ························ 175
   6) 바람불어 추운 날 ··· 181
   7) 요호에 부는 바람 ··· 185
   8) 아스바스카(Athabasca) 氷原의 눈물 ···················· 189
   9) 샌프란시스코 만에 서다 ···································· 194
   11) 몬테레이에 내리는 비 ······································ 197
   12) 바트(BART)를 타고 버클리로 ··························· 202

6. 아마존의 둥지를 찾아 ; 브라질 · 페루 ······················ 209
   1) 神들의 워터슬라이드, 이과수 ····························· 209
   2) 마추픽추의 굿바이 소년 ···································· 217

7. 인더스문명에 젖어 ; 북인도 ···································· 222
   1) 역사보다 깊은 도시, 바라나시의 미소 ················· 222

2) 샤자한의 망처가(望妻歌), 타지마할 ················ 227

8. 검은 대륙의 속삭임으로; 남아프리카 ···················· 234
　　1) 내 집은 어디에? ································· 234
　　2) 쵸베에서 사파리를 ······························· 237
　　3) 아! 희망봉! ···································· 244

9. 중동의 모랫바람 사이로; 이집트·요르단·이스라엘 ········ 251
　　1) 수에즈 터널을 지나 모세의 광야로 ················ 251
　　2) 아! 페트라! ···································· 258
　　3) 사해에 누워 ···································· 265

10. 백색 자화상은 환상을 부르고; 아이슬란드 ················ 270
　　1) 레이캬비크의 여명 ······························· 270
　　2) 한겨울의 골든서클 ······························· 276
　　3) 레이캬네즈반도에 부는 바람 ······················ 282
　　4) 사우스 쇼어엔 눈이 나리고 ······················· 286

11. 발칸의 정원에서; 루마니아·불가리아·(구)유고연방 ······ 292
　　1) 드라큘라의 눈물, 브란성 ························· 292
　　2) 발칸의 신비를 벗다; 불가리아 ···················· 297
　　3) 발칸의 맹주를 찾아서; 세르비아 ·················· 302
　　4) 이슬람의 숨결, 보스니아 헤르체코비나 ············ 306

I. 기행수필이란 무엇인가?

1. 수필과 기행수필

　근자에 들어 수필은 문학의 한 장르로 확고히 자리 잡고 있으며 문학사회학적 견지에선 특수(特需)를 누리는 듯하다. 80년대 이후 수필은 문학의 주장르로 급성장했는데 이는 거꾸로 말한다면 수필이 그 잠재적 자질에도 불구하고 그간 일반의 관심권 밖에 위치하고 있었음을 증명하는 것이다.
　문학사에서 수필은 그간 대단히 홀대되어져 왔다. 이는 문학을 서정, 서사, 극의 3분법으로 재단해왔던 기왕의 배타적 문학관에서 기인한 것이다. 따라서 근자의 수필붐은 수필을 서정, 서사, 극 다음의 제4장르로 정립하는 새로운 문단적 분위기에 편승한 것으로 봐 무방할 것이다.
　이처럼 수필의 장르적 특성은 제4장르의 개념에 의해 비로소 본질적으로 규명되는데 이는 대단히 까다로운 작업에 속한다. 수필의 장르적 개념 규정이 이처럼 쉽지 않은 것은 수필이 문학과 비문학적 담론(종교, 철학, 교육, 심리학 등) 사이에 위치하고 있기 때문이다. 다행히 최근에 경계선이 붕괴되는 장르해체의 현상이 빈발하고 이와 함께 오히려 각 장르의 본질을 재조명하도록 요청함은 대단히 고무적인 일이다. 수필을 제4의 새로운 문학적 형식이라 할 때 이것은 기존의 모든 글쓰기 형식에 대한 반성의 의의를 함축한다는 사실을 염두에 둬야 할 것이다.[1]

일반적으로 시, 소설, 희곡 등이 이미지, 사건, 인물, 배경 등을 꾸며내 보여줌으로써 그 형상들을 통해 간접적으로 주제를 제시하는 데 반해 수필은 직접적으로 이를 제시한다. 따라서 수필에는 언어활동의 기본요소들이 실제의 모습에 가깝게 담기게 된다. 그리하여 수필은 어떤 갈래의 글보다 자연스럽고 친숙하게 여겨지며 필자(주체) 중심의 주제를 구현하는 탓에 주제의 제시에 필요하기만 하면 무엇이든 소재가 되고 따라서 한 작품 안에 갖가지 소재가 망라될 수도 있다. 또한 그러면서도 글의 일관된 내용과 짜임새는 유지된다.

이처럼 수필은 주제가 직접 제시되고 정해진 형식이 없으며 누구든지 쉽게 쓸 수 있으면서 필자 중심의 주제로 조직되므로 시, 소설, 희곡 등을 읽을 때처럼 그 의미가 복잡 미묘한 이미지나 사건의 숲을 헤쳐나가는 어려움 없이 금방 뜻을 파악하고 조직할 수 있다. 결국 수필은 문학적인 글과 그렇지 않은 글의 복합적 성격을 띠고 있으므로 훨씬 자유롭고 편하게 다가갈 수 있는 것이다.

이러한 수필의 본질에 가장 부담 없이 가까이 다가설 수 있는 것이 바로 기행수필이다. 수필의 여러 장르 중 하나인 기행수필은 여행지의 여정을 제재로 다루는 수필이다. 낯선 여행지에 대한 호기심을 자

---

[1] 김준오, 수필의 장르적 특성, 『수필학』 5집, 한국수필학회, 1998, 27쪽.

극함으로써 독자의 관심을 유도하기 좋을뿐더러 자유로운 형식이 주는 소재의 막막함을 극복할 수 있는 가장 효과적인 방편으로 활용할 여지가 무궁무진하다. 특정지역을 여행하기만 하면 저절로 소재가 생기는 셈이므로 '무형식의 자유로운 막막함'이 오히려 수필 기술과 구성의 부담으로 작용할 수 있는 필자들에겐 손쉬운 취재 대상으로서의 매력으로 다가올 수 있다. 자신만이 가진 여행지의 독점적 정보를 중심으로 자신있게 필자 중심의 주제를 제시할 수 있게 하는 여유를 갖게 함으로써 기행수필은 필자와 독자 모두에게 가장 인기 있는 수필 유형으로 새로이 부상하고 있다.

2. 기행문학의 역사

여행 중의 체험·견문·감상 등에 착목하는 기행문학은 기행수필, 기행일기, 기행서간문 등과 같이 주로 1인칭 고백체의 성격을 띠게 마련이며 표현도 사실적이어서 형식에 구애받지 않는다. 내용면에 있어서도 시, 시조 등 기성의 문학적 수사를 삽입·활용하거나 자신의 감성을 대변할 수 있는 갖가지 정신적 소산을 집약적으로 표괄한다.

서양의 경우, 중세엔 미지의 세계가 무한하게 확장 중이었기에 오늘날의 시각에서 보면 황당하기 짝이 없는 묘사가 난무했었다. 그러다 15~16세기 아메리카 신대륙을 비롯한 지리상의 대발견 이래의 탐험정신과 18~19세기 과학 발달에 따른 실용정신의 발호에 힙입어 본격적으로 기행문학이 횡행하기 시작하였다. 그러나 동양, 특히 중국의 경우엔 늘어나는 기행과는 별개로 이와 연계된 두드러진 기행문학은 서양에 비해 그다지 활발하지 않았고 한국의 경우에도 일부 서경적 차원의 것을 제외하곤 이렇다 할 기행문학을 생산치 못하는 실정이었다.

1) 서양의 기행문학

호메로스의 〈오디세이아〉는 대부분이 기행문학의 요소를 품고 있다. 그런데 이러한 편력(遍歷) 혹은 주유(周遊) 스토리의 기원은 오리엔트 신화에까지 거슬러 갈 수 있다. 그리고 사실적 이야기로는 이집트의 〈웬 아몬드 여행기〉류를 들 수 있는데 이 방식을 계승해 로마시대엔 카이사르의 〈갈리아 전기〉, 타키투스의 〈게르마니아〉 등이 넓은 의미의 여행기 역할을 담당한 것으로 볼 수 있다. 중세엔 여행기 성격의 글들이 뜸한 편이나 북유럽의 무용담인 〈사가〉나 〈아서왕 설화〉 등에 기행문학적 요소가 상당히 담겨져 있다. 고기영어(古期英語) 시대엔 〈방랑자〉, 〈바다로 가는 사람〉 등의 유이민시가 남아 있고 중세 말기에 마르코 폴로의 〈동방견문록〉과 E.바투타의 〈삼대륙 주유기〉가 미지의 세계인 동방의 실정을 소상히 전해 세인의 호기심을 끌었다.

르네상스 이후, 기행지역이 보다 광범위하게 확대되어 나타났다. 몽테뉴의 〈여행일기; 이탈리아 기행〉나 괴테의 〈이탈리아 기행〉은 남유럽에 대한 동경을 부추겼고 에스파니아(스페인)가 여행의 소재로 다뤄져 이목을 끌었다. P.로티의 〈빙도(氷島)의 어부〉 등은 엑조티시즘(이국 정서)에서 비롯되었으며 A.체홉의 〈시베리아 여행〉은 사할린의 수인생활을 조사하러 갔을 때의 견문을 기록한 것이다. A.

지드의 〈콩고 기행〉과 〈소비에트 기행〉도 주목을 끌었는데 전자에는 프랑스의 식민지배에 대한 항의가 담겨있고 후자에는 소비에트 당국의 획일주의 체제에 대한 비판이 드러난다. 기행문학은 시대와 함께 변화해 왔지만 저자의 동기에 따라서도 다양하게 펼쳐져 왔다.

이를테면, 18세기에서 19세기 사이엔 유럽인이 식민지에 체류했을 때의 관찰과 보고가 대종을 이룬다. 또 T.모어의 〈유토피아〉를 비롯한 유토피아 문학이 지리적으로 먼 곳을 이상국(理想國)으로 설정하고 있는 것은 기행문학에 영향받은 것으로 상정된다. 따라서 D.디포의 〈로빈슨 크루소〉 류의 표류모험담과도 내적 연관성을 가진다고 볼 수 있다. 이밖에 R.L.스티븐슨의 〈내지여행기(內地旅行記)〉, 베로크의 〈로마로 가는 길〉, D.H.로렌스의 〈이탈리아의 박명(薄明)〉, 오든과 마크니스 공저의 〈아이슬란드에서 온 편지〉, V.de.샤토브리앙의 〈파리에서 예루살렘까지〉, 플로베르의 〈들을 넘고 물가를 지나서〉, 모파상의 〈물 위〉, 마르탱 뒤 가르의 〈마다가스카르 기행〉, 하이네의 〈여행의 그림책〉, 샤미소의 〈세계 주유기〉 등도 비슷한 기류에서 저작되었다.

20세기 이래 현대에 접어들면서 항공, 선박, 기차 등 교통수단의 발달이 두드러지면서 세계화가 급속히 진전되자 여행의 일상화와 더불어 기행문학 작품도 무수히 양산되기 시작했다.

2) 중국의 기행문학

송(宋)나라의 법현(法顯)이 쓴 〈불국기(佛國記)〉는 인도 왕복을 기술한 것으로 문학적 가치가 있었다. 당(唐)나라 현장의 〈대당서역기

(大唐西域記)〉도 역시 인도 기행을 다룬 것인데 보다 기록에 중점을 두었는데 훗날 명(明)대의 소설 〈서유기〉의 서사 배경이 되었다. 금(金)말 원(元)초의 도사 장춘진인(長春眞人)의 〈서유기〉는 칭기스칸의 초청을 받아 중앙아시아에 갔을 때의 여정을 담은 것으로 당대 뿐 아니라 지속적으로 이목을 끌었다. 특히 송나라 육유(陸遊)의 〈입촉기(入蜀記)〉, 범성대(范成大)의 〈오선록(吳船錄)〉과 〈출촉기(出蜀記)〉는 기행문학으로서의 가치가 두드러진다. 전자는 촉의 쓰촨성(四川省)으로 갈 때, 후자는 거기서 떠날 때를 주제로 쓴 것이다.

이밖에도 중국의 대표적 대시인, 당(唐)대의 이백(李白)과 두보(杜甫)도 여행의 서정을 담은 숱한 시편을 남겼다. 그러나 근대적 의미의 기행문학이 중국엔 이렇다 하게 존재하지 않는다. 서양과 달리 인간의 자유로운 영혼을 재촉하는 르네상스의 과정을 거치지 않은 관계로 기행의 주체가 되는 개인의 자각이 희박했기 때문이다. 현대에 들어 궈모뤄(郭沫若)의 〈訪蘇紀行〉 등이 주목을 받기는 했으나 서양에 비해 그 토대는 미약한 편이다.

3) 한국의 기행문학

조선 정조 때, 박지원(朴趾源)의 〈열하일기(熱河日記)〉는 한문으로 된 기행문학으로 문학사적 가치가 지대하다. 김진형(金鎭衡)의 〈북천가(北遷歌)〉, 김인겸(金仁謙)의 〈일동장유가(日東壯遊歌)〉, 홍순학(洪淳學)의 〈연행가(燕行歌)〉 등은 기행가사로서 운문적 정취의 기행문학적 가치가 돋보인다. 이밖에 관동의 서경을 읊은 정철의 〈관동별곡(關東別曲)〉을 비롯해 조선시대 중국을 다녀온 여러 사신들이 저

술한 연행록(燕行錄)들도 사료적 가치를 겸한 기행문학에 포함된다.

　한국 근대의 최초 기행문은 1895년 출간된 유길준(兪吉濬)의 〈서유견문(西遊見聞)〉으로 볼 수 있는 바, 서구의 근대 모습에서 우리 근대의 바람직한 모델을 정치 경제 법률 교육 문화 등 각 부문별로 체계적으로 소환한 '근대화 방략서'라 할 이 저작물의 근간은 낯선 곳의 풍물에 접안하는 저자의 호기로운 감성이었다. 그후, 최남선(崔南善)의 〈백두산관참기(白頭山觀參記)〉 등 일군의 기행수필이 이어졌으나 본격적인 기행문학의 시대는 해방기를 전후해 전개된다.

3. 기행수필의 요건

　다른 장르에 비해 형식의 제약이 없는 무형식의 문학인 수필은 제재가 광범위하고 자아를 드러내는 노출성이 강할 뿐 아니라 일상성에 기초하고 있으므로 예술성과 개성을 효과적으로 접목시키지 못한다면 천박한 잡문이 되기 쉽다.

　따라서 수필에서의 제재 선정은 매우 중요한 관건이 된다. 일상생활이란 우리 주변의 친근함과 포근함을 동반하기는 하지만 평범하기 그지없어서 '소재의 빈곤과 한계'라는 취약점을 동시에 안을 수밖에 없다. 그런데 여행은 그 평범한 일상에서 경험 또는 체험하지 못한 이색적인 글감을 얻을 수 있는 가장 효과적인 제재 제공처 구실을 하므로 많은 수필가들이 소재로 삼고 있다.

　기행수필이 수필문학의 총아로 등장하게 된 것은 바로 이러한 배경과 연관되는 것이다. 원래 고대 미개사회에서 생활을 유지하기 위한 방편으로 시작되었던 인류의 여행은 1896년 독일 고교생 피셔에 의해 시작된 '반드포겔'(Wandervogel) 운동[2] 이래 점차 휴양과 오락 목적의 개념으로 변모, 발전해 왔다. 낯선 곳으로의 여행이 쉽지 않았던 시대에는 여행지의 이색적 풍물과 세태에 대한 친절한 소개와 일정의 상세한 언급이 반드시 필요했을 것이므로 그것만으로도 기행수필의 요건을 충족시켰을 수 있었다. 그러나 여행이 보편화되고 일반의 눈높이가 높아진 지금에 와선 일정을 좇아가며 다큐멘타리식의 보고서를 대하는 듯한 기행수필은 더 이상 생명력이 없다.

수필에서 중요한 것은 소재의 참신성 못지 않은 시각의 독창성이다. 기행수필에서도 남들이 똑 같이 거쳐간 일정을 앵무새 읊조리듯 재현하기보다 그곳 풍물에 대한 자신만의 독창적인 접안(接眼)시각을 주제화 할 수 있는 능력이 요구된다. 진부한 일정의 보고서에 방불하는 기행수필에서 벗어나 문예적으로 승화된 작품이 되려면 하나의 주제를 중심으로 소재(체험)에 대한 철저한 의미화, 형상화를 이루어 내야 하는 것이다.

이를 위해 기행수필에선 무엇보다 과감한 함축과 절제가 요구

---

[2] 산과 들을 도보여행 하는 일. 1896년 베를린 교외의 고등학생 칼 피셔에 의해 시작되어 1901년 독일의 빌헬름 마이넨에 의해 명명되어졌다. 처음에는 청소년의 여행운동이었으나 도시생활을 떠나 대자연 속에서 자주적인 생활을 하고 이상주의에 심취해 함께 이야기한다고 하는 도보여행은 유스호스텔 활동과도 이어져 곧 유럽에서 전세계로 확산되었으며 독일 각지에서 기타와 배낭을 짊어진 도보여행자들을 볼 수 있게 되었다. 제2차 세계대전 중에는 나치스의 히틀러 유겐트에 통합되었다. 전후(戰後)에 부활되어 본래의 활동이 이뤄졌는데 이는 스포츠로서의 등산과는 목적의식이 달랐다. 이 점에서 영국의 하이킹과 같은 의미로 쓰인다. 기상·지도 등의 기초지식과 걷는 방법 등의 기술을 충분히 습득해 무리 없는 계획을 세워 용구를 준비하고 신중한 행동을 해야만 한다.

된다.[3]

　여정(旅程)은 있되 과감히 생략해야 하고 체험은 쓰되 주제에서 벗어난 내용은 절제해야 한다. 기행수필에서 일기처럼 체험코스를 그대로 나열하거나 여행지에 대한 일반적 역사적 개요를 백과사전식으로 지나치게 천착(穿鑿)하려 한다면 독자의 마음을 사로잡는 문학이 아니라 머리에 호소하는 공고문이 되고 말 것이다. 자료나 메모에 의지해 즉물적 사실을 기술하는 데 그치지 말고 자신만이 느낀 여행지의 인정세태(人情世態)를 주제화하여 독자들이 공감할 수 있는 적절한 비유에 실어 표현한다면 훌륭한 기행수필이 될 것이다.

　이와 함께 여행지에서의 재미있는 에피소드를 최대한 활용해 주제 또는 자신의 인생관과 연결시키는 순발력이 필요하다. 그렇게 함으로써 독자의 관심을 제고시켜 긴장을 갖고 지속적으로 읽도록 할 수 있다. 이처럼 여행체험을 통해 얻은 반성적 사유을 감성적 분위기의 문체로 얼마나 잘 다듬어 내느냐가 기행수필에선 무엇보다 중요하다. 여행의 설레는 감동을 독자에게 자연스럽게 전달할 수 있는 진솔한 감수성과 같은 공간에서 자신만이 유별나게 체득한 진지하고도 독자(獨自)적인 육감(肉感)이 효과적으로 잘 버무려져야만 독자와의 일체감을 형성시킬 수 있는 것이다.

　다시 말하자면 그곳에 가지 않더라도 여행 안내책자를 보면 알 수 있는 사실의 기록보다는 현장에서 느낀 자신만의 소회(所懷)를 독자들이 가슴으로 느낄 수 있도록 표현하는 능력이 기행수필의 성립관건이 된다는 것이다.

---

[3] 이정림, 기행문과 기행수필, 『수필학』 11집, 한국수필학회, 2003, 133쪽.

4. 기행수필의 요소

1) 제재

　제재는 주제를 효과적으로 나타내기 위해 선택된 소재이다. 수필의 제재엔 제한이 없지만 기행수필의 제재는 주로 여행지의 일상을 중심으로 작가 개인의 인생관과 생활체험, 자연에 대한 관찰과 사회 문제에 대한 견해 등이 잘 드러나도록 해야 한다. 기행수필의 작가는 여행지에서의 견문과 사유를 바탕으로 참신하면서도 풍부하고 주제를 잘 담아낼 수 있는 공감어린 제재를 선택함으로써 주제와 긴밀하게 결합할 수 있도록 해야 한다는 것이다.[4]

　일반적으로 제재는 주제가 아니라서 해서 소홀히 다뤄지는 경향이 있다. 특히 간접적 소재(제재)는 주제를 제시하는 데 이용되는 수단에 불과하다고 여겨 그런 경향이 더욱 심하다. 그러나 직접적 소재(제재)이든 간접적 소재(제재)이든 간에, 그것은 주제의 바탕으로서 주제를 형성하고 나아가 주제의 일부가 된다. 주제는 소재의 특성을 이용하는 동시에 그것으로 이뤄진다는 말이다.

　필자가 어떤 사물을 나름대로의 관점에서 분석하고 선택해 제재로 사용했을 때 그것은 이미 범위가 제한되고 주제를 형성하는 특정한 의미를 띤 것이 된다. 그것은 필자에 의해 변화되고 다시 태어난 그 무엇인 것이다. 그러므로 제재는 '필자가 나름대로 바라보고 또 활용

4　최동호·신재기 외, 『고등학교 문학』, 대한교과서, 1996, 249쪽.

하는 글의 재료5 중 주제 발현의 효용가치가 높은 것' 정도로 정의해 두고 글에 따라 적절한 수준에서 이를 짚어내는 것이 좋을 듯하다. 제재를 파악하는 것은 어떤 글이 과연 무엇에 관한 것인지를 구체적으로 분석하고 한정하는 일이므로 치밀하고 꾸준한 혜안이 필요하다.

하여튼 기행수필의 제재는 여행지에서 받은 인상에서 파생한 여러 소재 중 가장 중심되는 것을 선택하여 보조 소재들과의 유기적 관계가 잘 유지되는 선에서 선정되어야 한다. 대개 수필의 제목은 제재를 따서 붙이는 수가 많은데 특히 기행수필은 그런 경우가 허다하여 여행지가 제목이고 곧 제재인 경우가 많다. 그러나 어떤 경우라도 각 단락에 산재한 보조 소재들이 글 전체의 제재를 떠받치는 유기성을 공고히 하여 필자의 관심의 초점을 수렴하고 발산하는 경로로 적절히 활용하여야 한다. 다음 글에서 여행지의 제재적 단상이 어떻게 주제 구현에 이바지하는지 살펴보자.

> ……전략…… 조선 중종 때 영규대사가 중창하면서 중국 흑룡강 부근의 은행나무를 구하여 불상을 조각하였다고 한다. 인자한 모습과 온화한 표정은 모든 중생을 안고도 남음이 있다. 불교에서 존재의 근원을 '쏼'으로 설명한다. '있음'과 '없음'이 둘이 아니라 하나라고 본다. 보이는 것에만 집착하는 우리의 합리적인 논리가 얼마나 하찮고 어리석은 것인가. 절 입구에 세워진 전직군수의 공덕비는 자리를 잘못 잡은 것 같다. 경산을 흥하게 한다고 '경흥사'라 이름 지었던 곳이기에 경산시를 위해 일한 목민관의 공덕을 새겨 보존한들 무슨 상관이란 말인가.6

---

5 최시한, 『수필로 배우는 글읽기』, 문학과 지성사, 2004, 190쪽.
6 신재기, 『경산 신아리랑』, 학이사, 2010, 95쪽.

어느 지방 사찰(경홍사)의 경관에서 포착되어지는 제재(흑룡강의 은행나무―불상―불교―'空'의 개념 등)를 '인간논리의 허구성과 허세적 실체'란 주제로 치환시키는 작가의 인식론적 사유체계에서 기행수필 제재의 절묘한 주제포섭 효과를 엿볼 수 있다.

2) 구성

수필이 다른 장르에 비해 그 형식이 자유로운 것은 사실이나 의도하는 주제를 효과적으로 드러내기 위해서는 제재를 적절하고 유기적으로 잘 배열해야 한다. 이처럼 제재를 적절하고 효과적으로 배열하여 형상화하는 것이 수필의 구성이다. 수필의 구성에는 소설처럼 일정한 틀이나 단계가 있는 것이 아니라, 작품에 따라 그 나름대로 독특한 구성을 취한다. 어떤 구성방식을 취하든 기행수필에는 여행지에서의 에피소드나 여행지에서의 단상이 삽입되는 경우가 대부분이다.

수필은 작가의 사실적 체험을 바탕으로 하기 때문에 진실을 벗어나 쓰여진 작품은 말장난이 되기 쉽다. 따라서 여행지에서 실제 체험한 사실을 제재로 하고 이를 바탕으로 한 구성을 취하는 기행수필은 여러 면에서 독자의 공감을 얻기에 유리하다. 그러나 수필의 진정성은 사실을 정확하게 기록함으로써만 얻어지는 건 아니다. 굳이 '사실적 기록'만을 고집한다면 수필은 문학일 필요가 없다. 수필이 문학성을 지니기 위해선 진실과 사실에 바탕을 두되 그것을 적절하고 긴밀하게 재구성할 필요가 있는 것이다. 즉 '사실'(actuality)과 '그럴듯함'(plausibility)을 절묘히 결합하여 독자의 감동을 자아내게 해야 한다는 것인데, 실제로 사람이 죽은 신문기사에 무덤덤하던 독자가 허구의 소설이나 영화에서 주인공이 죽어갈 때 눈물을 흘리는 경우를 유추해 보면 금방 이해가 될 것이다.

한편 수필을 구성한 사건의 줄거리에서 파생한 긴장감을 맛보도록 한 플롯수필(plot essays)과 플롯적 사건의 전개 없이 필자의 순전한 철학적 사고를 펼쳐 보이는 사고수필(thought essays)로 대별할 때 일반적으로 기행수필은 플롯수필의 구성을 취한다.7 그것은 낯선 여행지에서의 일탈적 에피소드를 플롯적 원리로 구성함으로써 독자에게 읽는 재미와 긴장감을 선사할 수 있기 때문이다. 그러나 궁극적으로 기행수필은 문학적 감동을 추구해 예술적 경지에 이르러야 하므로 단순히 여행지의 이국적 정취에만 의존해 긴장감을 유발하는 데 그쳐서는 안 될 것이다. 여행지의 에피소드와 그 정서를 기반으로 수준 높은 지적 탐구로까지 이어져야 문학으로서의 품격을 유지할 수 있다.

독자들의 지식만족도는 끝없이 고양되므로 수준 높은 사유를 통해 고고한 진리에 도달하도록 결말을 조정해 나가야 한다. 따라서 바람직한 기행수필은 플롯수필의 형식을 취하더라도 단순한 여정에서의 여담이나 여행지에서의 자기실토에서 나아가 사고를 통해 진리에 다가서는 사고수필과의 공존을 모색해야 할 것이다. 다음 글에서 여행지의 에피소드를 구성에 어떻게 활용하고 있는지 살펴보자.

　　　일본식 정원의 독특한 향취를 풍기는 덴노지 공원과 성덕태
　　자 유물 특별전을 열고 있는 덴노지 박물관을 빙 돌아 덴노지 동

---

7 도창희, 플롯수필의 문학성에 대하여, 『수필학』 4집, 한국수필학회, 1996, 78쪽.

물원으로 향했다. 그 도중에 일본만의 독특한 풍류를 접할 수 있었다.
　그건 다름 아닌 200엔짜리 노상 가라오케!
　주로 황혼을 지난 노인들이 길가의 행인들을 청중으로 알 듯 모를 듯한 그네들의 인생유전을 구슬픈 엔가 곡조에 실어 영혼 어린 열창들을 해대고 있었다. 노래가사가 흐르는 모니터를 등지고 우수에 젖은 감은 눈을 길가의 청중들에게 돌리며 자신의 인생을 노래로 엮어내는 듯한 애절한 멜로디가 덴노지 공원 모퉁이를 도는 내 귓전에 비수처럼 꽂혀 왔다. 순간 다시 한번 자신을 데려가 달라며 호소하던 김노인의 슬픈 눈망울이 내 구멍 난 양심에 오버랩되었다. '아버지를 버린 자식'이 된 기분이 들었다.[8]

일본 자유배낭여행의 정취를 즐기려 일행인 김노인을 떼놓고 홀로 오사까 여정에 나선 작가가 덴노지 공원의 노인들이 부르는 구슬픈 엔가 가락에서 양심의 가책을 느낀다는 이 대목은 여행지의 에피소드를 센치멘탈하게 변용해 우리 시대의 표류하는 경로의식을 되돌아보게 한다는 점에서 주목된다.

3) 주제

　수필은 주관적이고 진솔한 글이므로 그 주제는 독자에게 쉽게 다가온다. 따라서 주제는 수필적 자아와 독자의 내면적 체험이 직접 만날 수 있도록 해주는 고리이다. 그 고리는 논리적인 지식이 아니라

---

[8] 재회, 배설의 희열과 양심의 가책이 함께 한 오사까, 〈다음카페; 크루즈매니아〉

인생에 대한 예지(叡智)이다. 그래서 수필에선 주제의 깊이는 작가의 인격과 체험의 진실에서 우러나오기 마련이다.

　기행수필은 필자 자신이 직접 체험한 여행지에서의 단상 및 에피소드에서 출발하므로 그만큼 깊이있는 주제에 다가갈 수 있는 유리한 고지를 점하고 있는 셈이다. 그러나 앞서도 말했듯이 이것이 단순한 사건의 나열에 그치고 심오한 철학적 명제를 도출시키지 못한다면 '주제의 함량미달'로 제대로 된 대접을 받기 힘들다. 수필은 그 제재가 다양한 만큼 그 주제도 일상의 사소한 감상에서부터 인간 존재의 본질적인 면에 이르기까지 매우 다양한 모습을 보인다. 이러한 주제가 개별작품에서 효과적으로 제시되기 위해서는 적당한 제재, 효과적인 구성, 개성 있는 문체 등이 유기적으로 통일되어 주제를 뒷받침할 수 있어야 하는 것이다.

　한 마디로 주제란 필자가 글을 쓰는 목적, 그가 처한 상황과 사물을 보는 관점, 글의 구성 형식 등과 밀접한 관계가 있다. 그것들이 주제를 낳는다고 할 수도 있고 주제가 그것들을 요구했다고 할 수도 있다. 주제는 글의 겉에 요약되어 드러나 있기도 하지만 속에 녹아 있는 경우가 대부분이다. 언어활동의 기본요소를 바탕으로 주제 설정의 맥락을 살펴보면 보통 6가지로 나눠지는데9 실상 세상 대부분의 생활논리는 이 6가지 맥락 속에서 해석되고 평가된다고 보아 무방하다.

　따라서 기행수필의 주제도 이러한 맥락을 염두에 두고 여행지에서

9　A) 필자가 처한 상황, 취미, 가치관, 글을 쓰는 목적 등의 맥락, B) 독자가 처한 상황, 취미, 가치관, 글을 쓰는 목적 등의 맥락, C) 사물(소재)의 속성과 특징, 그와 관련된 지식(이론체계)의 맥락, D) 사회적·문화적 관습, 규범, 제도 등의 맥락, E) 역사적·정치적 맥락, F) 보편적인 사실과 가치(사상·윤리)의 맥락; 최시한, 앞의 책, 206쪽.

의 다양한 체험을 깊이있게 의미화하여 형이상학적 전환을 할 수 있게 설계되어야 할 것이다. 그러기 위해서는 이러한 맥락들을 전술적으로 충분히 고려하여 잘 활용하여야 한다. 즉 제재에 관해 제공된 객관적 사실과 그에 대한 필자의 의견·주장을 조화롭게 습합하도록 하고 이를 통해 주제는 직접적으로 제시하기보다 암시적·함축적으로 제시하도록 힘써야 한다는 것이다. 다음 글에서 기행수필이 주제를 제시하는 방식에 대해 주목하면서 주제의 암시적 구현을 위해 어떤 기교를 활용하는지 살펴보자.

> 자정이 넘어 에스키쉐히르를 출발한 우리는 다시 6시간을 줄기차게 달려 이스탄불의 아타튀르크 국제공항에 도착했다.
> 아……, 드디어 터키를 떠나는구나. 나는 그때까지도 실감이 나지 않았다. 나는 나짐에게 웃으면서 손을 흔들고 출국심사대로 들어서려 했다. 갑자기 나짐이 내 손을 붙잡아 당긴다.
> "파묵칼레로 돌아가자!"
> 그제야 내 눈에 폭탄이 터진 듯 눈물이 나왔다. 나짐의 눈에도 그렁그렁 눈물이 맺히고 있었다. 이런 촌스러운 이별식은 안 하려고 했는데, 우리는 한참이나 부둥켜안고 울었다.[10]

한국에서 터키로 여행왔다 터키 청년을 사랑하게 된 한국 여성이 공항에서 연인과 이별하는 광경에 초점을 맞춘 대단원의 이 장면은 '국경을 초월한 사랑의 진정성'을 그 어떤 수사적 진술보다 진솔하고 곡진하게 함축하고 있어 읽는 이의 가슴을 뭉클하게 한다. 절제했던 감정을 이별을 앞둔 국제공항에서 터뜨려 대미의 방점을 찍게 함으

---

[10] 미노, 『수상한 매력이 있는 나라, 터키』, 즐거운 상상, 2005, 259쪽.

로써 두 연인의 아름다운 사랑은 한층 애절하고도 안타까운 빛깔을 띠게 된다.

4) 문체

수필의 요소 중에서 문체는 주제를 드러내기 위해 선택된 제재를 적절하게 배열하여 표현하는 것이다. 선택된 제재나 계획된 구성도 최종적으로 문체에 의해 뒷받침됨으로써 주제를 효과적으로 드러낼 수 있고 문학적인 형상화도 이뤄낼 수 있다.

문체는 관점에 따라 그 개념이 다양하게 정의될 수 있지만 크게 세 경우로 나눠볼 수 있다.[11] 첫째는 어떤 특정한 시기와 지역에서 독특하게 사용되는 언어의 표현체계 및 표현방식을 일컫는다. 이때는 시대정신이나 민족정신 같은 집단적 연대감의 표현이 중시된다. 일제하 금강산을 기행한 문인이나 베를린 올림픽 등 국제경기에 일본을 대표해 출전한 조선인의 감회를 다룬 글의 문체가 이에 해당할 수 있다. 둘째는 일상적인 언어사용 방식과 변별되는 문학적인 언어사용 방식을 가리킨다. 셋째는 어떤 특정작가에 의해 정립된 고유한 언어사용 방식을 말하는데 일반적으로 말하는 문학작품에서의 문체라 함은 이것을 일컫는다.

수필문학의 개성은 작품의 내용이나 선택된 제재의 독특함에 의해 부각되기도 하지만 무엇보다도 개성적인 문체에 의해 드러난다. 개성적인 문체란 단지 표현기법이나 문장의 수사만을 가리키는 것이

---

[11] 박종홍, 『현대소설원론』, 중문출판사, 1993, 114쪽.

아니라 작품을 예술적으로 형상화하는 능력을 망한다. 기행수필에서는 특히 일상을 벗어난 여행지에서의 소회를 남다른 문체로 표현함으로써 독자들의 눈길을 끌게 할 수 있다. 오직 그곳에서만 느낄 수 있는 특정의 감상을 분위기에 맞는 문체로 표현하는 것은 대단히 중요한 기술적 기교를 요하는 것으로 기행수필의 중요한 성립관건의 하나이기도 하다. 수필이 훌륭히 꽃피기 위해서는 무제한적으로 '아무렇게나 지껄이는 말놀이'여서는 안 될 것이다.12

  수필의 말놀이는 지고한 정신 속에서 이뤄져야 한다. 따라서 작품의 무게를 품위있게 유지하고 특정한 이미지를 신비롭게 표출하기 위해 그 발상은 참신하고 기발하면서도 쉽고 보편적으로 수용할 수 있는 문체를 선보이는 것이 주제의 효과적 전달에 필수적 요체임을 명심해야 한다. 기행수필의 문체는 적재적소에 여행지의 심상을 효과적으로 부각할 수 있는 언어로 배치되어 이것이 체계적 연결고리를 이루어야 함은 물론이다. 다음 작품에서 기행수필이 여행지의 심상을 구축하기 위해 어떠한 독자적 문체를 구사하고 있는지 살펴보자.

  멕시코시티 시내에 나가서 사진을 찍으려는데 건전지가 다 닳았다. 이게 웬일인가 싶었다. 오는 길에 카메라 건전지가 다 됐기에 지하철역에 내리자마자 길거리 노점상에서 7페소에 (새끼손가락 만한) 건전지를 4개 사서 갈아 끼워 벌써 충전이 다 소모될 리가 없는데 말이다. 그것도 우리나라에서 만든 '로케트' 건전지란 상표가 보이기에 반가워서 사서 갈아 끼웠었다.
  다시 카메라에서 건전지를 빼내어 보니 중고가 틀림없다. 건

---

12 김병규, 수필과 메타언어,『수필학』7집, 한국수필학회, 1999, 79쪽.

전지 밑바닥을 부분이 긁힌 것을 보니 다 쓴 것을 다시 포장해서 판매한 것이리라. ……중략…… 하여튼 기분이 씁쓸했다. 멕시코 사람들이 'Made in Korea' 표시가 분명한 이 건전지를 샀다가 나처럼 낭패를 본다면 우리나라 제품에 대해 과연 어떻게 생각할 것인지? ……중략…… 그 후에도 지하철에서 이 건전지를 사는 멕시코인을 여럿 보았다. 나는 제발 사지 말라고 만류하고 싶은 마음을 참느라 애를 먹었다.[13]

멕시코 여행 중, 우연히 국산 건전지를 구입한 필자의 애국심을 동반한 반가움이 중고제품의 사기 판매로 인해 실망감을 동반한 국격 손상의 우려로 전이되는 과정이 내성적 문체로 펼쳐지고 있다. 자신과 같은 피해를 다른 사람이 또 볼 수도 있다는 걱정과 이것이 모국인 한국에 대한 불신으로 이어질 수도 있다는 조바심이 특유의 문체로 조근조근 잘 드러나 있다.

5) 결미 처리법

수필의 결미는 다른 장르와 달리 진술의 정서화, 그 의미의 입체적 상징화가 가미된다. 다시 말하지만 상황 그 자체를 명시해주는 소설과 다를 수밖에 없다는 것이다. 물론 객관적 현장을 그대로 보여주는 수법인 경우는 예외가 될 것이다. 이른 바 상황 제시, 보여주기식 수필의 경우는 한 컷의 판화처럼 평면적 진술만으로 상황이 끝나기 때문이다.[14]

---

[13] 조영호·노명희, 『솔빛별 가족 세계 여행기』, 현암사, 1999, 144-145쪽.
[14] 도창희, 플롯수필의 문학성에 대하여, 『수필학』 4집, 한국수필학회, 1996.

수필의 결미처리법에는 여러 가지가 거론되고 있으나[15] 특히 주제와의 관련 및 여운을 남기는 방법이 강조된다. 결국 말미란 작가가 하고자 했던 이야기가 독자에게 어떤 의미로 투영되고 조감되느냐 하는 의도에의 행방을 선언하는 일이 되는 것이므로 중요한 의미를 갖는다. 특히 기행수필에서는 여행지의 에피소드 및 가시적 여정에서 잉태된 구체적 이야기거리를 철학적이고 사유적인 주제로 치환하는 마지막 관문인 결미의 의미가 더욱 중차대할 수밖에 없다. 다음에서 결미에서 유의할 점을 5가지로 나눠 살펴본다.

(1) 균형 감각

서두와 결미는 쌍벽을 이루므로 균형감각에 신경써야 한다. 서두와 결미가 각기 용두사미격으로 흐트러져선 곤란하다. 거창하게 자기의 인생관이나 삶의 자세 등을 이야기하다가 말미에 와서, 낮잠자다 헛소리했다는 식의 맥빠진 진술이 되어선 안 될 것이다. 그것은 마치 남과 일전을 불사하는 자리에서 넥타이를 풀고 저고리를 벗은 채 고함을 치며 달려들다, 상대방이 흘기는 성난 눈에 기가 질려 꽁무니를 빼는 형국에 다름 아닌 것이다. 아무튼 균형이 깨져 한쪽은 무겁고 한쪽은 너무 가벼우면 글의 경중이 무너져 실패한 글이 된다는 사실을 명심해야 한다.

---

[15] 문덕수는 「신문장강화」에서 결미의 요령으로 8개항을, 오창익은 「수필문학의 이론과 실제」에서 5개항을 각각 제시하고 있고 신상철은 「수필문학의 이론」에서 주제와 연관해 여운을 남기는 방법을 강조한다. 그런가 하면 윤모촌은 「수필 어떻게 쓸 것인가」에서 마무리 부분의 방법을 두 형태로 나눠 설명한다.

(2) 압축의 묘미

말미에선, 여운이 남게 압축하거나 절제하여 담백하게 표현해야 한다. 너무 질질 끌어 늘어뜨려선 곤란하다. 대중 앞에서 말하는 사람이 마무리 단계에서 "끝으로"라며 크로징(closing)을 예고해 놓고 여러 번 말머리를 돌려 계속 말을 이어가는 경우가 있는데 이때 청중을 설복시키기 힘든 것과 같은 이치다. 이별을 할 때도 아쉽다고 몇 번씩이나 포옹을 하고 등을 돌리다가 또 뒤돌아보고 손 흔들기를 되풀이하며 훌쩍인다면 차라리 천박하게 보일 것이니 말이다.

(3) 과잉감정의 자제

적당한 절제는 문학작품 속에서 온전한 하나의 미덕이다. 특히 수필에서 이러한 절제는 말미에서 구체적으로 실현되어야 작품의 품위를 높일 수 있다. 입술을 지그시 깨물며 눈짓 한번으로 고개를 돌리는 절절한 순간이 마음을 때린다는 사실을 체험할 수 있다. 끝맺음은 차라리 당당해야 옳을 것이다. 기행수필에서는 여행지의 모든 풍광과 일상을 하나도 빠짐없이 끌고 가면서 일일이 감탄하고 감정을 발산하기보다 주제와 무관한 부분은 과감히 생략하면서 감정을 내면화하는 결미처리법이 요구된다.

(4) 탈교훈의 메시지

모든 인간은 생리적으로 남에게 잔소리 듣기를 싫어 한다. 일반적으로 사람은 남이 교훈적인 토운으로 훈계하는 이야기엔 반항감부터

치솟기 마련이다. 교훈적 언술은 이처럼 반감을 불러일으키기 십상이므로 작품의 결미엔 가급적 훈계나 질책의 어투가 되지 않게 각별히 유의해야 한다. 특히 주의할 것은 속이 뻔한 은근한 (과묵함을 위장한) 훈계조가 더욱 독자를 질리게 하고 반발을 극대화한다는 사실이다.

(5) 위선적 토운의 자제

 자기 과시나 점잖은 척하는 어조는 문학작품 뿐아니라 일상생활에서도 타인의 거부감을 유발케 한다. 이러한 우월의식은 자신보다 강하고 유능한 자에 대해선 맹목적으로 추종하고 상대적 약자에겐 은근히 과시하고 군림하려는 기회적 대인관계를 촉발함으로써 타인으로부터의 따돌림을 유발시키는 단서가 되기도 한다. 특히 기행수필에서, 자신만이 체험한 희귀한 외국 여행지에서의 은근한 우월감을 우회적으로 표출하는 경우가 더러 눈에 띄는데 결단코 유의해야 할 일이다.
 다음 작품들을 보면서 기행수필의 바람직한 결미처리 방식에 대해 고민해 보자.

> 호텔로 가는 길에 토산품점에 들러 이곳의 명물 이과수 커피를 1박스(24개)에 37불을 주고 구입했다. 부담 없는 선물용이라며 일행의 거의 대부분이 구입했다. 호텔에서의 저녁식사는 브라질에서의 마지막 밤을 장식하기에 부족함이 없을 정도로 화려하고 찬란했다. 4인조 캄보밴드의 라틴 생음악에다 풍성한 현지식 메뉴, 현지 랜드사에서 준비한 한국쌀로 지은 밥과 김치,

그리고 일행이 쏜 맥주 세례, 그야말로 '원더풀 피날레'였다.
2006년 1월 5일, 아열대 이과수의 밤이 그렇게 아쉬운 수명을 재촉하고 있었다.16

소나기가 그친 뒤, 우리나라에선 동물원에서나 볼 수 있는 공작이 그 우아한 날개를 접고 도로의 둔덕에 다소곳이 앉아 있는 모습이 차창 밖으로 보였다. 흘러간 가요 〈인도의 향불〉의 첫 구절이 "공작새 날개를 휘감는 염불소리……"로 시작되는 연유를 비로소 인도 땅에 와서 확인하는 순간이었다.
아그라를 출발한 지 약 5시간 30분 후, 우리는 전통광대 복장의 풍물팀이 주악으로 환영하는 자이푸르 외곽의 골드 팰리스 호텔에 당도했다. 어둠이 깃든 라자스탄의 대지가 어스름 달빛 속에 우리를 맞고 있었다.17

인용된 수필 중, 전자는 브라질 이과수 폭포의 여정을 다룬 기행수필이고 후자는 북인도의 여정을 다룬 글이다. 양자 공히 이국적 풍광을 소박하게 다루는 동시에 시후(時候, 시간과 기후)를 언급하며 끝맺고 있는데 이는 수필, 특히 기행수필의 마무리로 가장 무난한 방법이다. 물론 감정을 자제하라고는 하나, 너무 밋밋하게 상황을 언급하는 것보단 하루의 여정을 마감하는 약간의 개인적 소감을 그 풍광과 시후에 빗대어 서정적으로 마무리하는 것도 괜찮은 결미처리법이다.

---

16 윤정헌, 『시간 속의 여행』, 중문출판사, 2021, 30쪽.
17 윤정헌, 위의 책, 67-68쪽.

5. 결론을 대신하여

　기행수필은 여행을 전제로 한 기록문학이기에 여행의 출발에서부터 회귀까지의 모든 여정이 포괄되어야 할 것은 당연한 사실이나 여행지에서의 인식을 바탕으로 한 자기고백이 담기지 않으면 여행보고서에 그치고 말 것이다. 페미니즘 계열의 할리우드 영화 〈델마와 루이스, 1991〉는 가정과 직장의 울타리에 갇혀 있던 두 여성이 여행을 떠나 새로운 세상과 만나면서 빚어지는 해프닝을 다루고 있다. 여행을 떠나지 않았으면 얌전한 아내와 평범한 웨이트레스를 숙명으로 받아들이며 살았을 그녀들이 여행지에서 조우한 인물들과 경험한 사건들을 통해 그들의 인생에 새로운 깨우침을 얻게 되고 비록 비극적이기는 하나 주체적 인간으로 거듭나는 과정이 크나큰 감동으로 다가온다.
　여행을 통해 얻어지는 새로운 시간인식과 공간감각은 오늘을 사는 우리의 삶에 새로운 동력을 제공함으로써 세상을 보는 시야와 그 층위를 한층 광역화하고 성숙하게 한다. 몇 해 전 떠난 캐나다 로키 여행에서, 이혼을 앞두고 마음을 달래려 일행에 합류했다던 어느 중년 신사가 레이크 루이스를 비상하는 까마귀 한 쌍을 보고 자신의 신세를 한탄하며 눈물짓던 장면이 연상된다. 하늘을 나는 까마귀 암수 무리야 어디에서나 볼 수 있거늘 시간이 공멸한 듯한 고혹적 풍광의 객지에서 서글픈 심사의 그가 바라다본 까마귀의 모습은 분명 또 다른 심상으로 다가왔을 터이다.
　기행수필의 성패는 바로 이 같은 여행지에서의 독자적 감성을 여하히 진한 여운 속의 공명으로 건져올리느냐에 달려 있다.

II. 기행수필 작가 고찰 : 현진건

1. 서론

　근자에 들어 우리 근대단편소설의 선구자로 불리며 다양한 기교를 선보였던 빙허 현진건의 문학적 원천에 관한 관심이 드높다. 이는 그의 가계와 관련된 예화들이 우리 근대사의 편린에 접속해 있다는 점에서 세간의 이목이 집중된 때문으로 보인다. 현진건의 데뷔작이기도 한 첫 단편「희생화」(〈개벽〉, 1920.11)를 발표한 〈개벽〉지의 문예부장 현희운은 현진건의 당숙으로, 현철이란 필명으로 활약한 우리 근대문학 여명기의 대표적 문인이기도 했다.[18] 현진건이 1920년대 우리 소설문단의 총아로 승승장구할 수 있었던 데엔 그의 재능 외에도 당숙 현희운의 절대적 문단적 배경이 작용했음을 부인할 수 없

---

[18] 1911년 보성중학을 졸업하고, 일본과 중국에서 수학한 뒤 1919년에 돌아온 현희운(1891~1965)은 예술학원을 설립해 연극인을 양성하다가 1920년 6월『개벽』이 창간되자 학예부장으로 취임하였다. 이처럼 연극인이자 문학평론가였던 현희운(필명: 현철)은 현진건의 친가 기준으로 5촌 당숙이 된다. ; 남상권,「현진건의 문학적 후견인과 개인적 재능」, 〈한민족어문학〉 제90집, 한민족어문학회, 2020, p.365.

는 바19, 이는 현진건의 가계가 최남선의 경우와 같이 근대화의 관문 역할을 담당했던 역관 출신이라는 점에서 이에 기반한 문화적 잠재력을 담보하고 있었음과 무관하지 않은 것으로 사료된다. 이밖에도 구한말에서 일제에 이르는 우리 근대 여명기에 현진건의 가계와 관련된 여러 실제적인 정황들은 식민지 지식인으로서의 빙허의 현실인식에 직간접 영향을 주었을 개연성을 충분히 시사하고 있다.20

현진건의 문학세계가 낭만적·자전적 소설 시대를 거쳐 현실주의 시대를 지나 장편소설 시대로 전이되는 과정엔 이처럼 그의 가계환경과 관련된 생득적 인자가 주효한 요인으로 작용했을 터인데 이는 곧 '조선혼과 현대정신의 파악'21으로 요약될 수 있는 바, 이러한 빙허의 곡진한 사상적 원류는 그의 정신적 본질을 가장 투명하게 노정

---

19 "이런 점에서 현진건이 당숙에게 '조르고 볶을' 수 있다는 것은 현철과 현진건의 남다른 교감 때문으로 풀이할 수 있다."는 남상권의 논급(위의 논문, 한민족어문학회, 2020, p.369)이나 "현진건의 당숙이 현희운이란 사실을 운이 좋을 뿐이 아니라 보통 행운이 아니다."는 양진오의 논급(『조선혼의 발견과 민족적 상상』(대구대학교 인문과학연구총서 24), 2008, p.59)을 통해서 확인할 수 있듯이 현진건과 현희운은 혈맥을 문단적 인맥으로 활용한 대표적 사례에 해당한다.

20 이밖에도 친가쪽의 삼촌 현영운이 경응의숙 출신의 고위관리로 친일 밀정 배정자의 첫 남편이었다는 점, 현영운의 사위가 친일 사상가 윤치호의 종제 윤치오라는 점, 현진건의 재종숙 현정운의 사위가 육당 최남선이라는 점, 임시정부 수립 전부터 상해에서 독립운동을 한 현진건의 숙형 현정건의 장인 윤필은이 독립운동을 돕는 민족자본의 대부였으며 그의 아들(현정건의 처남) 윤현진 역시 임정의 요인이었다는 점 등, 일제 강점기를 즈음해 그의 일족을 비롯한 친인척들이 친일과 반일의 카티고리 속에서 치열하게 길항하는 모습은 현진건이 적확한 역사의식을 확립하는 데 지대한 영향을 끼쳤을 것으로 보인다. ; 남상권, 위의 논문, 한민족어문학회, 2020, pp.371-385 참조.

21 이강언·이주형·조진기·이재춘 편, 『현진건 문학전집』 6, 국학자료원, 2004, p.10.

하고 있는 수필 작품에서 어렵잖게 읽어낼 수 있다. 현진건은 약 40여편[22]의 수필을 남겼는데 이들 작품을 통해 가식없이 진술하고 순수한 인생관과 문학의 자율성을 추구하는 예술관과 지사적 기백의 웅혼함을 드러내는 역사의식을 노정하고 있다.[23] 그런데 기묘하게도 그의 사상적 원천을 대변하는 변별적 정신 인자로 꼽히는 '조선혼'에의 갈구가 특별히 기행수필에서 두드러져 주목된다. 본고에서는 이러한 양상에 착목해 현진건의 사상적 원류를 대변하는 그의 기행수필에 대해 천착해보고자 한다.

2. 기행수필과 현진건

기행수필은 여행지의 이력을 보고하듯 기술하기보다 자신만이 느낀 여행지의 인정세태(人情世態)를 독자들이 공감할 수 있게 주제화하는 기량이 절대적 관건이라 할 때 빙허의 소설가로서의 구성역량은 이를 충분히 상쇄하고도 남음이 있었다. 그리하여 낯선 여행지에서의 비일상적 체험을 단순한 호기심으로 털어내 버리지 않고 흥미롭게 재구해 자신의 인생관 혹은 예술관과 연계시킴으로써 독자들의 자아를 내성화시킨다.

---

[22] 순수 수필에서 작품 합평회의 단평, 회고문, 취재기, 기행문에 이르기까지 현진건은 모두 42편의 수필류 잡문을 남긴 것으로 알려져 있는데 「창의문 밖에서」, 「소설 문체에 대하여」, 「태백산하 단군한배님 유적답사」 등의 3편은 현재 미발굴 상태이다.
[23] 윤정헌, 「빙허산문소고」, 〈경일대 논문집〉 제16집, 경일대학교, 1999, p.1029.

"…나는 언제인가 이 성(城)밑으로 돌아들 제, 어떤 어여쁜 아가씨가 (실안개로 싼 듯한 흰옷을 입고 발은 벗었으며 양식(洋式)으로 푸수수하게 머리를 쪽 찐 그 여자를 나는 얼른 본 듯하였다. 날씬한 허리를 버들가지처럼 휘어서 물인지 무엇인지 두 손으로 움키는 듯한 그 여자의 희미하고도 눈이 부시게 은빛으로 번쩍이는 윤곽은 마치 돋아오는 초승달과 같았다. 나에게 붉은 꽃 한 송이를 주었다. 성(性)이 있는 곳에 사랑이 있고 사랑이 있는 곳에 시(詩)와 행복(幸福)이 있다……."[24]

〈개벽〉(1924.4)에 발표되었던[25] 빙허의 수필「꿈에 본「新岳陽樓記」」엔 주유(周遊)지에서의 풍광에 미학적으로 접안하는 그의 문필가로서의 감수성이 적나라하게 드러나 있다. 꿈 속에서 노작 홍사용과 함께 중국 호남성의 악양루(岳陽樓)에 오른 현진건이 그와 동행한 미상의 중국인(지나인)이 중국 북송의 대문호 범중엄(范仲淹, 989~1052)의 명문「악양루기」(岳陽樓記)를 개사하는 광경을 재연한 이 글에는 묘사의 달인으로서의 문체적 풍모가 그대로 묻어나 있다. 비록 꿈 속에서의 장면을 소환한 것이기는 하나 기이하기 짝이 없는 외유 체험을 제재로 다룬 이 글에서 현진건은 여행지에서의 예사롭잖은 에피소드를 단순한 가십거리와는 차별화되는, 일상적 차원의 흥미롭고도 진지한 사유 대상으로 견인하기 위해 최대한 감성적 토운(tone)

---

[24] 현진건,「꿈에 본「신악양루기」」,『현진건 문학전집』6, 국학자료원, 2004, p. 37.
[25] 우리 신문학 초창기에『개벽』엔 유독 기행수필이 많이 발표되었는데 이는 여행지의 풍광과 인정세태를 끌어와 작가의 현실인식에 부합시킴으로써 일제의 횡포와 사회의 부패상을 에둘러 비판하기 위한 것으로 보인다. ; 정주환,『한국 근대수필의 문학사적 연구』, 우석대 박사학위 논문, 1995, pp.223-225 참조.

을 견지한다.

그리하여 '선천하지우이우 후천하지락이락'(先天下之憂而憂 後天下之樂而樂, 천하의 근심을 앞서 근심하고, 천하가 즐거움을 누린 뒤에 이를 즐긴다)의 우국애민적 상념이 담긴 범중엄의 원전 「악양루기」를 훨씬 더 서정적으로 채색하여 동정호와 장강을 발 아래 품은 악양루의 고혹적 운치와 풍광을 농염한 여인의 관능미로 치환함으로써 독자의 신선한 감흥을 유도한다. 기행수필에서는 특히 일상을 벗어난 여행지에서의 소회를 남다른 문체로 표현함으로써 독자들의 눈길을 끌게 할 수 있다. 오직 그곳에서만 느낄 수 있는 특정의 감상을 분위기에 맞는 문체로 표현하는 것은 대단히 중요한 기술적 기교를 요하는 것으로 기행수필의 중요한 성립 관건의 하나이기도 하다.[26]

일찍이 현진건은 "달뜬 기염(氣焰)에서, 고지식한 개념에서, 수고로운 모방에서 한 걸음 뛰어나와 차근차근하게 제 주위를 관조하고, 고요하게 제 심장의 고동하는 소리를 들을"[27] 수 있게 하자며 우리 현대문학의 정신적 수위와 기교를 규정한 바 있는데 이는 특정 여행지의 변별적 감흥을 필자의 문학혼으로 걸러 독자에게 공유시킴으로써 '서경의 미학을 통한 서정의 성취'에 다가가려는 빙허의 기행수필관과 맞닿아 있는 것으로 「꿈에 본 「신악양루기」」는 바로 이러한 그의 정서적 지향을 고백하고 있음에 다름 아닌 것이다.

---

26 윤정헌, 「기행수필론」, 〈수필미학〉 제14권, 소소담담, 2016, p.34.
27 현진건, 「조선혼과 현대정신의 파악」, 『현진건 문학전집』 6, 국학자료원, 2004, pp.145-146.

3. 현진건의 기행수필

1) 「고도 순례 – 경주」(1929)

현진건이 동아일보 사회부장으로 재직중이던 1929년 7월 18일부터 같은 해 8월 19일까지 근 1달에 걸쳐 〈동아일보〉에 연재하였던 「고도 순례–경주」에는 7월 8일부터 수일간 천년 고도, 경주를 주유한 소회가 고스란히 담겨 있다. 7월 8일 서울을 출발해 대구에서 1박한 후 경주 박물관을 시작으로, 포석정, 첨성대, 안압지 등 여러 유적지와 불국사, 석굴암에 이르기까지 문자 그대로 경주 일원의 역사적 흔적을 샅샅이 훑고 있는 이 르포르타주(reportage)적 에세이엔 여행지의 문물과 풍광에 기계적으로 접안해 즉물적 감상을 읊조리는 여느 기행문들과는 달리 여행지의 서경적 감흥을 서정적으로 갈무리해 '조선혼'의 근원을 탐색하려는 작가의 생득적 기질이 절절히 드러난다.

"달나라의 소요(逍遙)도 그만 두고 구름바다의 유희로 그치며 남구(南歐)의 쪽으로 그린 듯 하다는 하늘에 동경의 한숨을 보내거나 까마득한 미래의 낙원에 상상의 나래를 펼침도 소용없는" 일이기에 오로지 "조선의 땅을 든든히 디디고 서서 금강의 흰 멧부리에 부신 햇발이 백금으로 번쩍이고 손을 벌리면 잡을 수 있는 눈앞에 쌀쌀하게 핀 한 떨기 개나리가 봄소식을 전하는"[28] 조선의 강토와 민족의 유산

---

[28] 현진건, 「조선혼과 현대정신의 파악」, 『현진건 문학전집』 6, 국학자료원, 2004, p.145.

을 가슴에 품자는 그의 은사(隱士)적 다짐은 서두에서부터 결연하다.

이번 걸음도 물론 단순한 놀이의 길은 아니다. 고도순례란 무거운 짐이 두 어깨를 누르지 않음도 아니다. 광채 나던 옛날의 서울, 눈물 묻은 오늘날의 폐허를 찾아들 제 그 무궁한 감개야 너와 나를 헤아릴 것이 아니로되, 한줌 흙과 한 조각 돌멩이에도 뜻깊은 지난날의 흔적을 찾아내고, 구부러진 고목과 우거진 쑥대 속에도 옛 자취를 헤쳐 보자면 고고학에 조예가 깊고 역사에 지식이 넉넉한 이라도 오히려 쉬운 일이 아니라 할 것이다. ……중략…… 나는 나대로 보고 나대로 듣는 것도 나 자신에겐 또한 그리 뜻없는 일은 아니리라. 장님도 단청을 구경하려 하지 않느냐. 아니 장님일수록 단청 구경을 더욱 원하며 더욱 바랄 것이 아니냐. 아모런 준비 지식과 선입관념이 없이 온전한 흰 종이 같은 마음으로 옛 서울을 대하자. 속임 없는 산하의 모양을 보아 우리 조상의 포부를 내 멋대로 상상해 보고 뚜렷이 나타난 유적을 어루만지며 내 가슴에 뛰는 피 소리를 고요히 들어보자. 이것이 나의 고도순례에 대한 준비의 전부다.[29]

7월 9일 오전 7시, 대구에서 "괴망스럽고도 살가운 탈것"인 경주행 가솔린 자동차(정원 22명)에 탑승한 빙허는 눈 앞에 열려진 경북평야를 가로지르고 반야월, 청천, 금호를 지나 마침내 "기와집도 언뜻언뜻 보이고 새파란 잔디를 인 어여쁜 산들(나종에 알고 보니 고총)이 떼로 맞이하는" 천년 고도, 경주에 입성한다. 여관에 들이닥치는 대로 아침밥을 차려 먹은 직후, 박물관 경주 분관부터 들른 그는

---

[29] 현진건, 「고도 순례-경주」, 『현진건 문학전집』 6, 국학자료원, 2004, pp.175-176.

온고각 본관의 토기류를 시작으로 "황금줄기에 송이송이 금꽃이 만발하였고 벽옥의 잎사귀가 파릇파릇이 점친 그 모양은 정말 무에라고 형용할 길이 없는" '금관'이며 "밑받침은 돈짝같이 동글납작하고 아가리는 벌어져 얼음을 담아먹는 유리그릇과 흡사한" '유리 곱보'며 "이 세상 것 아닌 미묘한 곡조가 요요히 귓가에 도는 듯한" '황옥벽옥적'까지 안광(眼眶)에 섭렵하고는 연이어 이차돈의 공양탑과 봉덕사 대종(에밀레종)을 관람하기에 이른다. 그리곤 신라인의 정교한 수제 기술과 이차돈의 순교정신과 봉덕사 대종에 얽힌 애절한 사연을 기리며 박물관을 나선 현진건은 잔뜩 찌푸린 일기가 불러 일으키는 처연한 기운을 온몸으로 느끼며 소금강산(小金剛山)에 올라 본격적인 서라벌 주유를 시작하는데 그에 눈에 들어찬 경주의 사위는 웅대무비! 그것으로 정의된다.

　　차에서 얼른 보기에도 넓은 줄은 알았지만 여기 올라 보니 더욱 광활한 데 아니 놀랠 수 없다. 남에는 금오산(金鰲山), 서에는 선도산(仙桃山), 동에는 명활산(明活山), 그리고 북쪽에는 내가 오른 소금강 산줄기가 서로 꼬리를 물고 에둘러서 넓기는 넓으면서도 아늑한 생각이 나게 한다. 그리고 강물이 여기저기 흘러서 남천, 서천, 북천이 제각기 제 방향대로 흐르고 훤하게 터진 모양이 지금 경성을 산악의 도시라 하면 경주는 분명히 평야의 도시요 물의 도시라 하겠다. ……중략…… 이조의 한양이 산과 산 사이를 부비대고 앉은 것과 비교해 보면 그때 사람이 얼마나 배포가 넓고 규모가 큰 것을 알 것이 아니냐. 평원 광야에 외적을 방비할 이렇다 할 잔손질이 없으니 국세(國勢)가 떨친 까닭도 까닭이려니와 외적을 안중에 안 둔 웅대한 기백도 상당하고 남

을 듯하다.30

　그러나 신라인의 이 대책없는 '웅대한 기백'은 방비를 소홀히 해 비참한 살육의 현장이 되고만 포석정을 밟는 작가의 감회를 통해 "옛일을 비웃는 큼직한 두꺼비 한 마리"의 비죽거림으로 희롱되어진다. "청풍에 노래 뜨고 청류에 술잔 뜨며 도도한 시흥"을 읊조리다 "문앞에 짓쳐 들어온 백만대병"을 아랑곳하지 않던 경애왕의 나태와 불민과 만용을 나무란다. 이어서 "미인의 눈썹을 생각하게" 하는 월성, "감개 깊은 회포를 일으키는" 계림, "찬 기운이 옷소매를 엄습하는" 석빙고, "둥글넓적한 머리로 발길을 잡아 당기는" 첨성대, "청학백학 나래 속에 춤소매가 어지럽던" 안압지, "돌주추만 띄엄띄엄 놓인" 황룡사 옛터, "벽돌 만큼씩한 잔돌로 곱게 쌓아 올린" 분황사 석탑 등 경주 일대에 널린 고적을 두루 탐방하고 저녁 숙소에 당도한 빙허의 심사에 천년 고도의 비원이 사무친다.

　　구름이 흐르는 서쪽 하늘가엔 초생달이 으스레 비친 양도 죽음을 우는 눈동자인 듯. 불꽃을 훑으며 나르는 먼지도 귀화(鬼火)인 듯. ……중략…… 무궁한 감개가 가슴을 누른다. 한참 당년 삼국을 통일하고 세계에 자랑할 만한 문화와 예술을 창조해 낸 이곳이 이대도록 소리 없이 냄새 없이 죽어 넘어질 줄이야!
　　죽었다니 말이 되느냐. 너는 그 찬란한 유적을 보지 못했느냐. 잇대었던 자최를 찾지 못했느냐. 세계에 자랑할 만한 조상 가진 것을 앙탈하려느냐.
　　나는 문득 귓결에 이런 외침이 들렸다. 그러나 이 소리를 외

30　현진건, 「고도 순례-경주」, 『현진건 문학전집』 6, 국학자료원, 2004, p.185.

치는 심정이 더욱 슬펐다. 아모리 아름다운 꽃과 높은 향기와 탐스러운 열매를 한 시절에 가졌던 나무라도 다시 새싹과 새 움을 트지 못할 때엔 우리는 그 나무를 가리켜 죽었다 할 것이다. 이 묵은 등걸에 새 꽃이 피고 새 열매가 맺어야만 줄기차게 뻗친 뿌리가 기운 쓴 보람이 있을 것이 아니냐. 이 위대한 죽음, 냄새 나는 시체를 밟고 새로운 생명이 솟아올라야만 조상 잘 둔 큰 소리도 칠 것이 아니냐. 그런데! 그런데! 그 생명은 어데에서 움직이는가![31]

한때 삼국을 통일했던 신라의 당당한 위엄과 세계에 자랑할 만한 예술적 성취가 망국의 한을 곱씹는 식민지 지식인의 내밀한 '조선혼'을 꿈틀거리게 한다. 천년 사직의 멸망으로 쇠락해진 신라 문명의 발자취를 좇는 작가의 뇌리엔 일제에 복속되고 만 조국의 현실이 한 없이 애달프고 절통하게 들어찬다. 삼국을 통일했던 신라의 고려에의 굴복은 일제에 저당잡힌 조선 민족의 원혼을 상기하게 하고 이는 죽은 가지에서 "새 꽃과 새 열매"를 맺도록 열망하는 지사적 염원에 맞닿아 있다. 자칫 여행지의 들뜬 치기와 감상적 유흥으로 변질될 수 있는 천년 고도의 이방인적 페이소스를 망국의 절치부심(切齒腐心)으로 형상화하는 빙허의 정신적 지향점은 부언의 필요도 없이 '조선혼'의 확립과 배양에 있다.

다음날 이어진 불국사와 석굴암 여정에서도 그의 이러한 기개는 여지없이 여행지의 단상(斷想)으로 승화되어 염량세태(炎凉世態)[32]에

---

31 현진건, 「고도 순례-경주」, 『현진건 문학전집』 6, 국학자료원, 2004, pp.190-191.
32 염량세태(炎凉世態)란 '권세가 있을 때는 아첨하여 좇고, 권세가 없어지면 푸대

젖어가는 세상 인심을 경계하며 올곧은 마음으로 바로 서기를 주문한다. 불국사를 지탱하는 청운교, 백운교, 연화교, 칠보교 등 돌층층대의 고혹적 위용에 감탄하고 다보탑과 석가탑의 석축미에 매료되는가 하면 무영탑(석가탑) 전설에 애잔해 하던 빙허가 석굴암 관람을 위해 토함산 등정길에 바라본 치술령은 망국 조선인의 의기를 새로이 다잡게 한다.

 창울한 송림은 볼 수 없건마는 우거진 잡목 사이에 다람쥐가 넘나드는 것도 또한 버리지 못할 정취다. 거의 상봉을 다 올라와서 동해가로 내다앉은 치술령을 손가락질할 제 장렬하던 박제상(朴堤上)의 의기가 다시금 가슴을 친다. 저 치술령이야말로 박제상의 안해가 남편을 보내며 울던 곳이다. 단신 홀몸으로 적국에 들어가는 남편을 부르고 또 불렀건만, 박제상은 다만 손을 저어 보이고 의연히 동해에 배를 띄웠다. ……중략…… 거기는 지금에도 그 부인의 망부석(望夫石)이 그대로 남아 있어 행인의 발길을 멈춘다 하거니와, 천추에 빛나는 의기를 남기고 왜국 목도(木島)에서 연기로 사라진 박제상의 의혼렬백(毅魂烈魄)도 지금 어디에서 헤매는고! ……중략……
 말 한 마디만 굽혔던들 죽는 목숨이 살아날 뿐인가. 영화와 부귀까지 마음대로 누릴 수 있었거든 모든 것을 물리치고 의연히 죽음에 나아간 그 맵고 뜨겁고 비장한 태도는 동서고금의 찬란한 역사의 책장을 차지한 의인열사가 많다 할지라도 그의 짝만은 찾기가 어려우리라.
 "차라리 계림의 개가 될지언정 왜국의 신하는 되지 않겠다!"

접하는 세상의 인심'을 일컫는 것으로, 『明心寶鑑』 戒性篇의 "長短은 家家有요 炎涼은 處處同이라"에서 유래되었다.

"신라의 형벌은 달게 받을지언정 왜국의 작록은 먹지 않겠다!"하고 부르짖던 그 열렬한 호통이 지금도 우레같이 들려온다. 아아, 무지개 같은 그의 기개는 누구에게 전했는고![33]

신라 17세 눌지왕(訥祗王) 때 왜국에 볼모로 잡힌 임금의 동생 미해(美海)를 구하고 자신은 왜국의 신하가 되라는 회유를 뿌리치고 모진 고문 끝에 憤死한 박제상의 의거를 되새기는 빙허의 심사는 자못 비장하기까지 하다. 염량세태(炎凉世態)를 추수하여 달면 삼키고 쓰면 뱉는 세상 이치와는 정반대로 우직스럽게 한 임금을 섬기고 나라의 자존심과 민족의 정체성을 목숨바쳐 지켜낸 박제상을 천년 고도에서 소환해내는 망국의 언론인으로서의 자괴감이 처연히 묻어난다. 이처럼 여행지의 인정세태를 민족적 주체의식으로 끌어올리는 작가의 정서적 순발력은 석굴암 관음상을 대하는 감회를 전하는 대단원에서도 어김없이 드러난다.

더구나 뒤벽 중앙에 새긴 십일면 관음보살은 더할 나위 없는 여성미와 육체미까지 나타내었다. ……중략…… 그 어여쁜 손가락은 곰실곰실 움직이는 듯, 병을 치켜쥔 포동포동한 오른 팔뚝! 종교 예술품으로 이렇게 곡선마다 여성미를 영절스럽게도 나타내었다. ……중략…… 그 아른아른한 옷자락 밑으로 알맞게 볼록한 젖가슴, 조붓하면서도 슬밋한 허리를 대어 둥그스름하게 떠오른 허벅지, 토실토실한 종아리가 뚜렷이 드러났다. 그는 살아 움직인다. 그의 몸엔 분명히 맥이 뛰고 피가 흐른다. 지

---

33 현진건, 「고도 순례-경주」, 『현진건 문학전집』 6, 국학자료원, 2004, pp.200-201.

금이라도 선뜻 벽을 떠나서 지그시 감은 눈을 뜨고 빙그레 웃을 듯. 고금의 예술품을 얼마쯤 더듬어 보았지만, 이 묵묵한 돌부처처럼 나에게 감흥을 주고 법열(法悅)을 자아낸 것은 드물었다. 나는 마치 일생을 두고 그리고 그리던 고운 님(보살님이시여! 그릇된 말씨의 모독을 용서하사이다. 보살님이 내 가슴에 붙여 주신 맑은 불길은 이런 모독쯤은 태우고야 말았습니다.)을 만난 것처럼, 나는 그 팔뚝을 만지고 손을 쓰다듬고 가슴을 어루만지며, 어린 듯 취한 듯 언제든지 언제든지 차마 발길을 돌릴 수가 없었다.[34]

그리하여 신라인의 예술혼으로 조탁된 고혹적 관음보살상에서 작가는 그 후예(조선인)로서의 무궁한 자부심과 미학적 자의식을 고양함으로써 조선혼의 숭고한 실체에 성큼 다가선다. 이처럼 빙허의 「고도 순례-경주」에는 비록 망국의 한이 서린 곳이긴 하나 천년고도의 위엄을 비장한 경주의 저력을 부각함으로써, 피식민자로서의 상고적(尚古)적 정체성과 문화적 자존심만은 결코 방기하지 않겠다는 결연한 의지가 꿈틀거리고 있음을 알 수 있다.

2) 「단군 성적 순례」(1932)

역시 동아일보 사회부장 재직시절인 1932년 7월 29일부터 동년 11월 9일까지 3달 넘게 〈동아일보〉에 연재되었던 「단군 성적 순례」[35]

---

[34] 현진건, 「고도 순례-경주」, 『현진건 문학전집』 6, 국학자료원, 2004, pp.197-199.
[35] 원래 동아일보에 연재되었던 이 글의 초고를 수합해 현진건 사후인 1948년에 그의 사돈 박종화가 주선하여 예문각에서 단행본으로 출간하였다.

는 현진건의 웅혼한 지사적 기백이 더욱 노골적으로 드러난 기행수필이다. 현진건은 창작활동 후기에 접어들면서 민족적 현실을 관념적으로 허구한 역사소설을 생산하게 되는데 이들에서 탐지되는 그의 정신적 세계는 숙형 현정건의 분사와 일장기 말살사건으로 인한 투옥에서 연원되었음을 부인할 수 없다. 신라 사회가 그 자체의 모순 때문에 역사적 하강으로 접어드는 中代 社會의 말기가 안고 있는 문제를 응시함으로써 식민지의 극복을 암시하고 있는 「무영탑」, 꽃애기씨를 둘러싸고 세 청년 귀족이 벌이는 무모한 각축을 화려하게 전개시킨 「선화공주」36등 일련의 역사소설에서 보여지는 그의 민족적 역사의식은 단지 통속적 읽을거리로 전락한 30년대 대중 역사소설의 범람 속에서도 역사적 과거의 현재적 의의를 꿋꿋하게 추구하게 한 동력이었던 바37, 그 밑거름이 되었던 예비 저작물이 바로 「단군 성적 순례」인 셈이다.

> 檀紀 四千二百六十五年 七月八日 檀君 聖跡 巡禮의 길에 오르다. 京義線에 몸을 실리니 밤 十時四十分. …… 半萬年 東方文化의 淵源이시며, 生生化育, 二千三百萬, 檀族의 靈과 肉의 母胎이시며, 黑龍江의 南, 黃河의 北, 東海의 西, 茫茫한 五千餘里에 開之拓之하신 神功聖跡을 남겼었으니, 이 廣汎한 文化圈을 溯考하고 이 尨大한 地域圓을 奉審하자면, 정말 까마득한 노릇이다. 一年은 커녕, 十年은 커녕, 一生을 두고 誠과 熱과 力을 傾注하더래도 이 願念의 萬分之一이나 아니 萬萬之一이나 達할까 말까.38

---

36 최원식,「현진건 문학의 사회적 가치」,『현진건 연구』, 새문사, 1981, pp.II-88.
37 신동욱,「현진건의 〈무영탑〉」,『한국현대문학론』, 박영사, 1972, p.99.
38 현진건,『단군성적순례』, 예문각, 1948, p.5.

현진건 사후, 단행본으로 출간된 「단군 성적 순례」의 서문을 집필한 월탄 박종화의 언급처럼 현진건은 "동아일보에서 操觚의 붓을 잡았을 때 어굴한 日人政治 밑에서나마 뭉그러지려는 民族의 良心을 萬分의 하나라도 구원해 내기 위해서 스스로 執筆의 餘暇를 타서 險山峻嶺을 넘으며 長霖 蕩水를 건너서 그 聖跡과 傳說을 두루 밟아서 滿天下 讀者에게 呼訴"했던 것이다. 이를 확인하듯 「단군 성적 순례」는 민족의 성지요 영산인 妙香山, 大朴山, 大成山, 九月山, 摩尼山, 假檀君窟, 檀君陵, 東明聖王陵, 乙支文德石像, 江西三古墳, 檀君臺, 祭天壇 등의 빼어난 운치를 雄渾한 민족혼에 담아 도도히 그려내고 있다. 여느 기행문과 달리 빙허의 기행수필에는 단순한 풍광의 음미나 서경적 수사를 초월해, 유려한 자연에 의탁한 숙명적 역사의식이 숨쉬고 있음을 쉽사리 읽어낼 수 있다.

> 百祥樓에서 古老들의 指點하는 손가락을 따라 乙支公의 戰績 남긴 流域과 地帶를 眼力 닿는대로 바라보고 보살피고 새삼스럽게 그 豐功偉烈에 感激하며, 그 空前 絶後의 大勝利에 모든 것을 잊어 버리고 陶然히 취해 버렸다. 아득한 千古에 想이 馳하고 興이 飛하매, 새로운 勇과 氣가 油然히 용솟음함을 깨달았다. 過去의 偉大하고 燦爛한 光榮 속에 心身이 炫煌하게 쌓이는 듯하였다. 그러나 한 번 樓下로 발을 옮겨 正門 들어오는 左便에 乙支公의 깨어진 石像과 石碑를 보고, 무참한 現實에 나의 彩虹 같은 幻想은 산산히 부서지고 말았다.39

安州 七佛寺 인근의 명소 百祥樓에서 현진건은 "아득한 雲山의 錦屛

---
39 현진건, 『단군성적순례』, 예문각, 1948, p.13.

속에 있는, 小舟를 點친 듯한" 이 樓의 絶景에만 도취하지 않고 옛날엔 이 樓 밑을 흘러갔을 淸川江의 물줄기를 떠올리며 고구려 을지문덕 장군의 살수대첩의 의미를 되새긴다. 그리곤 바로 百祥樓 밑에 초라한 자취를 남기고 있는 장군의 석상과 석비를 보며 애닯은, 일제하 망국의 한을 대비시킨다. "기록에 위지하면 당시 隨將 宇文述 등이 인솔한 30만 5천여명 중, 薩水에서 慘沒을 당하고 魂不附體로 安州에서 鴨江까지 四百五十里를 一日夜에 줄달음질하여 萬死에 一生을 얻은 자 불과 三千"이어서 전우의 시체를 수습할 겨를도 없었던 바, 고구려측에서 屍骨을 의류, 무기 및 소지품과 함께 그대로 넣고 合葬의 禮를 치러줘 생성되었다는 骨積島에 얽힌 事緣과 記述은 비록 지금은 일제의 식민지로 전락했지만, 지극한 용맹과 함께 승자의 아량을 겸비했던 우리 민족의 자긍심과 잠재력을 일깨우게 한다.

국권상실에서 초래된 빙허의 이러한 투철한 민족관과 역사의식은 단군의 얼이 깃든 妙香山으로 여정이 계속되면서 점차 엄숙한 敬拜心으로까지 이어진다.

> 妙香山은 本名, 太白山으로 白頭山의 直系 正脈이 東으로 東으로 駸駸히 달려와서 巨大無比한 天慳地秘를 이룩하였으니 그 區域은 실로 鴨綠江의 南에서 平壤의 北까지 四百餘里에 磅礴雄盤하여 그 偉大한 胸襟에 西部朝鮮을 완전히 抱擁하고 말았다. ……중략……
> 淸虛(西山)大師의 四名山 評에 "金剛秀而不壯, 智異壯而不秀, 九月不壯不秀, 妙香亦壯亦秀"란 絶讚도 過譽가 아님을 알 것이다.[40]

---

[40] 현진건, 『단군성적순례』, 예문각, 1948, pp. 22-23.

개울을 한 번 넘어 賓絲庵(庵子는 痕迹도 없다.)에 오르니 天柱石이 全容을 나타낸다. 卓旗峰 中腹에 그 이름과 같이 하늘을 고인 듯이 直立한 巨巖이 突兀하게 二百餘尺을 솟았다. 引導僧 하나가 說明하기를 "저 天柱石은 檀君窟에 올라스면 바루 正面으로 보이는데 그때 檀君님께옵서 窟에서 활을 쏘시면 그 화살은 十里許에 날라 저 바위를 맞치고 餘力으로 그 화살은 뒷걸음을 치며 다시 檀君님께로 날라 왔답니다. 그러기에 檀君님께서는 화살 하나로 武藝를 講習하셨지요"하고 自己가 본 듯이 歷歷히 指點하며 자못 興奮한 態度다. 나는 그의 嚴肅한 얼굴찌에 理智를 超越한 不滅의 信仰光을 본 듯 싶었다.41

　이처럼 민족의 精氣가 서린 곳을 직접 답사하면서 그 배면의 설화와 역사의 숨은 그림을 찾고자 했던 현진건은 종내 그의 문학에서도 역사적 진실과 개인의 진실을 조화시킬 수 있었으며 식민지 시대에 지식인의 양식을 확보할 수 있었던 것이다.42 현진건 문학에 일관하고 있는 사회와의 대응양식이 닫혀진 사회의 문학의 대전제인 "식민지 시대의 극복"이란 과제에 근거하고 있음은 바로 이러한 그의 기행문을 통해서도 여실히 확인할 수 있다.

　　화로불에 얼마쯤 몸을 녹인 우리는 다시 窟 안으로 巡歷하다가, 西便 그윽한 石벼레 위에 正面 南向으로 세 분 位牌를 모신 것을 發見하였다. 左便 조금 적은 位牌는 『南無桓雄天下之位』라 썼고 中央은 『南無檀君天神之位』라 하였고 右便은 다시 『南無桓雄之位』라 씌워 있다. …… 우리는 議論이나 한 듯이 一齊히 무릎

---

41 현진건, 『단군성적순례』, 예문각, 1948, p.26.
42 현길언, 「현진건 소설 연구」, 한양대 박사학위 논문, 1984, p.iii.

을 꿇고 나추 나추 고개를 숙이었다. 나는 萬感이 全身에 소용돌이를 치며 고개를 다시 쳐들 수가 없었다. …… 物的 遺産은 고만 두자. 그 偉大한 文化的 遺業 —— 高句麗와 新羅에 와서 燦爛한 奪目의 色과 馥郁한 驚世의 香을 發하던 그 偉大한 文化的 遺業이 막상 人天을 掀動할 大果를 맞으랴 할 重大 時期에 지니지 못하고 凋殘과 零落에 마끼었으니 얼마나 惶恐한 일이랴! …… 地獄劫과 塗炭苦를 열 萬 번 더 치르고 더 겪어도 이 罪를 다 싹 치지 못하리라.[43]

역사의 현장을 한갓 逍遙와 값싼 感傷의 장으로 放置할 수 없었던 빙허의 투철한 역사의식에서 기인한 심오한 고뇌를 엿볼 수 있다. 일찍이 조동일은 장면 자체의 전개를 통해 숨은 비밀을 캐내도록 한 「적도」를 분석하면서 현진건을 상당한 효과를 가진 유격전술(遊擊戰術)의 驅使者로 비유한 바 있다.[44] 그러나 빙허의 「단군 성적 순례」엔 여느 작가의 기행수필과는 달리 단순히 山河의 피상적 접안에 그치지 않는, 露骨的일 정도의 민족적 정체성이 대담하게 드러나고 있다. 다시 말하자면 유격전술이 아닌 正規戰術을 당당히 구사하는 한 문인의 雄渾한 지사적 기맥을 엿볼 수 있다는 것인데 이는 빙허 문학의 근본적 始原이 어디인가를 말해 주는 뚜렷한 증좌가 아닐 수 없다.

3) 「금강산 정조」(1935)

樹州 변영로에게 보내는 서간체 형식을 띤 「금강산 정조」는 1935

---

[43] 현진건, 『단군성적순례』, 예문각, 1948, pp.34-35.
[44] 조동일, 「〈적도〉의 구성과 주제」, 『현진건 연구』, 새문사, 1981, pp.I-81.

년, 〈신가정〉 10월호에 발표한 기행수필이다. 그런데 우리 강산의 수려함을 여행지의 인정세태에 의탁해 민족정신의 활로를 제시하는 앞의 두 기행수필과 달리 이 글은 풍광이 수려하기로 이름난 금강산의 외형적 풍모를 살피는 와중에 포착된 조선인 자신의 민낯을 통해 우리 민족의 분발과 자성을 촉구하는 어조를 취하고 있어 주목된다.

> 수주 대형! 금강산이란 쉽게 말하면 암석세계(巖石世界)라 할까요. 곧 돌로 이룩한 조그마한 우주입디다. 이 돌이 큰 놈은 어마어마하게 하늘을 떠받드는 헌헌장부도 되고 아름다운 놈은 흰 치맛자락을 거듬거듬 춤추는 미인도 됩니다. ……중략…… 과연 이 물은 여느 물이 아니요, 이 돌 세계의 공기인 상도 싶습니다. 숨결인지도 모릅니다. 이렇듯이 맑고 이렇듯이 깨끗한 것은 한줌의 티끌도 섞이지 않은 탓일까. ……중략…… 돌 세계라 하였다고 아주 흙 한 줌이 없고 울창한 수풀이 없는 것은 아니외다. 그러나 그것은 고명이요, 양념일 따름이외다. 낙락장송이 뻗디디고 선 데도 또한 반반한 바위다. ……중략…… 만폭동을 끼고 비로봉을 넘고 구룡연, 옥류동을 돌아 만물상밖에 둘러보지 못한 짧은 행정일망정 엄청난 돌의 재조에 놀랄 뿐이었습니다.[45]

이처럼 "돌로 이룩한 조그마한 우주"요 맑디 맑은 물의 세례를 받은 선경이라며 금강산의 빼어난 운치에 빠져 있던 현진건이 돌연 향수(鄕愁)를 들먹이며 자조적 토운(tone)으로 돌아서는 건 이 산을 찾는 조선인들의 조선혼이 실종된 해이한 정서와 야박하고 옹졸한 정

---

[45] 현진건, 「금강산 정조」, 『현진건 문학전집』 6, 국학자료원, 2004, pp. 293-294.

신 때문이다.

　　수주 대형! 예까지 와서 새삼스럽게 애절하게 느낀 것은 향수(鄕愁)이외다. 하로 반이란 짧은 날짜요, 그 좋은 산과 경을 보면서 향수를 느끼다니 속물이란 할 수 없다고 웃을 이는 웃으리다. ……중략…… 절벽과 절벽 사이에 맑은 흐름을 꿰뚫고 척척 걸쳐진 장목 다리. 자연 그대로 별로 기교를 부리지 않은 이 다리야말로 순박한 조선의 풍치와 심산미를 돋울 것 아닙니까. 그러나 이런 다리는 지금도 더러는 남았습니다마는 사람 발자취가 잦은 곳에는 대개 야살스러운 화장을 하고 말았습니다. …… 길목에 찻집이 늘어섰지마는 깍쟁이 찻잔에 미적지근한 노랑 물은 억지로 권하되, 시원한 냉수 한 사발을 떠다 주는 이는 없습니다.

　　수주 대형! 조선의 금강산이 세계적으로 출세하는 것은 물론 좋은 일이외다. 그러나 조선 독특한 문화와 향기와 풍치를 잃지 않는 곳에 그 세계적 가치가 더욱 클 것이 아닐까요. 한심한 일이외다. 그러나 할 수 없는 노릇이외다. 이러고야 향수를 느끼는 이, 나 하나뿐이겠습니까. 그래도 조선의 정취가 남았다면 무수한 고찰을 들겠지요마는 그도 벌서 유난스러운 펭키(페인트) 단청에 보는 눈이 쓰라릴 지경이외다.

　　하다못해 우리네에 끼친 자최라고는 그 좋은 암석에 굼벵이 기어간 자욱같은 그 성명과 초라한 여관이 있을 따름이외다. 다른 나라 사람이 이렇게 쏘다녀야 그들의 성명을 새긴 한 조각돌을 보지 못하였습니다. 기념으로 비를 세우고 나무를 심을지언정, 자연물을 깎고 저미는 천착하고 각박한 짓들은 하지 않은 모양이외다. 참으로 제도할 수 없는 인간들이외다.[46]

---

[46] 현진건, 「금강산 정조」, 『현진건 문학전집』 6, 국학자료원, 2004, pp.294-295.

"빼어난 코에 푸른 눈자위를 굴리는" 외국인들마저 즐겨 찾는 세계적 명산, 금강산이 조선인들의 얄팍한 상혼과 저급한 안목과 무지한 산행문화 탓에 피폐해지는 모습을 그냥 지나칠 수 없는 작가는 이들 "제도(濟度)할 수 없는 인간들"에게서 이탈한 조선혼을 되불어 넣기 위해 금강산의 수려한 풍광에만 집착할 수 없다.

세계만방에 자랑할 절경인 이곳을 찾는 "우리네 유산객"이라곤 "치성 드리러 온 아낙네 몇"뿐 "흰 옷 입은 친구란 새벽 하늘의 별보담도 더 드물고 귀하며" 오히려 "동경·대판서 온 학생들과 구경꾼들은 거의 길에 널리고" 유산하러 온 서양인들의 "안 가슴패기와 부르걷은 팔뚝의 누런 털이 숭숭한 흰 살이 볕에 달아 이글이글 불같이 타오르는" 광경을 대하는 빙허의 심사엔 금강산의 세계적 명승지화에 대한 뿌듯함보단 우리 고유의 자산이 우리의 방임 속에 외래화되어가는 데 대한 아쉬움과 자책만이 가득하다. 금강산이 조선인 유산객보다 이방인 유산객이 넘쳐남으로 타자화·외래화되어가는 와중에 이에 부화뇌동해 급속도로 야박하게 상업화·퇴폐화되어가는 현실은 유산지역의 자연을 무분별하게 훼손하는 조선인들의 표류하는 유산문화와 함께 현진건의 가슴을 하염없이 짓누른다. 여기에다 만물상 등반길에 마주친 "현해탄을 건너온" 삼십 전후의 젊은 여성 두 사람이 갑자기 몰아친 비 속에서도 웃옷을 분연히 벗어버리고 속옷차림에도 부끄러움 없이 씩씩하게 유산하는 모습을 보고선 "마지막엔 속옷까지 비에 젖어 사족을 놀릴 수 없게 되고 볼상도 매우 사나웠지만 조금도 괘념도 않고 운소에 빼어난 칼날 같은 봉우리에 감탄과 호기의 눈을 번쩍이는" 그녀들의 기상을 칭송하며 조선의 여인들도 그런 용기와 의기를 본받기를 촉구한다.

기행수필에선 현지 풍물에 대한 자신만의 독창적 접안시각을 주제화하기 위한 독자적 형상화 방식이 중요한데 「금강산 정조」에서 빙허는 금강산 유산에서 얻은 서경적 감동의 배면에서 꿈틀거리는 '조선혼의 상실과 훼손'이란 정신적 지표를 적확히 적출해냄으로써 기행수필로서의 전범적 사명을 절묘히 성취하고 있다. 다시 말하자면 여행지의 여정을 나열하고 외형적 장관만 강조함으로써 미답지에 대한 독자의 호기심만을 충족하는 데 그치지 않고 여행지에서 느낀 부정적 인정세태를 식민지 지식인으로서의 작가의 역사의식과 접목시켜 주체적으로 형상화함으로써 반성적 사유로까지 나아가고 있다는 것이다.

4. 결론

현진건은 우리 근대 초기 사실주의 문학의 기초를 다진 작가이다. 그의 사실주의는 단순히 당대 현실의 기계적 모사에 그치지 않고 식민지 현실의 구조적 모순과 민족적 의기에 착목하고 있다는 점에서 그 가치와 의의가 운위되고 있다. 그의 이러한 현실인식은 1936년 베를린 올림픽 직후 동아일보 일장기 말살사건으로 피검되어 복역한 사실에서도 알 수 있듯이 문약한 지식인의 선언적 구호에 그치지 않은, 일상에서 체질화 · 생활화된 신념에서 우러 나온 것이었다. 그의 이러한 지사적 풍모를 가늠할 수 있는 인간적 자질은 여행지의 인정세태를 예리한 현실감각에 버무려 순발력있게 담아낸 기행수필에 그대로 녹아 있다.

1929년 7월 18일부터 같은 해 8월 19일까지 〈동아일보〉에 연재하였던 「고도 순례-경주」에는 천년 고도, 경주를 주유한 소회가 고스란히 담겨 있다. 경주 박물관을 시작으로, 포석정, 첨성대, 안압지 등 여러 유적지와 불국사, 석굴암에 이르기까지 문자 그대로 경주 일원의 역사적 흔적을 샅샅이 훑고 있는 이 글엔 여행지의 문물과 풍광에 기계적으로 접안해 즉물적 감상을 읊조리는 여느 기행문들과는 달리 여행지의 서경적 감흥을 서정적으로 갈무리해 '조선혼'의 근원을 탐색하려는 작가의 생득적 기질이 절절히 드러난다. 그리하여 비록 망국의 한이 서린 곳이긴 하나 천년고도의 위엄을 비장한 경주의 저력을 부각함으로써, 피식민자로서의 상고적(尚古)적 정체성과 문화적 자존심만은 결코 방기하지 않겠다는 결연한 의지를 곳곳에 내비친다.

1932년 7월 29일부터 동년 11월 9일까지 〈동아일보〉에 연재되었던 「단군 성적 순례」는 현진건의 웅혼한 지사적 기백이 더욱 노골적으로 드러난 기행수필로서 30년대 대중 역사소설의 범람 속에서도 역사적 과거의 현재적 의의를 꿋꿋하게 추구한 「무영탑」, 「선화공주」 등 그의 역사소설들의 정신적 밑거름이 되었던 예비저작물이다. 민족의 성지요 영산인 妙香山, 大朴山, 大成山, 九月山, 摩尼山, 假檀君窟, 檀君陵, 東明聖王陵, 乙支文德石像, 江西三古墳, 檀君臺, 祭天壇 등의 빼어난 운치를 雄渾한 민족혼에 담아 도도히 그려내고 있는 이 글엔 단순한 풍광의 음미나 서경적 수사를 초월해, 유려한 자연에 의탁한 숙명적 역사의식이 숨쉬고 있다. 단순히 山河의 피상적 접안에 그치지 않는, 露骨的일 정도의 민족적 정체성을 과감히 드러냄으로써 투철한 역사의식에서 기인한 심오한 고뇌의 일단을 엿보게 한다.

1935년, 〈신가정〉 10월호에 발표한 「금강산 정조」는 樹州 변영로에게 보내는 서간체 형식을 띤 기행수필로서 풍광이 수려하기로 이름난 금강산의 외형적 풍모를 살피는 와중에 포착된 조선인 자신의 민낯을 통해 우리 민족의 분발과 자성을 촉구하는 어조를 취한다. 금강산 유산에서 얻은 서경적 감동의 배면에서 꿈틀거리는 '조선혼의 상실과 훼손'이란 정신적 지표를 적확히 적출해냄으로써 여행지에서 체득한 인정세태를 식민지 지식인의 주체적 역사의식에 접목시키고 있다.

　이처럼 현진건의 일련의 기행수필들에서는 여행지의 변별적 감흥을 '조선혼에의 갈구'로 환유시키는 작가적 의지가 강렬함을 확인할 수 있었던 바, 이는 단순히 여행지의 풍광에만 함몰할 수 없었던 그의 생득적 주체의식에서 기인한 것이다.

III. 기행수필의 실제

1. '청춘 18'의 낭만에 얹혀; 일본열도

1) 고구라의 정적

　고구라驛에서 도보로 15분 거리에 고구라城이 자리하고 있었다. 일본을 여행하는 많은 이들의 뇌리에 가장 강한 인상으로 남아들 있는 일본건축의 백미- 일본의 古城, 그 중의 하나인 고구라城이 내 앞에 모습을 드러낸 것이다. 그러나 사진에서 봐 오던 그 멋진 자태완 아무래도 좀 거리가 있는 듯……. 오사까성이나 나고야성 같은 이름 있는 城이 아니라서 그런가? 하기야 코펜하겐의 인어공주상이나, 중국의 만리장성처럼 갖은 수식어가 붙은 현장일수록 가 보면 失笑를 금할 수밖에 없는 곳이 더 많은 법! 情緖의 나침반이 어디를 향하는가에 따라 대상에 대한 평가는 극과 극을 달릴 수밖에 없을 것이다. 고구라성내를 한 바퀴 도는 중, 문득 안내판의 문구가 시야에 포착된다. 1월 30일 이곳 성의 書院에서 한국의 유시훈 棋士가 王立誠 碁聖에 도전해 대국을 벌인다는 안내문이다. 비록 그 시간에 난 이곳에 없겠지만 유기사의 선전을 속으로 빌고 또 빌었다.

고구라성 앞의 다리를 건너 현대적 쇼핑몰과 旦過市場이란 재래시장을 구경했다. 그 과정에서 자연스레 흩어졌던 일행들과 조우, 다 함께 고구라 시내를 순환하는 모노레일을 탔다. 우리가 승차한 단과역에서 집결지인 고구라역까진 불과 2정류장, 그러나 고구라 시내를 구경하기 위해 일부러 반대쪽 홈에서 타고 한 바퀴를 둘러 가기로 했다. 모노레일을 타고 공중에 떠 시가를 훑어 보니, 보잘 것 없이 한적한 시골도시로 여겨지던 고구라(키타큐슈)의 상상을 초월한 전모가 백일하에 드러난다. 멋진 경마장에, 사통팔달로 뻗어 있는 도로망이며, 산 위에 계단식으로 지어진 일본 전통가옥의 운치며 모든 것이 도보로 돌아 본 고구라의 초라한 첫 인상을 상쇄시키고도 남는 듯하다. 한 바퀴를 되돌아 고구라역에 닿았다. 아직 집결시간(pm 5:30)까진 시간이 1시간여 남았다. 일행들이 고구라역 北口 코인락카 앞에서 기다리는 동안, 난 근처 쇼핑가를 한 바퀴 돌아 보기로 했다. 구주의 한 소도시에 불과한 고구라역 청사와 구름다리로 연결된 사방의 대형쇼핑가, 컨벤션센터, 무역전시관 등의 시설은 경제대국 일본의 위용을 과시하기에 족했다. 1시간여 周遊를 거쳐, 역청사로 돌아오는 길목에 석양을 등지고 늘어선 자동차 행렬의 섬광이 일본에서 맞는 첫 밤의 감회를 설레게 한다.

저녁 8시에 출발하는 오사까행 명문대양 훼리를 타기 위해 고구라역 북구 쪽 무료 셔틀버스 (출발지인 신모지항까지 운행하는)승강장에서 줄을 서 기다렸다. 그런데 얼핏 보니 가다가나로 항큐훼리라 적혀 있다. 뭔가 꺼림칙했지만 명문대양 훼리와 항큐 훼리가 공동으로 사용하는 승강장이려니 하고 넘어갔다. 그러나 잠시 후 도착한 버스는 우리의 맞은 편 승강장에 도착해 손님들을 승차시키고 있지 않는가? 우리를 보고 따라서 줄을 섰던 많은 이들이 후다닥 달음질쳐서 그쪽으로 뛰어가길래 우리도 황급히 그쪽으로……, 그리곤 버스에 가려 보이지 않던 명문대양 훼리 승강장이란 가다가나 표지판을 보고서야 啞然失色하지 않을 수 없었다. 여지껏 엉뚱한 곳에 줄을 섰으니 당연히 대부분의 우리 일행은 콩나물 시루 같은 버스 안에 서서 신모지(新門司)항까지 갈 수밖에 없었다. 우리의 순진한 길라잡이는 뒷통수를 긁고선 "전 東京밖에 잘 몰라요. 이곳은 제 전공이 아니라니까요?"하며 능청을 떤다. 25분가량을 만원버스에서 고생하다 선착장에 닿았다. 곧장 승선수속을 마치고 정해진 우리의 2등선실에 찾아 들었다. 어제 이용했던 한국선적의 부관훼리를 훨씬 상회하는 선내시설이 일단 여행자의 마음을 푸근하게 안정시킨다. 우선 선내 전망욕실로 뛰어가 목욕부터 했다. 창밖으로 항만을 바라보며 선내에서 하는 목욕……, 욕조의 뜨거운 물이 여독을 말끔히 풀어준다. 근데 옷보관함 이용에 100엔 동전이 웬 말인가? 욕실 무료제공이라면서…….

배안엔 카페와 휴게실, 각종 자판기 등 편의시설이 완벽했다. 220엔짜리 아사히 캔맥주로 갈증을 풀고 난 뒤, 내일의 여정에 대비해 오사카 시내지도와 여행서적을 펴들고 "벼락치기 공부"에 들어갔으나 농땡이 학생의 뇌리엔 잡상념만 가득할 뿐 정리가 잘 되지 않는다. 어쨌든 내일은 기필코 혼자만의 자유여정을 가지리라. 오사까성, 天王寺(덴노지) 부근, 도톰부리, 신시이바시, 혼마찌 등 대충의 루트를 짜고선 잠자리에 들었다. 새벽 2시경 일본에서도 해상 풍경이 아름답기로 유명한 세도나이가이 해상국립공원을 통과한다지만 그때까지 기다리다 밤잠을 설치면 다음날 관광에 지장이 많을 것 같았다.

그러나 웬걸, 잠자리에 들었으나 광주에서 부인과 함께 온 40대 아저씨의 무지막지한 미사일 포와 청주 가족 중 둘째 대학생아들의 중형 발칸포가 박자를 맞춰 가며 조용한 선실을 뒤흔드는 통에 종시 잠을 이룰 수 없다. "다음부턴 기필코 저들이 자기 전에 잠드리라!" 다짐 또 다짐하고 있는데, 옆자리에 자던 부산 청년(철인 3종경기 선수) 張某가 짜증을 내며 벌떡 일어나더니 밖으로 나갔다 다시 들어온다. 잠시 후, 부시럭거리는 소리에 그를 쳐다보니 이왕 자기는 틀린 것, 배나 채워보자는 속셈인지 어두컴컴한 선실에 앉아 뭔가를 열심히 먹고 있다. 이를 킥킥거리며 보고 있는 또 한 무리의 여인네들(서울서 온 초중학교 동기라는 인품과 체력이 넉넉했던 두 아가씨)까지 오사까로 향하는 명문 대양 훼리의 2등 선실 속에는 "미사일과 발칸포 세례에 잠 못 이루는 외로운 영혼"들의 눈물겨운 밤의 투쟁이 세도나이가이의 비경 속에서 펼쳐지고 있었다.

2) 배설의 희열과 양심의 가책이 함께 한 오사까

1월 12일 아침 7시, 오사까 남항에 도착했다. 8시 30분, 훼리터미널 역에서 310엔에 오사까 중심부의 梅田(우메다)역까지 가는 지하철 티켓을 끊었다. 훼리터미널역에서 모노레일(뉴 트램)을 타고 그 종점인 스미노에고엔(住之江公園)역까지 와서 지하철 요쯔바시센으로 환승한 후, 다이고구쪼역에서 다시 미도스지센으로 환승, 마침내 우메다역에 도착할 수 있었다. 우메다역 지하도를 통해 바로 연결되는 오사까역으로 이동, 中央口 부근의 코인락카에 각자 짐을 넣은 후,

저녁 6시까지 이 장소에서 모이기로 하고 헤어졌다.

어젯밤 흔들리는 배에서 벼락치기 공부한 내용을 되새기며 오늘 하루 오사까 시내를 휘젓고 다닐 생각을 하니 벌써부터 두 다리에 힘이 들어간다. 오사까성으로 향하기 위해 다시 우메다역으로 급히 걸어가는데 누군가 날 부른다. 78세의 김노인이 애처로운 얼굴로 "날 좀 데려가" SOS를 친다. 가히 난감해진다. 집의 부친 뻘되는 연세의 어른을 외지에서 잘 모셔야 함은 君子之道이겠으나, 어제 종일 고구라에서 빈둥거리느라 일본배낭여행의 진수를 맛보지 못한 터라, 오늘은 일본 제2의 도시 오사까를 최대한의 기동력으로 살피렸더니……? 때 마침 대부분의 우리 일행이 첫 목적지로 오사까성을 잡은 터라, 자연스럽게 합류가 되어 미사일포 광주 아저씨를 선두로 걸어 가기로 했다. 오사까역 출구를 빠져나와 잠시 방향감각들을 잃고 헤매는 순간, 연이틀 아침을 컵라면으로 때웠더니, 슬슬 아랫배에서 심상찮은 신호가 온다. 몇 걸음 옮기는데 도저히 더 못 참을 것 같다. 때 마침 우메다역으로 향하는 지하도 표시판이 눈에 들어온다. 우선 살고 보자 싶은 마음에 일행에서 잽싸게 빠져나와 우메다역 지하도의 화장실을 찾아들었다.

항상 느끼는 거지만 밀폐된 공간에서의 배설의 희열! 경험해 본 사람들은 다 알거다! 이번 배낭여행 중 가장 짜릿하고 잊지 못할 순간이었다. "금강산도 식후경"이란 속담은 "배낭여행도 배설후"로 바뀌어야 할 것이다. 거의 10여 분 이상을 소모하고 화장실에서 나왔다. 이제 다시 지상의 그 자리로 가는데 5분 여 이상이 소요될 터고……, 고민 끝에 홀로 지하철을 이용해 오사까성으로 가기로 했다. 이미 일행이 그 자리에 없을 것이란 이유로 자위하려 했지만, 실상은 김노인을 교묘히 따돌렸다는 양심의 가책을 못내 지울 수 없었다. 지하철을 1번 환승 후, 손 쉽게 오사까성을 찾았다. 500엔을 내고 엘리베이터를 타고 천수각 위에까지 직접 올라갔다. 천수각 5~6층부터는 성의 내력을 홀로그래픽, 사진 등의 각종 자료들을 통해 치밀하게 설명해 놓았다. 일본인들의 자기문화에 대한 애착을 실감했다. 고구라성보다는 역시 작품임엔 틀림없지만 그래도 사진보단 못한 것 같다. 천수각을 나서면서 매표소관리인에게 부탁해 한글로 된 팜플렛 1장을 얻었다.

　오사까성 근처의 역사박물관과 NHK 오사까 지국을 대충 눈으로 찍고 다시 지하철을 이용, 덴노지(天王寺)로 향했다. 오사까 지하철의 1회 평균 운임은 대략 230엔 선, 동경의 평균 160엔 선에 비해 비싼 편이다. 나중에야 깨달았지만 850엔짜리 1일 패스를 끊는게 더 나을 뻔했다. 그러나 그 때 당시야 지하철을 3번 이상 더 탈 일이 없을 것 같았다. 일본식 정원의 독특한 향취를 풍기는 덴노지 공원과 성덕태자 유물 특별전을 열고 있는 덴노지 박물관을 빙 돌아 덴노지 동물원으로 향했다. 그 도중에 일본 만의 독특한 풍류를 접할 수 있었다.

　그건 다름 아닌 200엔 짜리 路上 가라오케! 주로 황혼을 지난 노인들이 길가의 행인들을 청중으로, 알 듯 모를 듯한 그네들의 인생유전을 구슬픈 엔가 곡조에 실어 영혼어린 열창들을 해대고 있었다. 노래가사가 흐르는 모니터를 등 뒤로 하고 우수에 젖은 감은 눈을 길가의 청중들에게 돌리며 자신의 인생을 노래로 엮어내는 듯한 애절한 멜로디가 덴노지 공원 모퉁이를 도는 내 귓전에 비수처럼 꽂혀 왔다. 순간 다시 한 번 자신을 데려가 달라며 애절하게 호소하던 김노인의 슬픈 눈망울이 내 구멍난 양심 속에 오버랩되었다. 최인호의 [돌의 초상]이나 안정효의 [솜바지]에 나오는 "아버지를 버린 자식"이 된 기분이었다. 텐노지 동물원의 입장료는 500엔, 동물원은 남원과 북원으로 나눠져 있는데 포유류, 파충류, 맹금류, 야행성동물에 이르기까지 실로 놀랍도록 다양한 동물들을 완벽한 관리체계 속에 수용하고 있었다. 눈에 띄는 것은 가족 단위의 소풍객과 아기를 유모차에 태우고 혼자 나선 젊은 엄마들이 상당 수였다는 건데, 요즘 일본에서 사회문제화되는 미혼모 붐과 무슨 연관이 있는 지도 모를 일이었다. 근데 여기서 난 뉴질랜드까지 가서도 못 보고 온 키위(주둥이가 뾰족하고 털이 북실한 뉴질랜드의 천연기념물 새)를 야행성 동물관에서 볼 수 있었다. 텐노지동물원! 정말 대단한 곳이다. 400엔짜리 우동과 200엔짜리 김말이밥으로 점심을 때우고 본격적 오사까 시내 주유에 나섰다.

　미도스지센 난바역에서 하차한 후, 도톰부리, 신시이바시, 혼마치 등을 거슬러 오르면서 거대도시 오사까의 심장부를 관통했다. 시가를 흐르는 운하와 대형 쇼핑센터, 주말이라 거리를 가득 메운 인파의 행렬, 모든 것이 어제의 고구라와 비교되었다. 일본의 명물 금룡라면이 600엔이다! 이미 점심을 먹은 지라 시식할 기회를 놓쳤다. 쇼니타워의 쇼룸에 앉아 신시이바시와 도톰부리의 경계를 이루는 觀賞流水의 장관을 물끄러미 바라 보았다. 4층의 쇼룸에선 "미이라2"가 대형 HD TV로 재생되고 있다. 다시 지하철로 우메다역까지 온 후, 무료전망대로 유명한 항큐 우메다32(항큐 그랜드)빌딩을 물어 물어 찾았다. 32층의 전망대에서 바라보는 오사까역 주변의 스케일은 그야말로 장대무비! 그것이다. 대충 오사까의 지형이 뇌리에 잡힌다. 우메다 지하 음식상가에서 샌드위치(380엔)로 저녁을 해결하고 생수병에 바닥난 물을 보충했다. 생각난 김에 내일 아침거리로 같은 샌드위치를 하나 더 샀다. 이제 집결지인 오사까역으로 슬슬 가 볼 시간이다.

마침 주말 저녁이라 오사까의 최고 번화가인 오사까역(한큐,한신 대형백화점과 각종 유통시설, 호텔, 사철역 등이 밀집한) 주변은 개미새끼처럼 많은 사람들로 북새통이다. 5분 거리의 오사까역으로 오는데 이건 완전히 2002년판 "흥남철수작전"이다. 내가 걸어간다기보다 인파에 떠밀려 오사까역으로 떠밀려 오고 있다는 것이 정확한 표현일 듯…. 다행히 제대로 떠밀려 왔길래 망정이지 인파에 휩쓸려 엉뚱한 곳으로 갔으면 나의 일본 배낭여행은 이날로 종칠 뻔했다. 오사까역 중앙구 코인락커 앞엔 벌써 많은 일행들이 와서 기다리고 있었다. 반갑게 내게 손을 흔드는 김노인의 얼굴을 제대로 쳐다볼 수 없었다. 덕분에 오늘 김노인을 모시고 다닌 청주가족(50대부부와 두 대학생 아들)의 가장어른 (지리선생님?)께서 "오늘 우린 오사까성만 다녀 왔어요"하는 체념조의 어투가 못내 가슴에 저려온다. 길라잡이 말이 오늘 비행기 편으로 도착한 또 다른 배낭 팀 20명이 이후부터 합류할 거란다. 이젠 40명의 배낭족이 밤 기차를 타고 東京을 향해 야간진군을 하게 되는 것이다.

역무원으로부터 "청춘18"티켓에 검인을 받으며 개찰구로 들어와 우선 6시 54분발 오가끼행 기차를 8번 홈에서 승차했다. 이제 2시간여의 여정 후 오가끼역에 도착할 것이다. 거기서 1시간 30분여를 기다리다 11시 9분발 동경행 야간열차 '문라이트 나가라'에 탑승해야 한다. 고된 역정이 시작된 것이다. 오가끼를 향해 동진하는 차창 밖에 비친 일본열도의 겨울달이 고즈넉이 가슴을 파고든다.

3) 휘청거리는 오후

오가끼(大垣)로 가는 밤의 기차에서 서울에서 온 두 늙은(?)아가씨와 좌석 동거(?)를 한 관계로 많은 대화를 나눌 수 있었다. 당당한 풍채 만큼이나 넉넉한 마음을 가졌던 수영강사 지연씨, 곧 인형매니아 카페를 오픈할 거라는 해맑은 웃음의 메이컵 아티스트 경숙씨, 둘은 초중학교 동기였다.(서로가 상대방을 성질이 지랄이라며 농을 해대는 품이 두 사람의 진한 우정을 넘겨 짚기에 족했다.) 하기사 그들도 이미 어린 나이가 아니긴 했지만 남을 배려하고 웃어른을 생각하는 마음이 그들보다 실없이 나이만 먹은 날 많이 부끄럽게 했다. 저녁에 오사까역에서 비행기팀 20명이 합류하는 바람에 졸지에 20명 병력의 구대장에서 40명 병력의 소대장으로 지위가 격상한 우리의 순진한 길라잡이 미스터 권이 허둥대는 것을 보고 자상한 누님처럼 다독거려 주던 그녀들을 옆에서 지켜 보면서 차창 밖으로 보이는 일본의 달이 그렇게 정겨울 수가 없다.

오가끼에서 이름 한번 거창한 "문라이트(moonlight) 나가라" 야간열차로 환승했다. 이제부턴 지정석에 앉아서 갈 수 있다. 그래야 야간취침을 할 수 있기 때문이다. 그러나 선박과는 달리 의자에 앉아서 자야 되니 완전 취침이 되긴 글렀다. 게다가 밤새 서는 숱한 역에서 손님이 승하차하느라 계속 불을 켜고 운행하니 이건 완전히 고문 중에 상고문이다. 목욕에다, 맥주에다 컵라면 식사까지 가능했던 2일간의 선박여행이 꿈처럼 그립다. 단 한 순간도 눈을 부치지 못하고 새벽 4:47 동경역에 도착했다. 비몽사몽간에 길라잡이를 따라 숙소인 '가야바쵸 펄' 호텔에 도착, 일단 짐을 맡기고 저녁에 각자 개별 체크인하기로 하고 다시 해산했다. 문라이트인지 문둥이 나이트인지 밤기차의 고문에 시달린데다 동경 예습을 전혀 못했던 터라 "동경이 전공"이라는 길라잡이를 믿어 보는 수밖에 달리 방법이 없다. 그런데 아뿔싸! 그를 따르는 신도 수가 엄청나다. 어젯 밤에 새로 합류한 비행기 팀의 낙동강 오리알 부대(어린애들과 아줌마)와 우리 팀의 김 노인과 연과 숙 두 언니, 전주에서 온 헤비급 고교생, 그리고 나까지 ……, 이건 완전히 깡통들만 하나씩 걸치면 "거지왕 김춘삼과 그의 일행들"이다.

근데 우리의 순진하고 불쌍한 길라잡이는 지가 김춘삼인지도 모르고 의기양양 앞장을 선다. 근교의 편의점에서 컵라면, 빵 등을 골라 새벽의 여명에서 깨어나기 시작하는 동경 한복판의 아스팔트 보도에 죽치고 앉아, 일순 한국에서 온 거지들의 합동 아침식사가 진행되고 있는 광경을 또 한 명의 거지인 내가 바라보고 있었다. 일단 지하철을 이용, 동경역으로 이동, "청춘18"이란 막강한 비밀병기를 가진 우리는 JR 山手線(야마노떼)을 무한정 자유이용해 신주꾸역, 신오꾸보역을 거쳐 하루주꾸까지 왔다. 도심 한복판 신주꾸의 아침 신작로에 새까만 까마귀들이 괴성을 질러가며 비행하는 모습을 보고서야 내가 일본에 와 있음을 실감케 한다. 신오꾸보역사의 한 귀퉁이에선 작년 1월 26일 일본인 취객을 구하려다 꽃다운 젊음을 바친 우리의 유학생 이수현 씨의 고혼이 살아 보이는 듯했다.

역사를 빠져 나오면서 驛舍 벽에 질서정연히 붙어있는 상자아파트(라면박스 등으로 지은 일본거지들의 거처)를 보면서 이 속에 사람이 살고 있다는 사실과 경제대국 일본의 허상에 놀라지 않을 수 없었다. 이들보다 조금 고급거지들은 메이지 신궁과 요요기 경기장 근처에 보다 고급주택(텐트형?)을 갖고 있었다. 근 10년간 이어지고 있는 일본의 경제불황을 실감하게 되는 순간이었다. 하라주쿠역은 驛舍부터가 일본식의 독특한 운치를 풍기게 하더니 역사 건너편에서 시작되는 다께시다 도리를 비롯한 온갖 가게의 분위기가, 일본 젊은이들의 멋과 패션의 경연장이다. 아오야마 거리의 각종 캐릭터샵과 패션샵, 팬시점 등을 거쳐 메이지 신궁, 요요기 공원 등을 周遊하는데, 모두들 大長征에 그로기 상태다. 특히나 78세의 김노인은 보기 민망할 정도로 비틀거리신다. 그야말로 "휘청거리는 오후"다. 미스터 권이 할아버지와 그 중 가장 꼬맹이 초등학생을 데리고 호텔로 먼저 가겠다며 "나머지 분들 모시고 아끼하바라(秋葉原)까지 알아서 가실 수 있으시겠죠?"한다. 그러면서 "전 동경 중에서도 하라주쿠(原宿) 전공이라니까요?" 예의 그 순진한 농간을 또 부린다.

전혀 의사와 상관 없이 임시 길라잡이가 됐는데, 나 자신도 지도 보고 첨 가는 길, 신병 거지들까지 데리고 가야 하니 그야말로 머리에 쥐가 날 지경이다. 다행히 JR 야마노떼를 이용해 쉽게 아끼하바라에 도착할 수 있었다. 驛舍 바로 앞이 電子商街라 바로 구경과 쇼핑에 돌입, 전주 고교생과 같이 올림프스 카메라를 1대 씩 구입했다. (가격은 2만 8천엔! 어설픈 일본어 '좃도 마께떼 구다사이'를 구사해 2만 9천500엔짜리를 조금 깎았다. 미스터 권과 헤어지기 직전 즉흥적으로 배운 한 마디를 유효 적절히 써 먹은 셈이다. 그런데 일본어에선 '좃도'란 말이 여러모로 유용되어 그 뉴앙스가 자못 의미심장한 우리를 당혹케 한다.) 다시 지하철 히비야센으로 이동, 손쉽게 호텔로 복귀하여 배정된 방에서 목욕을 한 후 휴식을 취했다. 그런데 어른 말을 듣지 않고 부득 부득 요금을 아낀다며(실상은 요금도 같았다.) 직통노선(히비야센)을 버리고 JR과 마루노우지센, 히비야센을 혼성사용하겠다던 우리의 두 언니 연과 숙의 거지 일행(?)들은 종시 호텔에 도착한 기미가 없다. 이튿날 아침 호텔 로비에서 만났더니 동경역에서 길을 잃어 헤매다 1시간이나 걸려서 돌아왔다며 "의기양양"한 내게 "깨갱깨갱" 항복신호를 보내왔다. 그 얼마나 귀여운 우리의 누이인가!

  목욕 후, 잠시 눈을 붙였다. 그러나 배낭여행 중, 유일하게 호텔에서 지내는 이 밤, 그래서 도시 그것도 동경의 야경을 볼 수 있는 千載一遇의 기회를 침대에서 뒹굴며 허비할 순 없었다. 동경지도 1장을 달랑 들고 지하철 역으로 달려갔다. 일단 히비야센을 타고 은좌로 갔다. 은좌역에서 바로 연결된 미쓰꼬시 백화점의 지하식품부에선 폐점시간을 앞두고 "떨이 세일"이 한창이었다. 100엔짜리 모찌 몇 개를 80엔에 사서 입에 넣고 씹으면서 지상으로 나와 은좌의 화려한 밤거리를 거닐었다. 네온사인 찬란한 은좌의 야경을 보면서 1930년대 일본의 유명한 풍속작가 다께다 린따로우(武田隣太郞)의 [銀座八町]의 한 장면이 뇌리에 오버랩되었다. 다께다가 묘사했던 은좌의 뒷골목 술집 앞에는 30년대보다 훨씬 화려하고 세련된 복장의 여인들이 종이판을 쳐든 "삐끼"와 함께 양복쟁이 행인들을 호객하고 있었다. 다시 마루노우지센을 타고 신주꾸역에서 내려 동경도청을 찾아 갔다. 공짜 전망대에서 동경의 야경을 조망하고픈 나그네의 야망이 지하철역에서 동경도청까지 이어진 안내판을 따라 일순에 도청에 이르게 한다. 그러나 막상 도청 앞에 이르니 사방은 컴컴하고 도대체 전망대

입구가 어느 쪽인지 막막하기만 하다. 때 마침 밤 산책을 나왔던 젊은 부부 가족에게 SOS를 쳤다. 英語에 부담을 느낀 그들이 어려워하면서도 도움을 베푸려 온갖 노력을 아끼지 않는다. 어렵게 의사소통이 되어 무난히 북쪽 전망대 엘리베이터를 탈 수 있었다. 가던 길을 접어두고 친절하게 전망대 엘리베이터까지 동행해 주는 그들의 몸에 배인 친절에 다시 한 번 소름 끼치는 일본의 저력을 느낄 수 있었다.

　동경도청 전망대에서 바라보는 동경의 야경은 그야말로 고혹적이었다. 오색찬연한 밤의 조명이 각종 건축물의 기하학적 구도를 가히 환상적으로 채색하고 있었고 그 분위기에 이성을 잃은 일본의 청춘들이 연인들의 몸을 공개장소에서 마구잡이로 더듬고 있었다. 그런데 그걸 신기하게 쳐다보는 사람은 나 혼자뿐, 다들 무관심하다. 마누라와 결혼 전 데이트할 때 공개된 장소에서 손목 한 번 제대로 못 잡았던 난, 동경도청 전망대에서 데이트하지 않은 걸 뒤늦게 후회하고 있었다. 전망대 식당에서 400엔짜리 "파니니"로 뒤늦은 저녁식사를 하면서도 내 눈은 찬란한 동경의 야경보다는, 자꾸만 아까부터 열렬히 연인의 가슴을 애무하는 3시 방향의 노랑머리 청년의 손에 고정되어 있었다.

4) 부루라이트 요코하마

　오랜만에 숙면을 취했다. 흔들림 없는 지상에서 등판대기 대고 잔다는 게 얼마나 행복한 건지 비로소 깨달았다. 배낭여행은 이래 저래 끝 없는 교훈을 준다. 원래 열이 많은 체질인지라 유까다(일본식 가운)마저 홀라당 벗어 던지고 그야말로 수면 삼매경에 빠졌더니 얼마나 개운한지……? 그런데다 아침은 이번 여행 중 유일하게 제공되는 호텔 조식! 생각보다 얼마나 푸짐한지 걸신 들린 거지 마냥 되는대로 어거적 어거적 집어넣고 나니 속이 꽉 찬 기분이다. 그리고 눈치봐서 빈 생수병에다 얼음물도 가득 보충하고 나니 이제 千軍萬馬를 얻은 듯한 기분! 게다가 아침 전, 객실에서 오늘의 일정에 대한 예습까지 대충했으니 "이보다 더 좋을 순 없다!" 어제 동경시내를 무리하게 쏘다녔더니 발바닥이 부르텄다. 국내출장을 가장하기 위해 다들 운동화로 무장한 배낭족 가운데 나 혼자만 구두를 신고 왔더니 영 후유증이 이만저만이 아니다. 어제 동행했던 85Kg의 전주 고교생 녀석도 발에 여기저기 물집이 심해 여간 고통스러워 보이지 않았었다. 자식 키우는 입장에서 여사로 보이지 않는다.(녀석 말을 들으니 자기 아빠가 나보다 3살이나 아래다. 그런데도 아빠는 자기 친구 애들은 대학 다니는데 나는 애가 늦다고 한다길래, 너희 아빠보다 3살이나 많은 나는 이제 애가 중학생이라고 아빠께 전하랬다.) 비상용으로 가지고 온 대일밴드를 거의 녀석에게 주고 난 2장 만 발바닥에 발랐다. 기분이 그런지 한결 걷기가 나았었다. 녀석도 아저씨 덕분에 훨씬 걷기가 좋다고 했었다.

　밤 11시 요코하마역 東口에서 만나자는 길라잡이의 통보를 끝으로 우리의 "거지사단"은 또 다시 정처없는 동경유랑의 길에 접어들었다. 어제 물집이 나도록 무리하게 걸었으니 오늘은 어디서 푹 쉬다 오후 늦게 요코하마에서 그 소문난 夜景을 즐기리라 맘 먹고 프론트에서 일본 젊은이들이 가장 선호하는 데이트 장소이자 해상유원지인 "오다이바"(お台場) 가는 길을 미리 알아 두었으니 마음 든든하기 그지 없다. 길라잡이가 "오다이바가 끝내줘요! 저도 애인에게 거기서 프로

포즈할 거예요" 하길래 "어떻게 가는데?" 했더니 "저도 아직 안 가봐서 잘 몰라요! 전 하라주쿠 전공이라니까요?"하며 예의 그 귀여운 미소로 응대한다. 하여간 평생에 도움이 안 되는 길라잡이다! 그러나 순진한 童顔의 그가 한 없이 사랑스럽기만 하니 내 참! 인연이란 뭔지……? 동경 지하철과 전철 노선망엔 "오다이바"가는 길이 나타나지 않는다. 프론트에 알아봤더니 신설된 私鐵의 모노레일을 이용해야 한다며 새로 제작된 노선도를 보여준다. "오다이바"야 게 있거라! 내가 간다! 지하철역으로 향하는 발걸음이 가볍기만 하다. 막 지하철 계단으로 발걸음을 내딛는데, 뒤에서 "아저씨! 오늘 저 아저씨하고 같이 다니면 안 될까요?" 전주 고교생 녀석이다. "너 이제 발은 다 나았냐?" "예 어젯밤 호텔물에 발 담그고 목욕했더니 부기가 싹 빠졌어요. 보여 드릴까요?"하며 냄새나는 발을 내 코 앞에 들이밀 기세다! "애구구! 알았다. 알았어, 같이 가자, 같이 가!" 요즈음 애들같지 않게 심덕은 좋은 녀석이다. 덕분에 지나가는 일본인들 붙잡고 사진 한 판 박아달라고 구걸하지 않아도 될거고 외롭지 않아서 나도 밑질 건 없다.

지하철을 1번 환승 후, 신바시(新橋)역에서 私鐵 모노레일 역으로 이동, 레인보우 브릿지를 건너 오다이바 해상공원으로 향하는 모노레일을 탔다. 요금이 장난이 아니다. 편도 360엔. 그러나 오다이바로 가는 도중, 공중에 떠서 보는 동경의 임해 부도심권은 색다른 멋이 있다. 이윽고 레인보우 브릿지가 보인다. 가히 환상적이다. 밤에 와서 봤으면 정말 매혹적이겠다는 생각이 들었다. 레인보우 브릿지의 야경을 보면서 프로포즈하고 싶다는 일본 젊은이들의 소원이 이해되었다. 그러나 갈매기 한 마리 없는 대낮의 "오다이바 해상공원"은 무료하기 이를 데 없다. 후지 TV사옥을 밖에서 대충 훑고 세가에서 운영하는 조이플러스에 들렀다. 입장료는 500엔, 녀석은 게임 한 판만 하고 가지며 빈 자리에 앉더니 정신이 없다. 담에 아들녀석과 같이 오게 되면 데리고 올 곳이 한 군데 더 생긴 셈이다.

대충 오다이바를 마무리하고 다시 신바시역으로 돌아와 요코하마행 전철표를 자동발매기에서 끊었다. 그런데 우리의 목적지는 요코하마 다음 역인 "사구라기죠", 요코하마에서 내려 환승해야 한다는 역무원의 친절한 설명이다. 신바시에서 사구라기죠까진 450엔. 일본의 기차는 보통이나 쾌속이나 값이 똑 같다. 우린 당연히 먼저 온 쾌속을 이용, 요코하마에서 내려 환승, 사구라기죠역에 무난히 내릴 수 있었다. 역사를 나와 곧장 "미나도미라이21" 인포메이션센터에서 한국어로 된 요코하마 지도와 미나도 미라이 21 지구의 안내문을 받아 들었다. 일본에서 동경도청전망대를 제치고 이제 가장 높은 건물이 되었다는 "랜드마크타워"의 고층 전망대가 입장료 1000엔의 고상한 오만을 부리며 우리 앞에 버티고 섰다. "너 말고도 무료전망대 어디 없을까 보냐!" 우리는 도도히 그 앞을 지나쳤다. 랜드마크타워 건물로부터 퀸스트리트 쇼핑센터를 거쳐 국제 컨벤션센터에이르기까지 9개의 복합건물이 연이어 연결된 세계최대의 쇼핑몰이라는 명성에 걸맞게 "미나도미라이21"지구의 쇼핑촌은 그 규모도 엄청났을 뿐 아니라, 시드니의 다링하버와 런던의 타워브릿지를 모방한 듯한 해안의 조경은 야마시다공원을 왕복하는 조명찬란한 유람선 및 베이 브릿지의 고혹적 자태와 더불어 공전의 히트를 기록한 일본 대중가요 "블루라이트 요코하마"의 황홀한 멜로디와 가사의 배경이 되기에 족했다. 2002 월드컵 결승전 개최도시 요코하마의 매력이 강한 견인력으로 다가왔다.

　요코하마에서 빼놓을 수 없는 명소 차이나타운과 모도마찌의 낭만을 즐기기 위해 다시 이시가와죠 역에서 내렸다. 간나이역을 지나면서 차창밖으로 일본 프로야구 "요코하마베이스타스"의 홈구장이 보였다. 아름다운 항구도시의 해변에 그림처럼 자리한 "베이스타스" 구장을 보는 것만으로도 野球狂인 나의 瞳孔은 벅찬 감회를 주체키 힘든가 보다. 이미 시야를 벗어난 차창 밖 왼 쪽으로 자꾸 시선이 간다. 차이나타운은 朱雀門을 비롯한 9개의 형형색색의 대문이 밤의 雲霧 속에서 행인들을 유혹하고 있었다. 관우를 모시는 關帝廟가 일본의 한복판에 버젓이 자리하고 있다는 사실이 흥미롭다. 여기저기 식당가를 전전하다, 마침 친절히 "이락샤이마세" 꾀꼬리처럼 호객하는 아줌마의 목소리가 예쁜 딤섬 집에 들어갔다. 동전만한 딤섬이 4개에 380엔, 그래도 개 중엔 가장 싼 집이다. 거구인 전주 고교생 녀석 눈치를 보니 이 걸 먹고 어떻게 이 夜한 밤을 견딜까 하는 양이다. 허나 저나 나나 아직 半밖에 안 치른 일본 여정, 벌써 탄환 다 떨어지면 몰골도 이런데 정말 상자 아파트 신세를 져야 할지도 모른다. 1분이면 끝날 식사를 두 남정네가 일부러 느릿느릿, 만만디…, 딤섬 하나 먹고 물 한잔 마시고… 또 생수병에 물 보충하고……,우리의 쉬어가려는 지연작전에 두 말 않고 먼 발치에 앉아서 졸다가 물이 떨어졌다 싶으면 조르르 달려와 물병을 채워주는 여급 아가씨의 친절이 찡하니 가슴에 와 닿는다.

　요코하마의 정겨움이 물씬 풍기는 모또마치의 상점가를 지나 베이브릿지의 야경이 죽인다는 "미나도도미에루오까고엔"(항구가 보이는 공원)에 올라 야경보다는 또 다시 한 치의 틈도 없이 밀착한 청춘

남녀의 포옹장면을 수도 없이 목격해야 했다. 근데 오늘이 무슨 날인지 기모노 차림의 젊은 여성이 눈에 많이 띈다 싶었더니 바로 오늘이 일본의 공식 공휴일인 "성인의 날"이란다. 그래서 월요일인데도 불구하고 쇼핑가가 일찍부터 붐볐나 보다! 베이브릿지가 보이는 공원을 뒤로, 한국 총영사관과 가나자와문학기념관을 돌아 프랑스산 언덕을 내려 오며 보는 요코하마 주택가의 깔끔한 뒷골목이 퍽 인상적이다. 또 다시 발바닥이 아파온다. 기차시간까지 공짜로 죽치고 있을 만한 데를 훑어보니 국제페리 여객터미널 대합실이 생각났다. 거기다 3층은 무료 전망대. 녀석을 독려해 거기까지 가기로 했다. 가는 도중, 한 가게에 군중이 웅성댄다. 요코하마 베이를 배경으로 TBS 드라마를 찍는 모양이다. 안전요원들이 통행을 통제하는데 크레인 카메라 불빛 아래 바바리코트 차림의 어여쁜 여자 탤런트 모습을 보려고 추운 날씨에도 구경꾼들이 제법 몰려 있다.

한참을 걸어 페리 터미널에 도착했다. 여기서 태평양을 가로질러 샌프란시스코나 하와이까지 가는 크루즈가 발착하는 곳이다. 밤 8시가 지나 이 시간에 운행하는 배가 있을 리 없으니 자연히 대기손님도 없을텐데 터미널 안은 뜨근한 난방과 함께 불까지 환하게 켜져 있다. 게다가 3층 전망대에 오르니, 左靑龍 右白虎런가? 좌측으론 미나도미라이21 위락지구의 화려한 불빛이, 우측으론 베이브릿지의 깜박이는 탐조등이, 그리고 바로 앞엔 아침 항해를 앞둔 거대한 여객선의 금빛 실루엣이 들어찬다. 가히 그림같은 요코하마의 밤 전경이 다시 한 번 나그네의 여심을 사로잡는다. 진작 이곳에 와서 야경을 감상하며 쉬는건데! 후회막급이다.

넓은 3층 전망대 로비엔 열심히 객담을 나누는 중년의 두 일본인과 우리 두 사람 외엔 없다. 등받이 없이 쫙 펼쳐진 푹신한 의자에 드러누워 요코하마의 忙中閑을 즐기는 기분을 어디에 비유할까! 그것도 공짜로…, 역시 "배낭족에겐 정보가 생명이다"란 영원한 아포리즘이 대합실 천장의 전등 사이로 내 뇌리에 반추되어진다. 한 30여분이 지났을까? 심상치 않은 잔잔한 음악과 함께 상냥한 여성의 멘트가 들려온다. 서글픈 곡조와 더불어 "사요나라… 구다사이"하는 어조가 에구! 문단을 시간을 알리나 보나…. 조금 있으니 정복 차림에 슬리퍼를 끄는 터미널 직원이 열쇠뭉치를 손에 들고 "스미마센"을 연발하며 나타난다. 아쉬운 맘에 되잖은 일본어로 "이마 시마이데스까?" 했더니 공손한 어조로 "하이!"하며 절을 해댄다.

그날 밤 우리 둘은 마지막 보루였던 페리터미널에서 정확하게 밤 9시 정각에 쫓겨났다. 요코하마역으로 가기 위해 이시가와쵸역으로 향하는 우리의 머리 위로 "부루라이트 요코하마(Bluelight Yokohama)"의 이즈러진 달빛이 서럽게 흐느끼고 있었다.

5) 김노인의 실종

요코하마 驛舍에서 밤 12시가 지나도록 기다리려니 다들 이만 저만 고생이 아니다. 어디 제대로 앉을 데도 없이 東口 쪽 소고백화점 앞에 퍼질러 앉은 모습들이라니……? 이를 딱하게 여긴 역무원이 청춘18의 검인도장을 하루 늦게 찍어 줄테니 지금 개찰구 안으로 입장하란다. "청춘18"이란 일본의 동하계방학 중에 발행하는 JR의 특별할인티켓으로, 1인이 5일간 혹은 5인이 하루 동안, 신칸센과 초특급을 제외한 JR의 전 열차를 무제한으로 이용할 수 있는 요술방망이와 같은 티켓이다. 그런데 여기서의 하루란 0시부터 24시까지를 말한다. 따라서 밤 11시59분에 검인을 받았다면 1분 후, 하루분이 날아가게 된다. 따라서 우리는 어떻게든 밤12시를 넘겨 입장하기 위해 개찰구 밖에서 구차스러운 몸짓을 펼쳐 보일 수밖에 없었던 것인데 이 눈물겨운 몸부림이 용케 맘씨 좋은 역무원 눈에 포착이 된 모양이다.

세상을 살면서 때론 남에게 불쌍하게 보여야 예기치 않은 得을 볼 수 있다는 사실을 다시 한 번 확인한 셈이다. 대가족의 장남으로 강사생활을 전전하던 나도 장가들기 위해 숱한 맞선을 봐야 했다. 그러다 마지막으로 택한 꼼수가 맞선상대에게 "불쌍하게 보이기 작전"이었다. 주눅이 든 얼굴로 상대방을 제대로 쳐다보지도 못하고, 결혼하면 아내에게 두 말 없이 꽉 잡혀 숨 한 번 제대로 쉬지 못하고 지낼 것 같은 겸손하다 못해 구차하고 불쌍한 눈빛으로 상대방을 바라 봤다. 이 작전에 걸려든 사람이 바로 내 아내다. 그러나 아직도 긴가 민가 하는 아내가 딴 맘 못 먹게 아내의 직장(아내는 교사였다.)에 漢詩로 된 열렬한 충성서약서를 써 보냈다. 오랜 세월이 흘러 全文을 다 기억하진 못하지만 대충 이런 내용이었던 것 같다.

海浪寺(해랑사) 要海浪寺(요해랑사) 乙身當(을신당) 乙萬身當(을만신당) 命生伊(명생이) 綠道河茶(록도하다) 乙萬身當(을만신당) 海浪寺(해랑사)

아내는 같은 직장의 한문선생님께 자문을 구해도 "正統漢文"이 아닌 吏讀(이두)인 것은 분명한데 해석을 할 수 없다고 한다면서 내게 무슨 뜻인지를 물어왔다. 난 마지막 카드를 던지는 비장한 심정으로 해석을 해줬다. "사랑해 사랑해요, 당신을 당신만을, 이 생명 다하도록 당신만을 사랑해" 라고……. 일순 멈칫해 하는 아내에게 "가진 것 없지만 여왕처럼 모시고 행복하게 해 줄테니 한 번 데리고 살아보시라"고 비굴한 목소리로 청혼을 했고 맘 약한 아내는 선뜻 그러마고 대답했다. 그 결과 제 눈 제가 찔렀다고 아내는 수 틀리면 "내가 미쳤지 미쳤어" 하면서 왕탄식이다. 그 아내 몰래 난 다시 학회 출장을 핑계로 나홀로 배낭을 즐기고 있지 않는가? 한 가지 불안한 것은 같이 간다고 둘러댄 K선생이 우리 집에 전화라도 하는 날이면 그날로 쪼다 인생은 종치는 거다. 입을 맞추기 위해 K선생 집에 몇 번 전활했는데 그 때마다 사모님이 받는 바람에 끝내 모략을 꾸미지 못한 게 못내 불안하다.

　갑자기 불안한 맘에 화들짝 놀라 잠을 깨니 벌써 나고야(名古屋)다. 그런데 청소부 아저씨가 올라 타더니 앞 차량을 손짓하면서 "노리가에" 뭐라 뭐라 하는게 갈아타라는 소리 같다. 알고 보니 이곳 나고야부터 오가끼(大垣)까진 우리가 탄 차량부터 일부 차량을 떼내고 운행한단다. 앞 차량으로 급히 옮겼으나 편안히 앉아 오던 지정석의 기득권은 이미 사라지고, 우린 신문지를 깔고 바닥에서 불공을 드리거나, 좌석이 빌 때 번개같은 기동력으로 빈 자리를 꿰차는 심야의 기동력을 발휘해야만 했다. 오가끼 역에 기차가 서자 말자 다시 우리는 1분 후 발차하는 교토행 기차로 환승하기 위해 숨가쁘게 2번 플랫홈 계단을 오르내려야 했고 2시간 후, 일본의 古都 교토(京都)역에 도착했다.

　오가끼에서 교토까지의 2시간 여정 중 잊을 수 없던 건 大邱(그것도 나와 같은 동네)에서 온 여대생의 거의 神技에 가까운 손아귀 握力

이다. 나고야에 기차가 서기 직전, 여기서 객차를 떼낸다는 사실을 알 리 없었던(길라잡이도 모르는 비밀이었다.) 그녀는 양치질을 하기 위해 칫솔에 치약을 짠 뒤 세면실에 들어가다가 갑자기 펼쳐진 긴급 상황에 그대로 칫솔을 들고 황급히 객차를 갈아탔다. 그리곤 용케 얻어걸려 앉은 좌석에서 2시간 동안이나 치약 묻은 칫솔을 손에 꽉 움켜쥐고 꿈 속을 잘도 헤매고 있었다. 실로 하늘이 준 재주였다. 여학생이 얼마나 성격도 괄괄하던지, 다른 사람은 다 90일 체류허가를 받았는데 자기만 15일이라고 속상해 하기에 "혹시 前科가 있는게 아니냐"고 농을 걸었더니 한 술 더 떠서 "아이 아저씨는 사람 많은 데서 그런 일급비밀을 폭로하면 어쩌느냐"며 一喝한다.

다시 오사까역 맞은편 중앙우체국 앞으로 오후 5시 30분까지 집결하자는 전갈을 끝으로 교토역에서 뿔뿔이 헤어졌다. 원래 나의 "청춘18파트너"였던 칫솔아가씨와 광주아가씨는 바로 오사까로 간다면서 두 늙은 언니 연,숙씨와 파트너를 바꾸잔다. 두 언니도 그러자며 동의한다. 안 그래도 나 혼자 구두 신고 온 사연(마누라 몰래)을 아는 두 언니는 신주쿠의 미라노좌에서 같이 찍은 사진을 마누라에게 등기속달로 보낸다며 은근히 협박을 한다. 안 바꿔줄 도리가 없다. 그러고 보니 "청춘18"이라는 게 완전히 현대판 "노비문서"다. 1사람이 5일 이내를 써도 되고 5인 이내의 몇 사람이 하루를 써도 되는 특성상(도장찍을 欄만 있으면 된다.), 당연히 배낭여행사에선 티켓 관리를 위해 5난1조로 된 티켓 1장에 몇 사람씩을 묶어 배정하게 된다. 따라서 도시간의 이동 땐 아무리 미운털이 박힌 놈이라도 파트너와 동행치 않을 수 없는 것이다.

古都의 이미지를 불식시키는 초현대식 교토驛舍의 전망대에서 바라보는 가랑비 내리는 교토의 四圍는 아늑함과 안온함 그 자체였다. 어디를 둘러 봐도 고층 현대식 건물보다는 전통사원과 가옥, 고성이 주조를 이루고 있다. 교토역 코인로커에 배낭을 맡긴 후, 오후 2시 반에 여기서 다시 만나기로 하고 우선 교토타워 지하의 사우나를 찾았다. 언니들도 같이 온다길래 혹시 남녀혼탕이면 어떡하나 떨렸는데, 750엔짜리 사우나는 우리 동네 3000원 짜리보다 더 못한 평범한 목욕탕이다. 같이 入浴했던 철인3종선수 張相根 씨가 인정스럽게 내 등을 밀면서 "형님! 저는 오늘 역에서 가까운 절 몇 군데 돌랍니다." 한다.

  역 앞의 市버스 안내소에서 1일패스를 500엔에 구입하고 버스노선도를 받았다. 다른 도시와 달리 유물 보존관계로 지하철을 맘대로 뚫을 수 없어 교토 관광은 버스가 제격이란다. 1번 승차에 220엔이니 1일 패스가 훨씬 경제적이다. 게다가 교토의 버스는 그 자체가 하나의 박물관이다. 모양도 고풍스러운데다. 좌석도 나무로 돼 있어 퍽 이색적이다. 우선 100번 버스를 타고 淸水寺(기요미즈데라)를 찾았다. 버스에서 내려 근 10여분 가량을 비를 맞으며 오르막길을 오르니 절 입구가 보인다. 입구 초입에 세워진 산쥬노꼬(三重塔) 앞에서 마침 교환학생으로 일본에 왔다는 한국 초등학생을 만나 기념사진을 찍었다. 일본에서 보기 드문 산쥬노꼬의 홍색 丹靑이 퍽 인상적이었다. 비 맞고 찾아온 보람을 느꼈다고나 할까? 아내에게 사진을 폭로한다고 협박하는 두 언니들의 심기를 건드리지 않으려면 교토역의 약속시간에 늦지 않아야 한다. 그러려면 너무 욕심을 내지 말고 빨리 다음 장소인 金閣寺(낀까꾸지)로 가야 한다.

  다시 202번 버스를 타고 전통건축물 보존지구로 일본의 시정 정취가 물씬 풍기는 祇園(기온)으로 와서 건너편 정류장에서 12번 버스로 갈아타야 했다. 우리처럼 바로 맞은편에 반대노선 정류장이 있는 시스템이 아니라서 기모노 차림 중년부인의 친절한 도움을 받아야 했다. 버스가 교토의 한 복판에 위치한 二條城(니죠조, 17C 도구가와 이에야스의 교토 숙소)에 이르자 한 무리의 서양인 관광객이 한 일본인 여성통역과 함께 승차한다. 마침 내 옆자리에 일행 중 한 사람이 앉기에 물었더니 미국 오레곤주 포틀랜트에서 왔단다. 영어가 유창한 일본인 통역에게 돌아갈 때 탈 205번 버스의 정류장을 물었더니 기사에게 물어서 친절히 알려준다. 이번 여행에서 확실하게 느끼는 일본인들의 몸에 배인 친절! 하루아침에 얻을 수 없는 무형의 무한한 財産임을 재삼 깨닫게 된다. 금각사의 400엔짜리 입장권은 부적 모습이라 퍽 이채롭다. 입구를 들어서 왼 쪽으로 꺾으니 연못 속에 금단장을 한 3층 누각이 눈부신 자태로 다가 온다. 교토1경으로 친다는 세평에 걸맞게 우중에도 많은 관광객을 끌어들이고 있었다. 그러나 비 때문에 햇살에 반사되는 금빛 찬란한 모습을 볼 수 없어 아쉬웠다. 급하게 사진 1장 박고 두 언니들의 얼굴을 떠올리며 부랴부랴 버스 정류장으로 달려갔다. 정류장엔 머리를 뒤로 묶은 초로의 멋쟁이 신사가 역시 교토역으로 가는 205번 버스를 기다리고 있었다. 평균적 일본인답지 않게 영어가 유창하길래 신상을 캤더니 자신을 올해 60세로, 교토의 명문 同志社大 화공과 출신의 기술서적 번역가로 소개한다. 한국의 저항시인 윤동주도 당신의 동문인데 아느냐고 물었더니 아쉽게도 잘 모르겠다며 겸연쩍은 미소를 짓는다.

 교토역에서 정확히 2시 반에 張선수와 두 언니를 만나 6번 홈에서 오사카행 기차를 탔다. "청춘18"티켓을 보여주고 무사통과하는 기분이 삼삼하다. 원래는 신칸센을 한 번 체험하려 했으나, 불과 16분 만에 가는 짧은 거리고, 고속 구간도 아니라 쾌속의 질감을 못 느낀다기에 무료로 가는 "청춘18"편을 택했다. 오사까에 내려 한큐32번가의 우메다그랜드 전망대와 우메다 지하도의 음식상가를 거쳐 집결지에 도달했으나, 구미에서 온 고교생 4총사의 모습이 끝내 보이지 않는다. 비 내리는 오사까 중앙우체국 앞에서 나머지 35명의 대식구가 한참을 기다리다, 페리 시간에 맞추기 위해 進軍을 해야만 했다. 니시우메다역에서 지하철을 탄 후 住之江公園에서 모노레일로 환승해 오사카 남항의 페리터미널에 도착했다. 3일전의 역순이라 어렵지 않게 혼자서도 얼마든지 올 수 있는 길이다. 페리터미널에 도착하니 문제의 구미 4총사 녀석이 먼저 도착해 있다. 청주가족의 가장이신 지리선생님께서 노발대발하셔서 녀석들을 꾸짖고 한 바탕 소란이 벌어진 틈에 우리는 大驚失色할 사실을 뒤늦게 깨달았다. 78세의 김노인이 보이지 않는 것이다. 화장실로 어디로 온갖 곳을 뒤져도 종적이 묘연하시다. 뒤늦게 비행기팀의 한 학생이 말하길 모노레일 안에서 졸고 계시더라는 것이다. 그런데 자기도 따라 내리기 급급해 미처 챙기지 못했단다. 페리의 출발시간은 점점 다가오는데 길라잡이의 얼굴색이 거의 똥색이다. 일단 페리사무실로 달려가 긴급사실을 알리고 출항시간의 조정을 부탁하는 모양이다.

　구미 녀석들 때문에 어수선하던 분위기는 일순 비행기팀 배팀 할 것없이 40명의 걱정스럽게 굳은 표정 하나로 모여진다. 以心傳心으로 김노인의 安危를 염려하는 단합된 氣運이 역력하다. 철인3종선수 張이 "형님! 일단 제가 터미널역에 한번 갔다 오겠습니다!"하며 비호처럼 뛰어나간 뒤, 길라잡이도 뒤를 따른다. 그 10분 뒤, 무거운 분위기 속에 우울한 침묵이 계속되던 터미널 안은 환희에 찬 40명의 환성으로 뒤바뀌어 갔다. 온몸이 땀투성이가 된 김노인이 초죽음의 행색이 되어 張과 길라잡이의 부축으로 터미널로 들어서고 있었던 것이다. 노랑머리 언니는 눈가에 눈물까지 비치고 모두가 김노인의 무사귀환에 한 가슴 쓸어내리며 자기 일처럼 안도하고 있었다. 이번 여행 중 처음으로 "우리는 하나(We are the World)"임을 확인하는 순간이었다. 바닥에 퍼질러 앉아 아직도 떨리는 가슴을 진정치 못하고 "졸다가 깨보니 아무도 없길래 내가 펄쩍 뛰고 난리를 쳤지! 그러니 역무원이 둘이나 쫓아와서 왜 그러냐고 묻길래……"하면서 역무원의 도움을 받아 천신만고 끝에 무사히 돌아오게 된 武勇談을 펼치는 김노인의 땀에 젖은 베레모 위로 출항을 알리는 명문대양 페리의 점멸 신호등빛이 곱게 내려앉고 있었다.

(『갈 곳은 많고 돈은 없다 1』, 북치는 마을, 2006, 26-63쪽)

2. 런던에서 프랑크푸르트까지; 서유럽

1) 템즈강의 유혹

2002년 7월 16일 아침 10시 15분, 창공을 향해 막 비상을 시작한 인천발 런던행 우즈벡항공 HY512편은 타쉬겐트를 경유해 히드로 공항에 무사히 안착했다. 첫 기착지 런던에서 우리가 묵었던 Central Park Hotel은 런던의 물가를 가늠케 해 주는 좋은 잣대였다. 곧 바퀴벌레가 나올 것만 같은 엉성한 시설인데도 그후 들렀던 유럽의 어느 깨끗한 숙소보다도 숙박비는 오히려 더 세다나?……. 아마도 Hyde Park를 끼고 있다는 입지적 요건이 이 골 때리는 호텔의 줏가를 유지해 주는 듯….

런던에서 만난 현지 여성가이드 미스임은 경상도 액센트의 표준말을 유창한 영어와 함께 구사하는 청산유수형의 베테랑 가이드였다. 우리에게 한국어로 런던의 풍물과 상황을 설명하다가도, 순간순간 영어로 현지기사를 콘트롤 하던 그녀의 동시상황 발생처리능력은 단연 초특급 수준. 바다로 이어진 갯벌河床 탓에 실제 이상으로 탁해 보인다는 템즈강에 우뚝 버티고 선 영국의 상징 국회의사당 앞에서 빅벤을 배경으로 사진을 찍는 것으로부터 우리의 런던 여정은 시작되었다. 웨스터민스터 브릿지를 渡河하는 중, 맞은편 하구에서 런던을 품에 안고 긴 서클을 그리는 관람차 "London Eye"의 육중한 실루엣이 瞳孔을 덮어왔다.

런던을 가로지르는 템즈강을 연결하는 다리는 모두 28개, 로버트 테일러와 비비안리가 열연했던 [哀愁]의 배경이 되었던 워터루 브릿지는 1970년대 보수공사 탓에 다리 위에서 스러져간 비비안리의 애닯은 흔적을 찾을 길이 없다. 런던 브릿지를 지나 템즈강의 명물 타워브릿지를 찾았다. 다리 위 타워가 박물관의 용도로 쓰인다는 설명을 듣고 보니 영국인들의 로맨티시즘이 존경스러워진다. 런던탑을 등지고 선 승계교 "타워 브릿지"의 교태는 2차대전과 한국전(인천상륙작전)에서 혁혁한 전과를 올리고 퇴역해 브릿지 옆에 정박해 있는 전함 "Belfast"의 위용과 묘한 앙상블을 이루고 있다. 영국국교 성공회의 總本山으로 세계 3대 고딕건축물의 하나인 웨스터민스터 사원에서 현장방문 증명사진을 급히 찍고, 근위병들의 교대식이 한창인

버킹검宮으로 향하는데 이곳에 묻힌 무성영화시대의 제왕 찰리 채플린의 우스꽝스런 slapstick 연기가 뇌리에 문득 떠오른다.

　부여잡는 채플린의 손길을 뿌리치고 허겁지겁 도착한 버킹검 광장은 이미 관광객들로 人山人海, 창살문 안에서 벌어지고 있는 교대식을 제대로 된 시각에서 보기가 어렵다. 정문 앞에서 에스코트 경비중인 예쁜 기마 女警과 기념사진을 찍는 것으로 만족해야 했다. 정오를 지나니 슬슬 배가 고파온다. 우리가 도착한 식당은 한국인 관광객들로 초만원이다. 호주에서 지겹게 먹어온 傳統英國食 "fish & chips"으로 아쉬운 점심을 때웠다. 모두들 두 번 먹고 싶잖은 표정들이다. 이것도 맛들면 제법 괜찮은 식사인데…. 영국이란 나라가 워낙이 飮食文化는 不實하다보니……. 화장실에서 만난 한국관광객과 수인사를 나누다 보니, 우리보다 2일 정도 긴 여정의 비슷한 코스를 도는 패키지 상품이 300만원 대란다. 그런데 우리와 같은 식당에서 같은 식사를 한다. 이 사실을 일행에게 알렸더니 모두들 100만원 이상의 금전적 이득에 매우 흡족한 표정들이다. 이제 오후 관광은 안해도 본전은 건진 것 같은 "똥집 흐뭇한" 인상들이 매우 "화기애매"하고 "가축적"이다.

　"싼 패키지"를 왔다는 흡족감을 가슴 깊이 간직하고 오후 일정에 나선 우리는 우리가 묵었던 숙소 인근의 하이드파크와 캔싱턴가든를 먼저 들렀다. 도심 한 가운데 들어선 대규모 녹지공원에 부러움을 금할 수 없었다. 이제는 비극의 주인공으로 사라진 다이애나비와 찰스 황태자가 신접살림을 차렸다가 이혼 후 다이애나 혼자 기거했다는 캔싱턴 궁 앞에는 기이한 정적 만이 감돌았다. 궁 앞의 "round pond"에 서식하는 백조 무리의 유유자적한 動靜이 인상적이었다.

다음 코스는 이날의 하이라이트 "대영박물관", 세계 최초의 공영박물관(무료)답게 진기하고 놀라운 전시물이 우리의 眼界를 壓倒해 온다. 파르테논 神殿의 遺跡物, 이집트와 앗시리아 시대의 각종 보물들, 붕대를 풀어 나신을 공개한 미이라, 그리고 중고교 시절 이집트 상형문자 해독의 시금석이라며 열심히 외우고 또 외워도 항상 되까먹고 했던 그 유명한 "로제타 스톤", 모든 것이 경이로웠다. 한쪽 구석에서 아직은 초라한 모습으로 관객을 맞고 있는 개관 3년째의 한국관의 존재가 우리의 정체성에 알 수 없는 탄력으로 다가옴을 느끼면서 박물관 정문을 나섰다.

런던 중심가를 우리가 탄 버스가 지난다. 휴 그랜트, 쥴리아 로버츠 주연의 [노팅힐]의 배경이었던 "리츠 호텔", 장난감처럼 좁은 원형광장이 그렇게 매력적일 수 없는 "피카디리 서커스" 청동사자상과 높다른 넬슨 상 위의 비둘기 분비물이 묘한 대조를 이루는 "트라팔가 스퀘어" 등, 눈 앞에 전개되는 런던 도심의 萬象이 템즈강의 "센티멘탈리즘"으로 각인되어 온다. 잠시 쇼핑 및 자유시간이 주어졌다. 마누라 두고 혼자 온 자책감에 토라진 마누라 달랠 "충성선물"로 여성용 버버리 목티를 하나 샀다. 이것으로 오늘의 런던 여정은 땡! 종을 쳤다. 이제 저녁식사용의 김밥 도시락 하나씩을 배급받고 "워터루"역으로……

정들었던 현지 가이드 미스임과 아쉬운 작별을 고하고 우리의 천방지축 유럽팀은 다음 목적지 프랑스로 향하기 위해 파리북驛行 "유로스타"에 몸을 싣는다. 런던 워터루 역에서 파리북역까진 3시간 남짓, 그러나 정작 32Km의 도버해협 해저터널 통과엔 20분 밖에 걸리지 않는다. 해협을 지나 프랑스 땅에 접어들자 거의 300Km에 육박하는 초고속으로 달리기 시작하더니 1시간 빠른 프랑스 땅에 밤 11시 경에 도착하였다. 역전에 대기한 리무진 전세버스를 타고 숙소인 "mister bed -city"로 향하는 도중 차창에 비친 세느강의 달밤은 극히 무표정하다. 아니, 무표정한 것은 세느강의 달빛이 아니라, 시차적응도 안된 상태에서 런던을 휘젓고 다닌 나의 심신이리라!

"파리여! 내일, 날 실망시키지 말지어다!" 차창 밖으로 밤의 파리(Paris)가 백야 속에 간사한 미소를 흘리고 있었다.

2) 파리는 땀내에 젖어

파리 근교 Les Baconnects에 위치한 우리의 숙소 "Mister bed-city"는 호젓한 호수와, 스위스 및 이태리로 이어지는 고속도로를 끼고 있는 한적한 곳이었다. 호텔 식당에서 첫 인사를 나눈 오늘의 가이드 미스터 박은 서양화를 전공하는 유학생, 꽁지머리를 뒤로 짜맨 모습에서 예술가적 기질과 품위가 넘쳐남을 엿볼 수 있다. 파리市內로 향하는 車內에서 프랑스의 역사와 풍물에 관한 해박한 지식을 시니컬하게 풀어놓는 그의 예지에 찬 눈망울이 우리를 압도해 왔다. 맘씨 좋은 이웃집 아저씨 같이 아담한 체격의 프랑스인 기사 미셀이 끄는 오늘 우리의 전세버스는 에어콘 빵빵한 40인승 고급 리무진, 우리 8인(T.C와 가이드까지 10명)의 일행은 초과토지세를 내야 하는 땅부자의 기분으로 차내를 휘젓고 다닐 수 있었.

우리 버스가 처음 도착한 곳은 뤽상부르공원 부근의 "빵데옹", 성당건물로 건축되었으나 지금은 국립묘지의 용도로 쓰이고 있는 곳으로 빅토르 위고와 루소, 볼떼르 등 위인이 永眠하고 있단다. 뤽상부르공원과 소르본느대, 루이고 등을 거쳐 시떼섬의 "노틀담 사원"에 닿았다. 노틀담의 곱추 "콰지모도"의 절규가 눈에 선한 사원의 前面과 고딕양식의 선명함이 드러나는 後面을 배경으로 각각 증명사진을 찍었다. 룸파트너인 영신氏와 서로의 카메라를 맞바꿔 찍어주는 상황이 어제부터 계속되고 있다. 그래서 영신의 삼성카메라가 마치 내 것인 듯한 착각에 빠진다. 노틀담 사원 내부의 아름다운 스테인드그라스 장식이 눈길을 끈다.

{퐁네브의 연인}으로 유명해진 퐁네뵈다리는 시떼섬이 끝나는 곳에서 세느강을 양분하고 있었다. 우리는 퐁네브 다리를 지나기까지 꽁시에르주리(대혁명 때의 감옥) 생드 샤펠(최고재판소 부설 예배당) 등의 명소를 거쳤다. 이어 프랑스 혁명 당시 숱한 사람이 단두대의 이슬로 사라졌던 콩고드 광장을 돌아 2.2Km의 샹제리제 거리, 마들렌사원, 엘리제궁, 개선문까지 계속 周遊했다. 콩고드광장의 리츠칼턴 호텔은 운명의 그날 밤, 다이애나 妃가 마지막으로 묵었던 곳, 이곳에서 빠져나와 파파로찌의 추적을 피하기 위해 세느강 대로를 과속 질주하던 그녀의 자동차는 알마다리 지하터널에서 곤두박질하고 만다. 그녀를 애도하는 알마다리 터널 입구의 황금빛 분향대가 "한때를 풍미한 세기의 여인"을 되새김질하게 한다. 그녀는 과연 "찰스의 한갓 노리개감에 불과했던 불우한 여인이었을까?……"

뉴욕의 것보다 한결 아담한 사이즈의 "자유의 여신상"을 지나 저만치 에펠탑이 바라다 보이는 한식당에서 김치찌개로 점심을 마쳤다. 여기서 또 한 부리의 한국패키지 관광객을 맞았는데 이팀은 어제 팀보다 20만원 더 비싼 비용을 지불했단다. 그리고 보니 호텔도 우리와 같고 오늘 일정, 식사 모두 우리와 같다. 그런데 우리보다 무려

150만원 가량 더 비싸다. 다시 한 번 우리 일행은 흐뭇하고 쫀쫀한 미소를 흘리고 있었다. 당연히 파리여행의 압권이라는 80불 짜리 야경관광(에펠탑 + 바또 뮤슈 유람선)도 정족수 미달로 무산되어 버렸다. 난 애초 생각이 없었지만, 갑자기 배탈이 난 동기 남매와 사정상 포기한 강여사, 그리고 아예 파리가 초행길이 아닌지라 오늘 하루 우리와 떨어져 자유여행에 나선 우선자매를 빼버리면 희망자는 배여사와 영신氏 둘 뿐이었는데다가 영신군은 그마저도 바또무슈 유람선은 아니고 에펠탑만을 희망했었다. 안 그래도 8명을 인솔한 탓에 10인 이상에 지급되는 F.O.C혜택도 받지 못하고 예까지 따라와 우리 뒤치닥거리에 고생하는 동만씨에게 면목이 없었다. 그러나 전혀 그런 내색을 하지 않는 동만씨의 나이에 비해 어른스러운 넓은 아량에 부끄러울 뿐 달리 할 말이 없다. 쌍둥이 자매의 이탈로 6명의 초미니 패키지 팀으로 전락한 우리는 로댕 미술관을 지나쳐 나폴레옹의 시신이 묻힌 아름다운 "앵발리드"(상이용사 요양소였다가 군사박물관으로 쓰이는) 앞에서 증명사진을 한 컷 씩 찍고는, 물대포의 물줄기가 시원하게 느껴지는 사이요宮 위에서 한낮의 에펠탑을 玩賞하였다.

사진보다 더 고혹적인 아름다움을 뽐내는 "사끄레 꾀르" 사원이 위치한 몽마르뜨르 언덕, 무명 예술가들의 각종 행위예술과 아기자기한 기념품샵, 달리 전시관 등이 좁은 언덕광장에서 무질서 속의 조화를 엮어가고 있었다. 시간이 없어 몽마르뜨의 언덕에서 초상화 한 장 그리지 못한 것이 못내 아쉬웠다. 이제 루브르박물관으로 갈 차례, 중간에 쇼핑 겸 자유시간이 주어졌다. 영신과 나는 근처 카페에서 콜라잔을 나누며 크래식 작곡가들에 대한 얘기로 시간을 때웠다. 우리를 따라오던 배여사, 강여사가 보이지 않길래 나중에 물어봤더니, 우리보다 더 분위기 좋은 곳에서 커피 한 잔씩을 때리고 있었단다. 아! 존경스런 대한민국의 아줌마들이다.

　루브르의 입구는 지하로 통하던가? 먼저 우린 비교적 근자에 발굴된 루부르 옛궁터부터 관람한 후, 미스터박의 프로페셔너리티한 설명을 들어가며 곳곳의 명소를 야금 야금 잠식해 들어갔다. 그 옛날 미술서적과 백과사전에서만 봐 오던 환상적 실체를 육안으로 확인하는 감동이 곳곳에서 새어 나왔다. 간혹 강행군에 시달린 대한민국 아줌마들의 신경통 도지는 탄식도 새어 나왔지만 우리의 가이드는 전혀 신경쓰지 않는 듯하였다. 고대 희랍의 비너스상, 싸모드라키의 니케상, 라오콘의 그림들, 지오또의 그림들, 드라끄로와의 그림들을 거쳐 (이때까지 박식한 미스터박의 설명을 주입하느라 거의 머리에 쥐가 날 지경이었다.) 모나리자 그림 앞에 이르니 인산인해, 집에서 본 미술도감보다 덜 선명하게 그녀를 접할 수밖에 없다는 사실이 안타까웠다. 근데 모나리자는 영화에서 미스터빈이 다 망쳐 놓았다더니 아직도 멀쩡한 것 같았다.

　까루젤 개선문이 내려다 보이는 루브르박물관의 피라밋 유리 출구 앞에서 분수대를 배경으로 사진을 찍은 뒤, 고딕양식에서부터 바로코, 로코코 등 온갖 양식이 혼효된 아름다운 오페라 하우스를 거쳐 신라호텔 주방장 출신이 운영하는 지스카르 데스댕 前대통령의 단골 식당에 찾아 들었다. 첨 먹어보는 달팽이 요리가 인상적이었다. 수고한 가이드와 동만씨를 위해 와인 한 병을 주문해 우리 일행이 모두 환희에 찬 건배를 했다. 용케 한 나절의 자유여행을 마치고 저녁식사의 장소를 잘 찾아온 쌍둥이 자매도 합류의 잔을 높이 쳐들었다. 불문학을 전공하고, 파리 유학 예정이라니 파리 자유여행엔 별 애로가 없었을 것이라 생각하니 부럽기 짝이 없다.

 그랑 빨레와 쁘띠빨레를 마주 보는알렉상드로 3세 다리를 건너 다시 콩고드 광장을 돌아 숙소로 돌아오는 차창에 비친 파리의 고저녁한 은빛 자화상에 눈이 부시다. 선택 옵션이 무산된 탓에 비교적 일찍 숙소로 돌아오니 내일 여정을 위해 충분한 휴식이 가능하다. 섬머타임 적용 탓에 오후 9시인데도 아직 해가 지지 않는 파리의 밤 하늘을 멍청히 올려다 보았다. 숙소 인근 오를리 공항에 착륙하는 밤 비행기의 날개짓이 퍽이나 현란하다.

3) 알프스에 지는 석양

 아침 식사 중 독일에서 온 기사 마이클과 인사를 나누었다. 동독 출신의 이 낙천적인 40대 기사가 이제부터 유럽대륙 종횡단 여행의 마지막 도착지인 프랑크푸르트까지 우리를 이끌 "말뚝 드라이버"인 셈이다. 독일인임에도 불구하고 실전에서 익힌 "driver English"로 우리 TC 동만씨와 위트 넘치는 대화를 나누면서 여행 내내 우리들의 편안한 동반자가 되어 주었다. 숙소 인근의 고속도로를 타고 와인산지로 유명한 디종을 향해 가는 도중 차창에 비친 프랑스 농촌의 유복한 풍광이 퍽 인상적이다. 여름 날씨인데도 퍽 쾌적하고 비옥한 토질을 갖춘 양질의 자연환경이 오늘의 부강한 유럽 건설에 견인차 역할을 했을 것이라 생각해 보았다. 중간 휴게소에서 미쉐린 유럽지도를 25Euro에 구입하였다. 그러나 마이클이 소유한 상세한 독일어판 유럽지도에 비해 지명, 표기 등에서 떨어지는 것 같았다.

 퍽 한적하면서도 정감이 가는 디종에서 우리는 중국식으로 점심식사를 들었다. 동만씨가 서비스한 디종 와인을 곁들여서……. 이곳에서 27년 째 살고 있다는 늙은 중국 주인장을 대신해 불어와 영어에 능통한 그의 딸이 모든 서빙을 전담하고 있었다. 식당 앞의 분수 광장에서 고적한 디종의 한 여름낮 풍경을 카메라에 담고 우리는 스위스 국경을 향해 또 줄기차게 달린다. 얼마나들 경치를 보다가 머리를 창에 박아대며 자다가 침을 흘리고 닦다가를 반복하다 보니 어느덧 스위스 국경도시 바젤이다. 검문 탓에 늘어선 차량행렬에서 한 나라를 벗어나 새로운 나라로 들어섬을 실감하게 된다. 라인강의 지류가 흐르는 아름답고 호젓한 도시 바젤이 알프스 지역국가들의 대표적 대중교통수단 전차의 경적으로 우리를 맞고 있다. 바젤을 지나 알프스의 푸른 산록에 자유롭게 널부러진 양떼들과 그림 같은 집들을 보며 루체른으로 향하는 우리들에겐 창 밖의 풍광을 즐기는 그 자체가 크나큰 관광의 즐거움이었다. 이윽고 만년설의 산에 둘러싸인 옥빛 호수가의 "카젤다리"(유럽 最古의 목조다리)가 우리를 반기는 환상적인 풍광의 도시 루체른에 도착했다.

　모두들 이 놀라운 은빛도시에 마력에 이끌려 입을 다물지 못한다. 주차장에서 5분거리의 "빈사의 사자상"은 실물이 사진보다 몇 배의 감동을 주었다. "창이 몸의 중심을 관통한 사자의 고통에 일그러진 포효"가 너무나 사실적으로 조각되어 있다. 루이16세와 마리 앙또와넷을 위한 왕정복고 쿠테타로 죽어간 용맹한 스위스 용병의 넋을 너무나도 잘 심볼라이즈해 주는 명작이었다. 기념품 샵에서 간단한 쇼핑들을 하고 아쉬움 속에 알프스의 고혹적인 터널들을 거쳐 차는 계속 인터라켄의 숙소로 달린다. 인터라켄이 가까워져 올수록 청록의 알프스가 백색으로 변해가고 고도도 높아만 간다. 길도 점차 좁아져

Ⅲ. 기행수필의 실제 _ 91

가고 웬지 모르게 골치가 띵해져 온다. 인터라켄으로 향하던 산상도로에서 갑자기 우리의 차가 숙소를 찾기 위해 좌회전한다. 이 때부터의 경치는 문자 그대로 漸入佳境, 설악산과 금강산을 능가하는 奇奇妙妙한한 山勢에 백색의 파우더가 덧보태진 알프스의 산록 사이로 옥빛 호수와 가늘고 긴 폭포수들이 잇따라 출몰한다. 이 쪽길은 처음이라며 우리보다 더 홍분한 마이클이 "원더풀"을 외치며 운전석에서 벌떡 일어나 경치를 감상하는 통에 우리 모두의 간담을 서늘케 한다.

우리가 묵을 숙소 "빅토리아 산장"은 케이블카 발착점 바로 아래의 전망 좋은 포인트에 자리하고 있었다. 연어 요리로 저녁식사를 마치고 영신과 함께 숙소에 드니 실내 시설도 여태껏의 숙소들을 상회하는 정말 깔끔하고 만족한 수준이다. 방안에 T.V가 없다는 것이 걸리긴 했으나 실외 창 밖에 펼쳐진 그림같은 알프스의 정경을 보노라면 TV 따위는 필요치 않으리란 생각에서 일부러 들여놓지 않은 것 같았다. 창 쪽 비상구를 밀고 객실과 이어진 산록으로 나가니 알프스의 소름끼치도록 쾌적한 공기가 피부에 닿는다. 옆방의 동기남매도 산록 쪽 문을 열고 밖에 나와 있었다. 이제 내일은 이 산록 뒤편의 융프라우 산악열차를 타는 날이다. 아쉽지만 융프라우의 열차 안에서 닭병 걸리지 않으려면 이 쯤에서 잠자리에 들어야 한다. 쉽사리 잠자리로 우리를 돌려 보내지 않으려는 알프스의 석양이(극히 가소로운 표정으로) 침실로 향하는 내 발길을 다부지게 움켜잡고 있었다.

4) 융프라우가 삼켜버린 추억

7월 20일(토요일) 아침 5시 30분, 융프라우 등산열차 시각에 맞추기 위해 지금까지의 일정 중 가장 이른 모닝콜을 받았다. 아침 식사는 아예 도시락으로 준비되었다. 어제 왔던 산길을 구비 구비 돌아 3거리 분기점까지 逆進한 후, 인터라켄으로 차는 향하기 시작한다. 여전히 알프스의 도도한 絶景이 우리를 기죽게 한다. 獨語로 라켄(Laken)은 湖水의 의미, 따라서 인터라켄(Interlaken)은 "호수 사이"란 뜻인데, 알고 보니 이 도시가 툰(Thun)호수와 브린츠(Brienz)호수 사이에 위치하고 있었다. 브린츠호수의 옥빛 자락을 구비 돌아 시가에 접어들었다. 융프라우가 올려다 보이는 중심가에서 우리 일행은 회심의 단체 사진을 한판 박았다.

이른 아침의 오스트(東)역엔 벌써부터 많은 관광객들로 붐빈다. 차림새와 외양, 말투로 봐서 단연 한국인들이 으뜸 다수다. 우리 일행은 먼저 첫 번째 등산열차 BOB의 같은 칸에 동승, 호텔에서 싸온 도시락을 까기 시작한다. 도시락이래야 빵 한 조각과 사과 하나, 물 한 병이지만, 빙하수가 녹아 흐르는 얼음빛 시내를 차창밖으로 보며 알프스의 산하를 거슬러 오르는 열차의 탑승감을 즐기는 기분을 어디에 비기랴! 쯔바이뤼치넨에서부터 우리의 열차는 2부분으로 양분되어, 앞부분은 라우터브루넨으로 향하고 뒷부분은 그린델발트로 가게 된다. 2갈래의 길로 나뉘지는 Y자형의 선로를 만나게 되는 것이다. 우리의 탑승칸은 라우터브루넨行이다. 하산할 때는 각각 갈 때와는 다른 경로를 택하게 된단다. 그러니까 우리는 돌아올 때 그린델발트 쪽으로 오게 되는 것이다. 우리의 기사 마이클이 그린델발트에서 우리를 기다리기로 했다.

라우터브루넨에서 우리는 2번째의 기차, WAB으로 갈아탔다. 기차가 산봉우리를 감아돌며 반대편등성이로 올라갈 즈음, 우리가 앞으로 계속 타고 올라가야 할 철로의 모습이 눈 앞에 펼쳐졌다. 그것은 마치 맹수의 이빨처럼 처연하게 산허리에 걸려 있었다. 모두들 장엄하다 못해 소름 끼치는 그 壯觀에 입을 다물지 못한다. 해발 2,061m의 클라이네 샤이데크에서 우리는 목적지 융프라우요흐로 향하는 마지막관문의 기차 JB로 다시 갈아탔다. 이제부터 종착지까지는 석회석산을 뚫은 터널철도라 차창밖 경치 감상할 일이 없다. 타이완(대만)에서 왔다는 한 무리의 관광객들과 잡담을 나누며 가는 旅情이 또 다른 흥취를 불러일으킨다.

예전에 배우다만 엉터리 中國語로 간단한 수인사를 나누니, 이 장골라들 내가 중국어 능통자인 줄 알고 만다린(北京語)을 마구 내뿜어댄다. 다시 英語로 응수하며 꽁지를 감추니, 뒷자리의 한국인 아줌마 왈 "이 중국인들, 왜 갑자기 저희끼리 영어로 지껄이고 이 난리야?" 이 대만인들 한국인에게 상당히 우호적 감정을 갖고 있는 듯하다. 월드컵으로 인해 한국을 다시 보게 됐다는 중론들이다. 기분이 좋다. 우리의 기사 마이클은 어제 저녁 식사 때, 한국의 대 이태리,스페인전에서의 심판판정을 문제 삼으며 "공정하지 못한 게임"이었다고 一針을 놓았었다. 나 자신도 그 게임들이 100% 뒤끝이 개운한 승리였다고는 생각지 않지만, 이를 계기로 우리가 유럽의 선진축구에 대한 자신감을 갖게 되었고 우리 축구를 한 단계 업그레이드시키는 중요한 의미를 득하게 된 것만은 부인할 수 없을 것이다. 사물은 항상 어느 편에서 接眼하느냐가 주요한 관건이다. 알프스도 어느 쪽에서 보느냐에 따라 그 所懷가 틀리듯이…….

드디어 산악철도의 종착지인 Top of Europe , 융프라우 요흐에 도착했다. 스핑크스 전망대 안팎에서 영신이와 카메라를 바꿔 사진을 찍었다. 바로 이곳 융프라우는 아니지만 리차드버튼, 크린트이스트우트 주연의 2차대전 영화 {독수리 요새}나 조지레젠비가 007로 열연했던 {007과 여왕}에서 봤던 알프스 산록 정상에 선 기분이 새삼스러운 감격을 동반한다. 물론 {007과 여왕}의 배경이 된 곳은 이곳이 아닌 쉴트호른이지만 불현듯 007에 얽힌 에피소드가 떠오른다. 올드팬의 뇌리에 가장 깊이 인각된 초대 007 숀코네리의 탈모증이 점차 심해져 가발을 쓰게 됐으나 촬영 중 가발이 자꾸 벗겨지자, 2대 본드 로저무어로 바뀌게 되었는데, 로저무어도 대여섯 편을 찍다보니 60을 넘긴 할아버지 신세, 손자손녀들이 버글버글한데 더 이상 본드걸과 애정행각 벌이고 악한(?)들과 격투하고 헬리콥터에 매달려 가고 하기엔 체면상 연령상 무리, 그래서 영국 출신의 연극배우 티모시 달턴으로 바뀌었다가, 다시 이미지 변신을 위해 지금의 피어스브로스넌으로 바뀌게 된 것. 그런데 그건 그렇고 로저무어가 도저히 감당할 수 없는 고도의 스키신이 필요한 {007과 여왕}을 찍을 땐, 호주 출신의 스키스타 조지 레젠비가 투입되었으나, 이렇다 할 007로서의 카리스마를 보여주지 못하고 그는 "1회용 땜빵"으로 알프스에서 하산해야 했었다. 이제 우리도 1시간 남짓 발디디고 섰던 이곳에서 곧 하산해야만 한다. 쓸데없이 豪氣를 부리며 우리의 운명에 맞서지 말아야 한다.

  얼음궁전의 미로를 지나 옥외로 나가니 살인적인 강풍에 눈을 뜰 수가 없다, 윗층 전망대에서 볼 때 이곳을 유유히 거니는 사람들을 대수롭잖게 봤었는데 실제 밖으로 나와 보니 장난이 아니다. 영신과 카메라를 맞바꿔 서로 찍어 주기로 하고 포즈를 삽긴 했는데, 이건 알프스 산자락에 뼈를 묻지 않으려고 발꿈치에 비장한 부착력을 가

해야 하는 필사의 "홀로서기"다. 아, 그런데 그 強風의 와중에 나의 카메라 가죽케이스가 융프라우의 저 너머 크레파스로 날아가 버렸다. 순식간에 벌어진 일이라 흔적도 없어 사라진 내 體臭物에 대한 당혹스런 상실감을 이루 말할 수 없다. 신체절단환자가 자신의 절단부위가 한동안은 아직도 자신의 신체에 달려 있는 것같은 환각에서 벗어나지 못함을 다룬 이어령의 소설 {환각의 다리}에서처럼 비록 별것은 아니지만 오랜 세월 내 체취가 묻었던 소지품 상실에 대한 낭패감을 쉽사리 지우기 힘들다. 내 소중한 분신을 융프라우에 장사지낸 것 같은 께름칙함 속에 휴게실에 들러 열차 탑승권으로 컵라면을 교환해 먹었다. 오랜 만에 먹는 國産 사발면의 얼큰한 맛이 우울한 기분을 좀 가라앉히는 듯하다.

그린델발트驛까지 내려와 스위스식으로 점심을 먹고 잠시 쇼핑 및 자유시간을 가진 후, 마이클이 끄는 우리의 버스는 다시 알프스를 굽이굽이 돌아 다음 목적지인 이태리 밀라노까지의 긴 旅路에 나선다. 근데 솔직히 어젯밤 알프스 산자락에서 자면서 올려다 보던 황홀한 감회를 막상 융프라우요흐의 전망대에선 느낄 수 없다. 등잔 밑이 어둡다던가! 등잔 속에서의 봉쇄된 시야 탓일까? 남들이 다 같이 "야! 원더풀!"하는데 가만히 있으면 정말 "쪼다"가 될 것 같아 덩달아 "와!" 하며 감탄하는 체 했지만 어째 좀 밋밋한 감을 지울 수 없다. 나중에 우리 일행에게 以實直告했더니 모두들 동감이란다.

독일어권 스위스 방송을 듣던 마이클이 주말 고속도로 정체가 심하다며 국도로 방향을 선회한다. 시간은 좀 더 걸리겠지만 눈앞에 전개되는 주변경관이 장난이 아니다. 우리가 내려가야 할 산 아래 구비진 도로를 차창밖으로 내려다보니 개미새끼처럼 보이는 숱한 차량들이 나선형의 굴곡진 알프스 산악도로를 매스게임을 하듯 돌아서 줄지어 내려가고 있다. 어디서도 보지 못하던 장관이다. 국도로 돌아준 마이클이 고맙기 그지 없다. 굴곡진 산악을 내려와 평지로 들어서기 시작할 무렵인데 커브길에 잠복중이던 스위스 경찰이 우리 차를 정지시킨다. 과속이다. 60K 도로에서 70k로 달렸단다. 시각은 7월 20일 토요일 오후 3시를 가리키고 있다. 불쌍한 우리의 마이클은 거금 250sF(약 20만원)짜리 스티커를 발부받았다. 그래도 낙천적인 마이클은 개의치 않고 "fine day"라며 싱글벙글이다. 가는 그날까지 버스가 우리 여행의 절대적 공간이 될 수밖에 없는 우리로선 적이 마이클의 정서에 신경이 쓰이는데, 그나마 그의 낙천적 기질이 다행이다.

멋진 물빛의 호수와 연두색 풀빛의 바위산이 절경을 연출하는 grimselpass의 휴게소에서 잠시 쉰 후 다시 이어지는 알프스의 산악도로는 구름이 떠 가듯 끝 없이 긴 교각위에 걸려 있다. 다시 양의 창자를 말아 놓은 듯 九曲肝腸 이어지는 나선형의 입체적 구비길이 끝 없이 이어지며 알프스의 산길은 높아만 가고 그 절경은 가히 절정을 향해 치닫는데, 장시간의 버스 여행에 지쳐 의식을 잃은 우리 대한민국의 멋쟁이 아줌마, 배여사와 강여사의 코골이 소리는 미스터 X의 이갈이 소리와 묘한 하모니를 이루며 알프스의 鬼哭山莊을 연출하고 있다.

드디어 스위스-이태리 국경인 "곤도"(Gondo)에 이르렀다. 간단한 이태리 경찰의 검문이 있었다. 국도를 도느라 많이 지체한 탓에 밀라노까지 가려면 계속 밟아야 한다. 한국관광객들의 여행스타일을 이해치 못하겠다면서도 스케줄에 충실하기 위해 오늘 하루 근 12시간 이상을 운전하며 우리의 발이 되어준 마이클에게 모두들 경건한 목례를 보내고 있다.

　밤이 제법 이슥해서야 아스팔트가 아닌 대리석 도로를 낭만 가득 실은 전차가 달리는 유럽 패션의 중심지 밀라노에 도착할 수 있었다. 부랴부랴 中國食으로 저녁을 먹고 근처의 두우모 광장으로 달려들 갔다. 한 여름밤의 두우모광장은 밤을 잊은 이태리 청춘의 열기로 가득했다. 세계 3대 고딕양식인 두우모성당의 근엄한 자태와 좌측에 연이어 붙어있는 멋진 아케이드몰의 유혹어린 감흥, 그리고 아케이드가 끝나는 곳에 다빈치 동상을 앞세워 우리를 맞고 있는 세계 프리마돈나들의 꿈의 무대 "라스칼라좌"(지금은 공사 중이어서 모기떼의 무참한 야간비행만이 극에 달해 있었다.)의 위용들이 밀라노의 멋과 운치를 한 마디로 정리해 주었다. 아케이드몰에서의 클래식 연주회와 두우모광장에서의 재즈페스티벌을 감상하는 우리를 집중공격하는 모기떼의 성화에 일찍이 버스로 철수할 수밖에 없었던 것이 못내 아쉽다.

　작년 9·11 테러 직후 경비행기 충돌사고로 세계의 이목을 집중시켰던 밀라노 중앙역 부근의 고층빌딩(비행기 충돌층의 유리창이 아직도 비워져 있어 사고 당시의 흔적을 엿볼 수 있다.)을 지나 한참을 헤매다 변두리의 숙소에 도착했다. 푸론트직원의 고압적 자세에서 월드컵 대이태리전에서의 승리 후유증이 아직도 만만치 않음을 실감했다. 객실로 들어오니, 영국 이래 최악의 조건이다. 창문을 열수 없도록 철제 셔트로 밖에서 막아 놓은 걸 보니 치안이 불안한 동네인가보다! 이런 거 저런 거 탓할 새 없이 그대로 드러 누워 꿈나라를 헤맸다. 무심코 틀어둔 TV 속에서 수다스럽기 짝이 없는 이태리 배우의 신경질적 목소리가 꿈결인 듯 들려왔다.

5) 카사노바와 탄식의 다리

오늘은 7월 21일 일요일이다. 이곳도 본격적 바캉스시즌이라, 유럽 각지에서 베니스로 향하는 行樂車輛이 대단하다며 일찌감치 길을 나섰다. 출발 직전 아침식사를 마치고 한국에서 구입한 선불전화카드로 오랜만에 집에 전화를 했더니 막내녀석의 반가운 투정이 들린다. "아빠, 한국 오지 말고 거기서 살아!" 그래도 가족이 있다는 건 정말 신나는 일이다. 내가 여행을 즐기는 건 새로운 풍물과 새로운 세계에 接眼하는 기쁨도 있지만 새로운 사람(현지인, 여행파트너, 가이드 등)과 만나는 야릇한 흥분을 기대하기 때문이기도 하다. 우리의 인생사에서 사람과의 관계, 인연을 빼고 나면 도대체 뭐가 남겠는가? 영신도 오랜만에 어머니와 통화를 했다며 상기된 표정이다. 아쉬운 건 한국은 일요일 한낮이라 친구들이 전부 출타 중이어서 통화를 하지 못한 거란다.

몇 번 고속도로를 바꿔 타며 드디어 베니스에 도착했다. 도시 입구 초입의 "Check in"초소에 들러 도시 진입신고와 함께 진입세를 내야만 한단다. 물 위에 세워진 세계적 명소의 희귀성을 관광수입의 원천으로 활용하는 "베니스의 상인"다운 발상이다. 13~15세기 동서 해상무역의 중심지로 최고의 융성기를 맞이했던 이 이태리의 도시국가는 원래 훈족의 침입을 막기 위한 생존의 고육지책으로 바다에 말뚝을 포개박아 건설되었었다. 당시 해상무역을 주름잡던 베니스 상인들의 탁월한 장사수완은 로마교황청이 동로마 콘스탄티노플(이스탄불)당국과의 외교권을 위임할 정도였다니, 가히 |마가 복음|의 지자 "성 마르꼬"의 유체를 이집트로부터 모셔오고도 남았을 듯하다.

오늘 우리의 가이드는 이곳 베니스대학 건축학과에서 박사 과정중인 미스터박, 진주 출신인 그는 부산대를 졸업하고 이곳에 유학와 가족과 함께 생활하고 있단다. 차분하게 베니스와 역사와 풍물을 설명하는 품이 매우 지적이다. "체크인"을 마친 우리의 버스와 마이클은 공동주차장에 남고, 우리는 미스터박의 안내로 수상버스 "바포레또"를 타고 베니스만에 흩어진 제강공업단지와 물섬들을 훑어 보며 한낮의 항해을 계속한 끝에 "싼 조르조 마조레" 성당과 두깔레 궁전이 마주 보이는 선착장에 닿았다.

당대 베네치아 공화국의 정부종합청사였던 두깔레 궁전은 지금은 박물관 용도로 쓰이는 당시의 감옥건물과 "歎息의 다리"로 연결되어 있다. 재판정이 있던 두깔레 궁전에서 실형을 언도받은 죄수들이 이 다리를 건너 감옥으로 향하면서 다리로 난 창을 통해 자유를 향한 탄식을 뿜어댔다는데서 유래되었다는 것이 "탄식의 다리"의 命名설화이다. 사방이 물로 갇혀 있는 인공해상도시인 이 곳의 감옥 (샌프란시스코灣의 알 카트레즈 감옥을 연상시킨다.)에서 탈출에 성공한 사람은 단 한 사람, 희대의 플레이보이였던 카사노바 뿐이란다.

피렌체 법대에서 법학을 전공했던 엘리트 兩性戀愛者(동성연애와 이성연애를 동시에 즐기는) 카사노바는 자신의 동성연애 파트너의 소개로 재판장의 부인과 연애를 하게 되었고 이 사실이 발각되어 재판 없이 감옥에 구금되었다. 그러나 엘리트 법학도요, 당대의 천재적 모험가였던 그는 간수를 매수하여 탄식의 다리에 나 있는 창문을 통해 탈출에 성공하고 만다. 재판장에게 보내는 유명한 탈출성명서를 남기고, -"재판 없이 당신이 나를 구금했으니, 나도 재판 없이 탈출하노라"-

카사노바의 여유만만한 미소가 아직도 탄식의 다리에 걸쳐 있는 듯 따가운 햇살을 받으며 그 아래를 지나가는 곤도라의 행렬에 눈이 따가와 온다. 성인 마가의 수호동물인 날개달린 사자상을 배경으로 보수공사 중인 두깔레 궁전 앞에서 기념사진을 찍은 뒤, 비둘기들이 점령하고 있는 베니스의 심벌, "산 마르코 광장"으로 발길을 옮겼다. 비잔틴 양식이라지만 갖가지 양식이 혼재한 듯한 이 유명한 산 마르코 성당의 입구엔 입장순서를 기다리는 관광객들이 한낮의 폭염에도 아랑곳 없이 長蛇陳을 치고 있다. 성당 내부의 멋있다는 스테인드글라스 구경을 포기하기로 했다. 영신이 많이 아쉬운 표정이다.

산마르코 광장과 이어진 미로 속의 골목 상점가들엔 이곳의 명물인 크고 작은 가면들과 석고 마스크, 그리고 점심 식사 후 우리가 견학했던 크리스탈 공장에서 만들어진 각종 크리스탈 장식품 등을 비롯한 기념품들이 진열되어 우리의 발길을 붙잡고 있다. 이곳이 저곳 같고 저곳이 이곳 같은 베니스의 이 미로에서 미아가 되지 않으려면 노란 팻말의 산 마르코 광장 표시판에서 잠시라도 눈을 떼지 말아야 한다. 산마르코 광장의 아이스크림 가게에서 2euro짜리 아이스크림을 하나 씩 사 먹었다. 아이스크림의 본고장 맛이 어떤가 입 속에서 음미해 봤지만 별 차이를 못 느끼겠다. 산마르코 광장의 종루 앞으로 약속된 집결 시간에 일행들이 모이기 시작한다. 이제 수상버스 시간에 맞추려면 슬슬 선착장으로 가야 한다. 때 마침 비둘기들의 일제비행이 시작되었다. 광장을 가득 메웠던 비둘기 떼들이 갑자기 광장에서 두깔레 궁전 쪽으로 한 바퀴 돌아오는 일제 선회비행을 시작한 것이다. 비둘기들의 깜짝 에어쇼, 그 장관에 모든 관광객들이 탄성을 지르고 있다. 이 때 배 시간에 대기 위해 선착장으로 속보하던 우리 일행 중 영신의 등 위로 비둘기 떼의 분뇨 폭격이 가해졌다. 비둘기의 분비물을 닦아 주느라 잠시 지체한 사이, 앞서 가던 가이드가 행방불명, 잠시의 혼돈 속에 배를 놓치면 어쩌나 하는 불안이 우리를 사로잡았다. 배를 holding하기 위해 먼저 내빼지 않을 수 없었다는 설명을 나중에사 들었지만…….

베니스의 주차장으로 돌아오는 우리의 수상버스엔 유럽 각국에서 온 관광객들의 아쉬운 상념으로 가득하다. 배여사, 강여사는 그리스에서 온 노친네들과 정담을 나누느라 정신이 없는데, 나는 베니스의 낭만을 품에 안고서도 쏟아지는 午睡를 어쩔 수 없다. 이제 마이클이 끄는 우리의 버스는 베니스를 출발, 다시 [로미오와 줄리엣]의 무대, 베로나를 경유해 오스트리아 국경으로 향한다. 오늘은 오스트리아 인스부르크의 옛 고을 "린"에서 숙박할 예정이다.

마침내 오스트리아의 국경도시 "브레너"(Brenner)를 지나 오스트리아에 들어섰다. 지금부턴 티롤 알프스의 仙境이 펼쳐진다. 스위스 알프스와는 또 다른 고즈넉한 운치의 티롤 알프스, 비교적 산이 완만한 이곳은 옛적 신성로마와 독일, 오스트리아의 제왕들이 로마교황으로부터 황제제관을 받기 위해 애용하던 주통로였단다. 인스부르크에서 옆길로 접어들어 숙소를 찾아가는 고행이 다시 시작되었다. 지난 번 여행 때와 다른 처음 가는 숙소라 부정확한 지도에 의존해 마이클과 의논해 탐문해야만 하는 동만씨의 고생이 안쓰럽다. 좁은 시골의 이면도로를 대형버스로 누비면서도 낙천적 웃음을 잃지 않는 마이클의 기질이 존경스럽다.

드디어 어렵사리, 마치 우리나라 속리산 기슭의 조용한 마을 같은 오스트리아 티롤지방 "린"의 고요한 산장에 찾아 들 수 있었다. 퍽 목가적인 팬션인 이곳의 아늑한 실내시설이 퍽 마음에 든다. 알프스 지방의 가옥이 다 그렇듯이 화원으로 가꾸어진 이층 베란더 창문으로 나가면 옆방들과 바로 연결되어 있고 그곳에서 올려다 보는 알프스의 화사한 정기가 가슴에 스며드는 듯하다. 식당에서 주인아들과 그 친구의 오스트리아 민속댄스를 보면서 화기애애한 저녁식사를 할 수 있었던 것은 우리에게 행운이었다. 한국에서 왔다는 말에 "오! 필승 코리아"를 외치는 순진한 오스트리아 아이들의 눈망울에서 오랜만에 純粹의 열정을 읽을 수 있어 행복했다. 활짝 열어 제껴 둔 창밖으로 "뭐해요? 오늘 맥주 한 잔 해야죠?" 객지에서의 酒興을 돋구는 동만씨의 음성이 들려왔다. 그러고 보니 창밖으론 알프스의 앳띤 석양이 어둠에 힘겹게 밀려나고 있었다.

6) 인스부르크에서 프랑크푸르트까지

7월 22일 월요일, 오늘은 오스트리아-독일 국경을 넘는 날이다. 티롤 알프스의 대표적 도시로 합스부르크 왕가의 거점이었던 인스부르크는 20세기에 두 차례나 동계올림픽이 열렸던 곳으로 시내 초입에서부터 스키 점프대, 올림픽 스피드스케이팅 링크 등, 동계 스포츠 시설로 가득하다. 신호 대기 중, 신문가판 상인으로부터 마이클이 朝刊을 사 보는 모습을 보곤 알프스 지방의 소박한 인정세태를 접하는 것 같아 훈훈한 마음이다.

인스부르크의 "황금지붕"은 이름값에 못 미치는 것 같다. 적이 실망스럽다. 마리아 테레지아 거리를 따라 개선문, 안나의 기둥 등 名所를 구경하며 오랜만에 유럽의 도시 한 군데를 유유자적히 거니는 기분이 다시 새롭다. 도중에 자동지급기(ATM)가 있길래 소지하고 있던 카드로 100euro를 뽑았다. 유럽에선 첨 사용해 봤는데, 이상 없이 잘 지급되어 신기하다. 다시 우리의 버스는 티롤 알프스의 아기자기한 산록과 그림 같은 집들, 그리고 옥빛 호숫가들을 배경으로 끼고 독일 국경을 향해 쉬지 않고 나아간다.

드디어 독일 국경에 닿았다. 처음 우리가 진입한 독일의 도시는 퓌센, 월트 디즈니 만화영화 심벌마크의 모태가 되었다는 아름다운 "노이쉬반쉬타인城"으로 유명한 곳이다. 이 조그마한 도시는 노이쉬반쉬타인성을 보러 오는 관광객들로 먹고 사는 것 같다. 온통 시가는 이 城으로 향하는 승용차와 城까지 운행하는 버스를 기다리는 관광객으로 가득하다. 독일식 치킨요리로 점심을 먹고 우리도 城관광에 나섰다. 우리 버스가 선 대형주차장엔 유럽 각지에서 온 대형버스들로 가득하고 城으로 향하는 등산로 입구는 인파로 넘실댄다. 멀리 올려다 보이는 노이쉬반쉬타인城의 화려하고 고혹적인 자태가 꽤나 인상적이다. 주차장 바로 앞의 "호엔슈반가우"城과는 골짜기를 사이에 두고 아래 위에서 마주보고 있는데 좋은 조화를 이루고 있다. 주차장에 인접한 옥색 물빛의 아름다운 호수가 노이쉬반쉬타인城의 입지를 더욱 돋보이게 장식해 주고 있는 것 같다. 유료화장실(30센트)에서 소변을 보고(독일, 오스트리아 지역엔 유료화장실이 많다.) 城을 배경으로 사진을 찍은 후, 성이 있는 골짝까지 등산을 해 보기로 했다. 2~3euro면 마차나 미니버스로 城까지 오를 수 있지만, 줄서서 기다리는 동안, 운동도 할 겸 직접 등산하기로 한 것이다. 그러나 화장실에서 시간을 지체하고 늦게 결심을 한 지라. 앞서 출발해 속보로 등산하는 영신을 도저히 따라 잡을 수 없다. 마음이 급해 초반에 너무

무리를 했더니 중반에 이르니 숨이 턱이 찬다. 2시까진 주차장에 집결해야 하는데, 시간이 촉박할 것 같다. 결국 성이 바로 눈 앞에 보이는 중간 휴게소 매점에서 城의 봄 全景을 模寫한 대형 사진 1장을 4euro에 구입하곤 바삐 내려 올 수밖에 없었다.

퓌센을 출발한 우리는 이제 대학도시로 명성이 높은 하이델베르크로 향한다. "똥개도 자기 집 앞에선 50%는 따고 들어간다."던가? 자기 고장에 들어선 마이클의 기세가 대단하다. 네카강이 흐르는 헤센지방의 비경을 보여 주겠다며 국도로 들어선 마이클이 손짓으로 열심히 노변을 가리키며 설명을 한다. 강 옆으로 고풍스런 독일식 가옥이 나열된 사이로 강변도로가 나 있고 運河에는 굉장한 길이의 유조선과 수송선들이 서행하는 모습이 엽서에서 보던 그대로 환상적이다. 좀 전까지 독일어 자막의 [미스터 빈] 비디오를 틀어 주며 우리보다 더 열심히 시청하던(그래서 우리는 얼마나 조마조마했는지 모른다. 고속도로에서 쏜살같이 질주해 오는 맞은 편 차량을 눈 앞에 두고도 그는 태연히 머리를 쳐들고 비디오를 보면서 핸들을 조작하는 神技를 발휘했었다.) 마이클의 모습과는 달리 자기 지방의 자연과 풍물을 우리에게 하나라도 더 보여주려 안달이다. 우리 관광종사자에게도 저러한 긍지와 애국적 자존심이 필요하다는 생각이 들 정도다.

저녁 늦게 다름쉬다트 부근의 로스도르프란 시골마을의 호텔에 묵게 되었다. 동네는 허름해도 고급차의 대명사 벤츠가 여기저기 주차해 있는 것을 보니, 여기가 유럽최고의 富國 독일이구나 하는 실감이 난다. 호텔 시설은 외양에 비해 꽤 훌륭하고 깨끗하다. 유럽현지에서의 마지막 밤이라는 생각에 잠이 쉬 오지 않는다.

7월 23일 화요일, 드디어 여행의 마지막 아침이 밝았다. 마이클이 또 다른 한국 패키지 팀(우리와 비슷한 일정에 역시 300만 원대의 요금을 지불한)을 맞기 위해 새벽에 일찍 뮌헨으로 가고 나이 듬직한 그의 보스가 새로운 버스를 몰고 우리 여행의 마지막 동반자가 되기 위해 호텔로 왔다. 다름쉬다트 시내를 지나는데 시가를 가로지르는 전차의 모습과 여유있게 거니는 시민들의 활기 찬 모습이 퍽 인상적이다. 다름쉬다트는 신진작곡가를 발굴하는 음악제로 유명하다고 영신이 말한다. 내겐 그보다도 차범근이 독일에 진출하려던 70년대 후반, 프랑크푸르트에 자리잡기 전, 테스트 경기를 처음 뛴 곳으로 기억되어 있다. 당시 공군 소속이었던 그는 78년 방콕 아시언 게임 후, 귀국 길에 이곳에서 다름쉬다트 팀의 일원으로 인상적인 플레이를 펼쳐 독일 프로구단들의 집중 스카우트 대상이 되었었다.

하이델베르크 중앙역에서 오늘의 가이드 미세스 박과 접선에 성공했다. 이곳에 유학해 독일어를 전공했다는 그녀는 퍽 여유있고 고운 목소리로 해박한 지식을 우리 머리에 쏙쏙 심어주는 베테랑 가이드였다. 이 독일엔 뭐 이리 나쁜 도시(지명에 bad-로 시작하는 도시가 많아)가 많냐며 내가 무식한 질문을 했더니 그건 독일어 bad(bath)가 목욕을 의미하므로 대부분 온천도시라는 뜻이란다. 그러며 88서울올림픽이 결정되었던 Baden-Baden의 예를 든다. 영화 "황태자의 첫 사랑"의 배경이 되었던 독일 最古의 대학 하이델베르크大學은 그대로 하나의 마을이었다. 우리의 인공적 대학캠퍼스의 컨셉을 완전히 초월한 대학촌의 정감어린 구도가 가슴에 진하게 다가온다. "황태자의 첫 사랑"에서 "Drink, Drink"노래로 유명했던 不朽의 處所, [붉은 황소, Roten Ochsen]는 영화 속의 환상보다는 수수한 모습으로 대학 어귀에 버티고 있었다.

고딕, 르네상스, 바로크 등 諸樣式이 혼재한 하이델베르크城에서 바라다 본 하이델베르크 시가는 정말 낭만적이다. 네카강을 사이를 두고 고풍스런 가옥들이 열병을 하듯 줄지은 모습이 고딕식 교회의 돌출과 묘한 하모니를 이루며 70대 노인 괴테의 18세 소녀에 대한 戀情을 상기하게 한다. 22만 L, 세계최대의 술통 앞에서 와인狂인 내가 그냥 지나칠 수 있나……, 그토록 유명하다는 '아이스 와인'은 탄환 부족으로 사지 못하고 대신 기념으로 하이델베르크城이 새겨진 화이트 와인을 7.7euro에 구입했다. 성을 내려와 네카강에서 성을 올려다 보며 새로운 구도로 하이델베르크의 낭만을 조감할 수 있는 "카를 테오도로" 다리에서 사진을 찍고 점심식사가 예정된 중국식당으로 향했다.

유럽의 中國食이란 게 너무 느끼하고 우리 입맛에 맞지 않았었는데, 이곳 하이델베르크에서 오늘 맛본 중국식 뷔페는 종류도 다양하고 정말 너무 환상적이다. 게다가 내가 좋아하는 등려군의 "月亮代表我的心" 노래까지 흘러 나오니 錦上添花가 따로 없다. 여행을 마무리하는 순간에 똥집이 흐뭇하다. 자전거가 생활화된 낭만의 중세도시 하이델베르크를 떠나 우리는 독일이 자랑하는 "Autobahn(고속도로)"을 타고 지척의 프랑크푸르트로 향한다. 이제 여행의 마지막 목적지다. 헤센州 의 주도로 독일 금융, 교통, 상업의 중심도시인 이곳은 독일에서 가장 개방적인 도시로 外國人들이 독일인들과 무리없이 섞여서 생활하는 곳이다. 독일아이가 중국인교사에게 독일어 수업을 듣고, 심지어 체코 이민 소년에게 매를 맞고 오기도 한다는 곳이다. 그만큼 世界化가 확실히 된 곳이라나!

2002 월드컵에서 전력에 비해 훌륭한 성적(준우승)을 거뒀던 독일

축구팀이 수문장 올리버 칸을 필두로 군중들의 대대적 환호를 받았던 뢰머광장의 시청사 베란더를 올려다보며 사진을 찍었다. 로마인의 광장이란 뜻의 뢰머광장은 생각보다 좁고 소박했다. 뢰머광장을 빠져나가니 라인강의 지류인 마인강이 시원스레 프랑크푸르트시가를 양분해 흐르는 모습이 눈에 들어찬다. 괴테생가와 케네디가 암살 직전 연설했다는 구 독일의회건물 등을 거쳐 마지막으로 쇼핑의 기회가 주어졌다. 나와 영신은 인근의 프랑크푸르트 중앙역 구경에 나섰다. 유럽최대 규모를 자랑한다는 프랑크푸르트 역(공항은 영국 히드로에 이어 유럽 2위)은 유럽 각지에서 도착한 각종 열차들로 복마전을 연상케 하고 있었다. 아래 층엔 지하철이 연결되어 있었다. 이제 공항으로 갈 시간이다. 우리의 대장정도 이제 아쉬운 대단원으로 치닫았다. 그야말로 9일 만에 유럽 6개국을 번갯불에 콩 볶듯 해치웠다. 첨부터 무리인 걸 알긴 했지만 시간을 많이 낼 수 없는 여건을 가진 사람들에겐 나름대로 차선의 선택인 셈이다. 다음에 식구들과 오기 전에 사전 답사의 의미로 받아들이고 아쉬운 마음을 달래는 수밖에……

프랑크푸르트 공항을 이륙하는 우즈벡항공 HY234의 고물엔진 소리가 이젠 만성이 되어버린 우리의 귀엔 편안한 자장가로 들려온다.

(『갈 곳은 많고 돈은 없다 1』, 북치는 마을, 2006, 151-182쪽)

3. 캥거루, 키위를 만나다 ; 호주·뉴질랜드

1) 캥거루섬에는 캥거루가 있다

 2000년 4월 7일이었던 어제는 호주와 독일 대표팀의 데이비스컵 8강전이 애들레이드 메모리얼 테니스코트에서 펼쳐졌고 시내 일원의 빅토리아 파크에선 애들레이드가 자랑하는 "크립샬 500" 자동차 경주대회가 개막되었다. 하루 왼종일 천지를 진동하는 자동차의 굉음과 관객들의 환호성을 피해 우리 가족은 이 도시를 탈출하기로 했다. 그리하여 이튿날인 2000년 4월 8일. 4월의 가을, 남호주의 아침 기운이 유달리 싱그러운 그날, 우리는 캥거루섬으로의 여정에 올랐다. 옆집에 사는 집주인 히다예트가 애들레이드 중심가 프랭클린 스트리트의 버스 터미널까지 우리를 데려다 주었다. 이른 아침 개미새끼 한 마리 없는 캔싱턴로드의 노변엔 이름모를 오스트레일리아의 꽃들이 미풍에 흐느끼며 그 존재를 알리고 있다.
 터미널엔 극장이 아니어서 할인받지 못하는 조조손님(?)들로 제법 북적인다. 우리 가족은 예약한 여행사의 버스에 올랐다. 캥거루섬으로 향하는 애들레이드 남단의 전진기지 케이프저비스(Cape Jervis)로의 1시간 30분 남짓한 여정은 남극점에 겨우 몇 발짝이라도 더 다가간다는 기대에 우리를 들뜨게 했다. 차창 밖의 풍경은 한적한 호주 농촌의 풍광을 그대로 대변하는 극도의 평화로움, 바로 그것이다.
 그러나 모처럼의 호젓한 분위기를 뒷사리에 앉은 두 젊은이의 수다가 여지없이 짓뭉개버린다. 안 듣기는 영어를 겨우 겨우 해독해보니, 미군사병으로 근무하는 미국 청년이 순박한 호주청년에게 아메리칸 드림을 마구 마구 주입하고 있는 형국이다. 그래도 아직은 자연이 숨쉬고 있는 남호주의 순박한 경이로움을 촌스러운 듯 경멸하며 '아메리카 문명의 풍요'를 자랑스럽게 떠벌이는 미국청년 앞에 주눅이 들어버린 호주청년의 얼굴엔 미국에 대한 호기심과 동경으로 가득하다. 그 찬란한 동경은 오히려 미국인이 호주에 대해 가져야 하겠건만…….

　케이프저비스에서 우리는 드디어 캥커루섬으로 향하는 페리에 올랐다. 시링크사의 대형 쌍동선은 불과 1시간만에 우리를 캥커루섬의 동부에 위치한 작은 마을이지만 이제는 어엿한 호주대륙과의 관문으로 성장한 페네쇼(Penneshaw)로 실어 날랐다. 페네쇼항에 내리자 벌써 육지와는 다른 때묻지 않은 천고의 풋풋한 내음이 비공에 스며든다. 항구에 대기한 관광버스의 기사에게 바우쳐를 보이며 좌석을 묻자, 아무데나 빈자리에 앉으란다. 단 기사자리만 빼고……, 백발이 성성한 노기사의 위트어린 대꾸에 다시 한번 찬찬히 살펴보니 아뿔사! 영락없는 '총알을 탄 사나이'의 할아버지 배우 '레슬리 닐슨'과 판박이 얼굴이다.

　버스가 우리를 제일 먼저 데려 간 곳은 야생 바다사자를 지척에서 관찰할 수 있는 세계유일의 처소라는 실베이(Seal bay), '그들만의 천국'에서 한가로이 일광욕을 즐기는 바다사자 가족들이 유심히 우리를 살핀다. 우리 일행은 어느덧 바다사자들의 관찰대상이 되어 있었다. 너무 가까이 바다사자 앞에 접근해 그들을 자극하지 말라며 주의를 주는 레인저(ranger, 자연보호감시원)아가씨는 바다사자(sealion)와 물개(seal)는 귀의 유무로 구별한다고 일러준다.

이어서 우리는 돌출된 곳의 중턱이 거친 파도에 의해 깎여 아치 모양의 절경을 연출한 애드미럴 아치(Admiral Arch)로 향했다. 거대한 동굴모양의 아치 끝 나무 전망대에서 팔자좋게 널부러진 물개들(정식 이름은 뉴질랜드 물개)을 배경으로 가족기념 사진을 찍었다. 2차 대전 참전용사라는 지팡이를 짚은 '척크'노인에게 사진을 부탁했는데, 나중에 현상해 보니 피사체를 구획 배치하는 능력이 대단하다. 역시 전쟁터에서 살아남았던 백전노장의 눈대중은 무시할 수 없나 보다. 애드미럴 아치는 정말 애드미럴(崇仰)할만한 곳이었다.

애드미럴 아치에서 6km 동방에 위치한 리마커블 록(Remarkable Rock)은 남극의 풍파에 시달리면서도 고혹적 자태를 굿꿋이 유지하여 우리의 뇌리에 리마커블(비범한)한 인각을 새겨두게 하였다. 버스로 돌아오는 길에 사람들이 모여서 수군거리길래 종종걸음으로 가 보니 나무다리 밑에 쪼그리고 앉은 왈래비 한 마리가 뭇사람들의 시선을 부담스러이 여기며 시선 둘 곳을 몰라 한다. 캥커루와는 달리 왈래비는 실제 호주인들도 야생에서 보기 힘들다며 늙은 기사는 자청해 우리가족을 배경으로 사진을 찍어준다. 양들의 젖 짜는 모습을 견학한 농장에서 純正한 호주농가식으로 점심을 마친 우리는 이어서 플린더스 체이스(Flinders Chase)국립공원으로 향했다. 단신으로 남호주를 비롯한 호주 오지일대를 탐험한 플린더스 경을 호주인들은 리빙스턴 이상으로 평가하며 존경한다. 애들레이드 시내에도 플린더스 대학이 있고 각종 기념물이나 상사 이름에 플린더스 명칭이 병기된 것이 수도 없다.

잠시 버스가 멈추었다. 도로변 유칼리 나무 위에 서식하고 있는 코알라를 보여주기 위한 버스 기사의 배려가 가슴으로 느껴진다. 수많은 유칼리 나무마다 거의 1마리 씩의 코알라가 포진해 있다. 그야말로 1種1獸의 규칙을 철저히 지키고 있는 듯하다. 유칼리나무잎에 수면제 성분이 강하다더니 숱한 나무에 매달린 숱한 코알라 중 어느 한 놈도 제 정신인 녀석이 없이 전부 다 수면 상태다. 그 중 상태가 좀 나은 놈 하나가 졸리운 눈으로 카메라를 들이대는 관광객들을 슬쩍 흘기더니 다시 나무에 머리를 쳐박곤 기본자세(수면상태)로 돌아가 버린다. 캥커루, 에뮤, 포섬 등 호주대륙만이 秘藏한 숱한 야생동물들을 바로 지척으로 볼 수 있는 이곳 공원의 끝도 없는 비포장 삼림길과 거대하고 울창한 자연환경이 眼前을 壓倒한다. 이윽고 공원 중턱의 휴게소에 닿았다. 잠시 휴식을 취하고 생리현상도 해결할 기회다. 화장실을 거쳐 매점에 들러 아이스콘 몇 개를 식구 수대로 샀다. 하나씩 손에 들고 밖에 나왔더니 우리 일행 주위에 웬 캥커루와 에뮤가 벌떼처럼 모여 있다. 안 그래도 캥커루섬이란 이름이 무색토록 여태 한 마리도 볼 수 없었던 캥커루를 예서 무더기로 보게 될 줄이야!

이곳에서만 서식한다는 캥커루섬 캥커루는 몸집이 육지의 그것에 비해 좀 작고 더 짙은 털을 가진 깜찍하고 귀여운 녀석들이었다. 근데 이 녀석 중 두 마리가 우리 아들 녀석을 포위하고 아이스콘을 내놓으라고 협공 중이다. 필사적으로 뺏기지 않으려 돋움발을 하고 하늘 높이 팔을 뻗친 아들 녀석의 손 위에서 녹아내리는 아이스콘의 실개천이 아들의 푸른색 샤스를 적시고 있었다.

오늘 저녁 우리가 숙박할 곳은 캥커루섬의 중심타운 킹스코트(Kingscote)에 위치한 엘리슨 시뷰 모텔(Ellison's Seaview Motel), 지금 주인의 어머니인 엘리슨 여사가 창업한 전통있는 숙박업소란다. 화려하고 고급스럽진 않지만 奧地落島인 이곳의 청정분위기를 잘

살린 운치있는 곳이었다. 더욱이 모텔 바로 앞은 남극으로 향하는 南洋(Southern Ocean)의 大海가 연이어져 있어 가슴을 설레게 했다. 장작불 벽난로의 운치 가득한 모텔 식당에서 호주식으로 푸짐한 저녁 정찬을 마친 우리는 잠시 객실에서 TV를 시청하며 휴식을 취했다. 바로 옆의 '오존 호텔'에서 출발하는 펭귄 투어 시간까지 여기서 개겨야 하기 때문이다. TV에선 보고 또 봐도 지루하지 않은 명화 [쇼생크 탈출]이 방영되고 있다. 이날이 토요일 저녁이라 채널7, 채널9, ABC 등 호주의 각 방송사들은 저마다 최고의 할리우드 영화로 자웅을 다툰다. 영화를 보겠다며 처지는 아이들을 달래 투어시간에 맞추기 위해 허겁지겁 100m 지척의 오존호텔로 향했다. 오늘의 자동차 경주에서 전복돼 화염에 휩싸인 자동차를 1면 컬러사진으로 게재한 애들레이드의 지역신문 "애드버타이저"(Advertiser)가 우리 모텔의 프론트에 놓여져 있었다.

오존호텔의 펭귄투어 대기실 입구엔 '말괄량이 삐삐'처럼 주근깨 투성이인데다가 인디언처럼 촌스럽게 머리를 땋아올린 아가씨와 그녀의 가족 4명 및 또 몇 사람의 관광객 등 조촐한 인원들이 남반부의 하늘을 올려다보며 펭귄을 만날 채비를 하고 있었다. 우리 가족까지 보태야 10명이 될 듯 말듯한 이날의 펭귄 투어팀들은 오존호텔 지하의 투어룸에서 펭귄투어 관련 슬라이드를 보면서 주의사항을 전달받은 후, 레인저의 지시를 따라 밖으로 나왔다.

낮에 바다로 나가 근무(?)하고 일몰 후 해안가 돌무더기 속의 집으로 퇴근(?)하는 펭귄을 관찰하기 위해 펭귄투어는 완전히 해가 지고 난 오후 8시경을 전후해 시작된다. 우리를 바닷가 제방의 돌무더기 쪽으로 데려간 젊은 아가씨 레인저는 뭐라 뭐라 영어로 설명을 하더니 후래쉬로 한 곳을 비추었다. 그러자 가족을 거느리고 퇴근하는(바다에서 육지의 돌무더기 집으로 올라오고 있는) 아빠 펭귄의 모습이 희미한 불빛 아래 나타났다. 불빛에 고개를 숙인듯한 그네들 펭귄은 이내 돌무더기 속의 "Sweet Home" 속으로 자리를 잡았다.

　레인저는 직사광선을 함부로 비추면 펭귄이 실명할 우려가 있으므로 자신만이 요령껏 후래쉬를 비출테니 절대로 펭귄 앞에서 發光행위를 말 것을 당부한다. 레인저가 이 부근이 펭귄 서식지이니 자유롭게 돌아보라길래 주위를 서성거려 봤지만 솔직히 실망스럽다. 이곳에 서식하는 펭귄의 종류가 남극 펭귄과는 달리 극히 왜소한 페어리 펭귄의 족속인데다가, 멜버른 부근의 필립섬에서처럼 대규모 집단서식지가 아닌 관계로 일몰 후 대규모 집단 퍼레이드를 구경할 수 없는 아쉬움을 삼켜야만 했다.

　그 대신, 비로소 작정을 하고 올려다 본 캥커루섬의 밤하늘에는 이름 모를 무수한 남반구의 별자리들이 고혹적인 반짝임으로 내 가슴을 찬연히 파고들고 있었다.

2) 그레이트 오션로드 가는 길

　그날 아침은 눈이 부시도록 상큼했다. 아이들이 2nd term 방학에 들어갔던 2000년 7월, 남호주의 을씨년스러운 겨울이 시작될 즈음, 그레이트 오션로드(Great Ocean Road)로 향하는 상처투성이 우리 차 안엔 감미로운 음악 "로즈"(rose)가 흐르고 있다. 애들레이드에서 멜버른으로 향하는 1번도로가 시작되는 글렌 오스먼드 로드의 벽면 流水臺는 오늘따라 쏟아지는 아침 햇살에 쑥스럽게도 속살을 다 내보이고 있다. 어저께 장거리 운행에 대비해 차량정비차 들렀던 '필립마샬' 정비소의 주인 미스터 필립은 계속 1번도로만을 고집하지 말고 8번도로를 경유해 내륙의 포도원(winery) 운치도 즐기고 운행시간도 절약하라며 신신당부했었다. 막상 1번도로와 8번도로의 분기점인 '테일럼 벤드'에 도달했을 때 잠시 갈등을 겪지 않을 수 없었다. 그러나 필립의 선한 눈망울을 떠올리며, 1번도로가 유혹하는 오른쪽으로 핸들을 꺽지 않고 직진하고 있는 내 자신에 나도 놀랄 수밖에…….

필립의 훈수대로 케이스(Keith)까지 8번도로를 이용한 후, 해안으로 빠지는 지방도를 타기로 했다. 별 기대를 하지 않았건만 케이스에서 나라쿠트(Naracoorte)로 이어지는 포도밭의 풍광은 "로맨틱" 그 자체였다. 끝없이 이어져 매스게임을 하듯 질서정연히 다가오는 포도나무들의 群舞가 회색 구름을 들쳐업은 에메럴드의 하늘빛과 절묘히 조화돼 엽기적 풍경화를 연출하고 있다. 마치 우리 차가 구름 위에 두둥실 떠가듯, 포도밭에 둘러싸인 편도1차선의 좁은 직선도로는 구릉진 남호주의 초원을 감싸안은 뭉개구름의 손바닥 위에 놓여져 있었다.

드디어 빅토리아주로 향하는 남호주의 마지막 거점도시 마운트 갬비어에 도착했다. 마운트 갬비어로 향하는 숱한 투어광고를 보면서 별로 알려지지 않은 소도시로 웬 투어냐며 의아해 했던 내 자신의 短見이 이곳에 와보니 부끄럽게 느껴진다. 마운트 갬비어! 어머니의 따스한 품처럼 포근하게 산을 안고 있는 아늑함이 도시 초입에서부터 물씬 풍겨온다. 이곳에서 잠시 휴식을 취한 우리는 일몰 전에 오늘의 숙박지 워남블(Warrnambool)에 닿기 위해 강행군을 계속한다. 한국에서라면 엄두도 못낼 6기통 4000CC 포드 팰콘 밴차량은 지금껏 우리 가족의 호주생활에 충실한 발 역할을 해주었었다. 그러나 왠지 요즈음 들어 냉각장치 이상으로 애를 먹이더니 그저껜 아예 애들레이드 시내 한복판에서 뻗어버렸다. 白晝의 대로에서 백인들이 단체로 관람하는 가운데 동양에서 온 웬 낯선 黃人種 하나가 낑낑대며 그 큰 밴을 밀고가는 엽기적 광경을 보여줘야만 했다. 부랴부랴 정비소를 찾아 냉각핀을 교체하고 종합점검을 받기는 했지만 멜버른까지의 大長征 동안 제발 무사해야 할텐데 너무 용을 썼더니 항문의 괄약근이 다 댕긴다. 게다가 내륙을 관통하는 길이 아니라 그레이트오션로드의 해안길을 둘러가다 보니 728km면 될 길을 무려 300km나 더 돌아가는 셈이라 적이 신경이 쓰인다.

　빅토리아 주 경계를 들어서니 남호주에서부터 친숙하던 나무들과는 달리 쭉쭉 뻗은 키다리 高空 樹木들이 눈에 띄며 또 다른 대자연의 초상화가 펼쳐진다. 액셀레이터를 밟은 발에 더욱 힘을 주었다. 포트랜드(Portland)를 거쳐 거의 저녁 무렵에 우리의 숙박지요 오늘의 최종목적지 워남블에 도착할 수 있었다. 차창 밖으로 워남블의 시가풍경이 고즈넉이 다가온다. 남호주보다 1주 먼저 개학을 했는지 교복을 입은 초중고생의 하교 모습이 드문드문 눈에 띄었다. RAA에서 예약한 숙소를 찾기 위해 온 가족이 차량의 동서남북으로 방위각을 분담해 열심히 간판을 확인하는 동안 나는 최대한 속도를 늦추었다. 퇴근시간 내 뒤를 따르는 숱한 차량들의 신경질적인 크락숀이 급한 마음을 더욱 도리깨질 치게 한다. 드디어 우리의 예약 숙소 "Mid city Motor Inn"의 간판이 시야에 들어왔다. 긴장이 풀리며 참았던 심호흡과 함께 나도 모르게 가스가 방출되었다. 순간 냄새를 견디지 못한 식구들의 탄성이 드라큐라의 처절한 절규처럼 뇌리에 꽂혀 왔다. 시계는 이미 오후 7시! 애들레이드의 우리집을 출발한지 9시간이 지나 있었다.

　일몰 후 워남블의 밤거리는 마치 시골 아낙네의 치마폭처럼 소소하고 생긋하기만 하다. 고래 관측지로 유명하다는 로건스 비치(Logan's Beach)까지 갔다가 초겨울의 바닷바람만 실컷 맞고 돌아온 우리 가족에게 워남블의 이름 없는 식당은 너무나 포근했다. 별빛 찬란한 시골마을의 희미한 가로등을 돌아 숙소로 돌아오는 길이 정겹다. 숙소 밖의 야외온천에서 뿜어져 나오는 부연 김에 밤의 온기가 느껴진다. 시카코의 지하도로망을 무대로 엽기적인 형제의 스토리를 다룬 "블루스 부러더즈"가 TV에서 방영되고 있다. 스위트룸의 객실은 두 개의 방으로 나뉘져 있어 방마다 TV 등 집기들이 비치되어 있다. 우리 부부와 애들 남매가 각기 다른 방을 사용했다. 쾌적한 시설이 熟眠으로 유도한다. RAA에서 권유하는 대로 Flag(프래그)계열 숙소를 택한 게 정말 잘했다는 생각이 든다.

　이튿날 드디어 우리는 그레이트 오션로드의 本線道路로의 大長征에 돌입했다. 숙소에서 약 5km 정도를 달렸을까? 오른 쪽으로 꺾어진 그레이트 오션로드 방향 표지판이 눈에 들어온다. 연이어 우측으로 그림같은 해변이 펼쳐지는 가 싶더니 '런던 브리지' 전망대를 알리는 표지판이 보인다. 런던브리지는 1990년 1월 어느날 저녁 육지에 연결돼 있던 땅이 붕괴된 뒤 형성된 지형으로, 무너진 런던다리를 연상케하는 모양이다. 당시 졸지에 섬에 고립됐던 관광객 두 명은 몇시간 뒤 출동한 헬기에 의해 무사히 구조됐다고 안내판에 적혀있다. 약 4km 쯤 달렸을까, 이번엔 로크 아드 고지(Loch Ard Gorge)가 나타난다. 로크 아드는 1878년 6월 1일 런던에서 멜버른으로 이민오다 이곳에서 난파한 배의 이름으로, 깁이라는 이름의 선장이 해안에 배를 정박시키다가 바람과 파도에 휩쓸려 승객 선원들과 함께 실종된 곳이기에 이 곳의 지명이 로크 아드 고지가 되었단다. 당시 52명의 인명을 앗아갔던 그날의 怒濤가 陰濕한 바위 지형의 절경 속에서 칼날을 숨긴 채 포효하고 있었다.

이어서 우리가 들른 곳은 '그레이트 오션로드'의 하이라이트라는 '12사도 바위'(Twelve Apostles), 12사도바위란 이름의 유래는 성경에서 비롯됐겠지만, 20세기까지는 '암퇘지와 새끼들'(sow and piglet)로 불렸다는 기록이 있다. 현지 안내표지판은 처음엔 육지였으나 침식작용으로 차츰 분리되다가 현재의 모습을 갖추었다고 설명하고 있다. 주차장옆 휴게소에 걸린 12사도바위를 소재로 한 영시가 눈길을 끈다.

　　…Were you halted marching south,
　　or anchored climbing to the beach?
　　Did you yearn for freedom through the endless years?…

남극으로부터의 바람과 남양 대해의 파도에 육신을 깎이고 깎인 12개의 바위가 주홍빛 태양을 배경으로 한 원근투시법 속에 풍파에 시달린 그네들의 스펙타클한 군상을 펼쳐보이고 있다. 비스듬히 일렬 종대로 제식훈련을 하듯 바다 위로 솟아 있는 바위들에게 求愛하듯 달라붙는 거친 파도와 휘날리는 물보라, 안개, 바람 등이 戰慄的 風景畵를 演出하고 있다. '12사도 바위'는 그대로 대자연의 엄숙함이 빚어낸 충격적 파노라마였다. 포트 캠벨을 지나면서부터 왕복 2차로로 깎아지른 해안선 절벽길은 심하게 굽었고, 반대편 위로 솟은 바위 절벽은 갓길 차로 여유조차 주지 않아 운전자들로 하여금 영화 속의 주인공이 된 듯한 착각에 빠지게 한다. 특히나 他大陸에서의 우측통행 습관자들에겐 더더욱 아찔한 경험임에 틀림없다. 시속 40~50km라야 적합해 보이는 절벽 굽은 길을 탄력을 이용해 브레이크도 밟지 않고 도는 통쾌감을 맛보았더니 동승한 아내와 아이들의 거센 항의가 되돌아온다. "죽을려면 아빠 혼자 죽어욧!"

그레이트 오션 로드의 매력은 가히 지렁이의 潛行과도 같은 曲角美에 있었다. 안 그래도 신경 쓰이는 지그재그의 곡선도로 위, 운전자의 시야 정면으로 惡魔의 저주와도 같은 햇살이 눈부시게 내리쬔다. 의식적으로 도로의 하단 중앙선만을 주시하며 운전하지 않으면 그대로 波高 넘실대는 해변 龍宮 속으로 뛰어들 판이다. 거의 1~2시간 이상을 햇볕의 고문을 당하며 운전을 했더니 그레이트 오션로드의 美港 '아폴로 베이'에 도착했을 땐, 컴퓨터 시뮬레이션게임에서 빠져나온 중독자 마냥 제정신이 아니다. '아폴로 베이'(Apollo Bay)의 아름다운 해변 카페엔 와인을 마시며 忙中閑을 즐기는 이곳 노인들의 여유가 절절히 배어 있었다. 이곳에서 잠시 그들의 여유를 따라 가쁜 숨을 내쉬고는 다시 곡각도로의 곡예운전을 계속해야만 했다. 直射光線의 橫暴가 수그러진 이 틈에 냅다 지르지 않으면 밝은 때 멜버른에 도달하기가 어려운 건 자명한 사실이다. '론'(Lorne), '앙리시'(Anglesea), '토키'(Torquay) 등의 해변 타운을 냅다질러 멜버른의 위성도시 '지롱'(Geelong)에 도착하니 한결 마음이 푸근해 진다. 여기서 멜버른까지는 불과 70km, 거꾸로 매달아도 1시간이면 떡을 치는 거리다. 마음이 편안해지니 지롱市街의 역동적 움직임이 천연스레 눈에 들어찬다.

　그간 우리가 경유해 온 해변의 한적한 타운들과는 다른 都市의 활기에 내 자신도 덩달아 힘이 솟는다. 이곳에 와서 우리 가족이 흠뻑 취해버린 호식축구(Australian Rule's football)리그 AFL의 강팀 '지롱'의 근거지가 바로 이곳이라 생각하니 더욱 친근감이 든다. 크리켓과 더불어 호주의 양대 인기 구기종목인 濠式蹴球는 원래 여름 스포츠인 크리켓의 공반기인 겨울에 크리켓선수들의 체력단련용으로 창안된 것이다. 1857년 빅토리아 주의 크리켓 대표선수였던 톰 윌스가 축구(발로 참), 농구(손으로 멀리 던지거나 드리블 또는 패스함), 럭비(사람을 붙잡을 수 있음), 겔릭 풋볼(아일랜드에서 성행하는 경기로 축구와 럭비를 혼성한 경기; 럭비의 룰로 골문 앞으로 진출한 후 축구 골에 볼을 차 넣어야 득점함) 등을 혼합해 만들었다는 이 경기는 현재 호주를 대표하는 겨울스포츠의 대명사로 자리잡고 있다. 우리 가족은 애들레이드에 근거지를 둔 '애들레이드 크로우'의 팬이다.

　여기서부터는 그간 그레이트 오션로드의 秘景을 보여줬던 지방도로(B100)과 이별하고 다시 1번도로를 타야 한다. 멜버른에 가까워지면서 1번도로의 차선이 대폭 넓어지며 차량도 폭증한다. 조용한 시골길을 달려온 촌놈의 가슴이 울렁거린다. 이윽고 야라강이 구비쳐 흐르는 '웨스트 게이트 브리지'가 보인다. 호주에서 가장 길이가 긴(2천852m) 아름다운 이 다리에서 내려다 보는 멜버른 시가는 영화 속 우주도시와 같은 화려한 천연색 스카이라인을 뽐낸다. 야라강으로 분절된 도시의 兩端이 각기 관능적 몸부림으로 나그네의 눈길을 유혹한다. 마치 紅燈街에 온 듯한 착각에 잠시 빠지게 한다.

　드디어 이번 여행의 최종 목적지 멜버른 입성이다. 아직 해가 지려면 시간이 좀 남았다. 예약한 숙소에 들르기 전에 멜버른 入城申告를 하려 이곳 최대의 쇼핑센터 '멜버른 센트럴'에 들렀다. 부근의 주차빌딩에 주차했더니 10달러의 종일 균일요금(flat fee)를 받는다. 애들레이드보다는 엄청나게 주차요금이 비싸다. 그러고 보니 대도시답잖게 차선이 좁고 도로 한복판의 중앙선 지역에 주차라인을 그어 곳곳이 주차를 하고 있는 모습이 총총이 보인다. 주차사정이 퍽 열악한 도시임을 한 눈에 알 수 있다. 상대적으로 광대한 녹지공간을 보유한 세계적 수준의 환경친화도시요 공원도시라는 명성이 무색토록 도심 주차공간의 절대부족은 이 도시가 안고 있는 絕體絕命의 아킬레스腱으로 보여진다. 간단한 주전부리와 아이쇼핑으로 '멜버른센트럴'에서 '마이어 백화점'까지 연결된 광대한 시설을 둘러본 우리가 '라이곤스트리트'(Lygon St.)에 위치한 예약 숙소에 도착했을 때 석양은 기울어 이미 땅거미가 지고 있었다. 건물 1층의 좁은 통로 주차장에 한국에서 닦은 파킹실력으로 능숙히 주차를 하자 관리인이 혀를 내두른다. 2층의 우리 객실창을 통해 내려다본 라이곤스트리트의 黃昏은 더할 수 없이 蠱惑的이다. 마치 오우헨리의 '마지막 잎새'에 나오는 겨울 풍경을 그대로 연출한 듯한 거리엔 막 켜진 네온사인과 겨울 나그네들의 앙상블이 묘한 조화를 이루고 있다.

　이탈리언 푸드의 거리 라이곤스트리트에서 우리는 태국 볶음밥으로 저녁을 해결한 후, 러셀스트리트와 론스데일스트리트를 도는 관광용 마차를 타고 멜버른에 젖어드는 밤기운을 玩賞하였다. 애들레이드와 똑 같은 '서울식당'이란 상호의 한식당이 눈길을 끈다. 마차에서 내려 도보로 멜버른의 최고층, 소피텔로 향하였다. 46층의 전망대에서 내려다 보는 멜버른의 겨울 야경은 휘황찬란한 서글픔을 간직하고 있다. 다시 걸어서 숙소로 돌아오는 우리 가족의 등뒤로 녹색 단장을 한 멜버른의 명물 '트램'이 둔중한 몸놀림으로 지나가고 있다. 멜버른 초겨울 바람이 러셀 스트리트의 밤공기를 가르는 와중에……

3) 비바! 뉴질랜드!

2000년 10월 7일, 오클랜드 공항은 성수기의 문턱을 넘어선 까닭인지 그다지 붐비진 않았다. 입국심사대의 행렬 속에서 한국에서 단체로 효도관광 온 노부부들이 호텔에 도착하면 목욕부터 해야겠다고 벼르는 소리를 들었을 때 숙소를 미리 예약치 않은 것이 저으기 불안해지기 시작했다. 바로 얼마 전에 뉴질랜드를 다녀온, 같은 과 존 포스터 교수의 남북섬 어디를 가도 예약할 필요가 전혀 없더라는 말만을 철석같이 믿은 게 후회되었다. 공항 관광안내소의 핫라인으로 YH(유스호스텔)의 객실사정부터 체크해 보았다.

4인1실의 도미트리는 19불이며 빈 방은 많으니 염려말고, YH회원에 한해 12불 짜리 공항셔틀버스가 10불로 할인되니 잘 활용하라는 안내 데스크의 목소리가 천사같이 들렸다. 오클랜드의 풍광을 그대로 대변하는 듯한 푸른 색의 에어버스엔 세계 각국에서 온 여행자들의 자유분방함으로 가득했다. 옆 자리의 말쑥한 청년에게 신원조회(?) 겸 말을 걸었더니 자기는 알젠틴에서 와서 이곳 사정은 잘 모른단다. 비즈니스 관계로 왔는데 알젠틴에서 이곳까지 태평양을 바로 질러 10시간이내면 충분하단다. 우리나라에선 아직도 가장 먼 곳이 남미지역(브라질, 알젠틴까지 20시간 이상)인데, 비로소 내가 외국에 나와 있음을 실감케 한다. 그건 그렇고 저나 나나 영어는 외국어임에 분명한데 무슨 놈의 발음이 그렇게 유창한지 은근히 부아가 치민다.

 엉뚱한 열등감으로 잠시 산란한 틈에 버스는 어느듯 오클랜드 YH 입구에 들어서고 있었다. 정확히 숙소 출입문 앞에 하차시켜준 기사에게 고마움의 미소를 보내며 버스에서 내리면서 문득 젊은 미남기사가 제임스 딘을 꼭 닮았단 생각이 든 것은 그의 친절함 때문이었을까?

 6층의 구석진 방을 배정받은게 못내 마음에 걸렸지만, 오클랜드를 상징하는 BNZ타워가 한 눈에 들어오고 욕실과 화장실이 가까워 오히려 편리한 점이 더 많았다. 4인1실의 방에 내가 4번 째 숙박객이니, 이미 3명의 선임자가 있는 셈이다. 배낭족으론 좀 나이가 들어보이는 30대의 두 영국인이 해맑은 미소를 지어 보이며 통성명을 해 온다. 나머지 한 명은 여기 있는 이틀 동안 자기네들도 아직 얼굴을 보지 못했단다. 그야말로 "미스터X"인 셈이다. 그건 그렇고 어찌되었든 가장 후임자인 나의 베드가 선택의 여지없이 가장 나쁜 자리인 것은 정해진 이치리라.

 저녁식사를 하기 위해 거리로 나서니 낯익은 한글간판의 한식당들이 줄줄이 늘어서 있다. 바로 여기가 오클랜드의 코리아타운인가 하는 착각이 들 정도다. 오랜 만에 우거지국을 맛들어지게 먹어봤다. 가격은 8불(뉴질랜드 1불은 500원), 호주보단 한식의 가격이 저렴한 편이다. 호주 애들레이드에 연구차 온 지도 10개월, 이제 2달 후의 귀국을 앞두고 뭔가를 정리해야 할 시점이었다. 여기까지 와서 지척의 뉴질랜드에 족적을 남기지 않는 건 큰 실례가 될 것 같다. 부득이 뉴질랜드 항공권 할인세일을 하는 10월 중(아이들이 개학한), 가족을 호주에 남겨두고 "나홀로 여행"을 택할 수밖에 없었다. 따라서 호주거류민의 입장에서 여행을 하는 내 경우엔 자연히 모든 것이 호주와 비교되어진다. 메인로드인 퀸스트리트(Queen St.)를 따라 북상하는 황색 이방인의 시야엔 곧 요란스런 광란의 현장이 포착되어진다.

늘어선 입장행렬에 물어보니 맥주축제란다. 어차피 할 일 없이 외로운 오클랜드의 밤이 아니런가! 입장료 10불에 2장의 시음티켓, 도합 20불의 거금을 내고 나도 한밤의 동참자가 되었다. 갖가지 종류와 상표의 맥주를 한 곳에 쌓아 두고 밤새 독일 가요 속에 열광하며 몸을 흔들어대는 뉴질랜드의 젊은 청춘들이 말할 수 없이 순진해 보인다. 입장시 받은 플라스틱 맥주잔을 기념으로 가져가라며 웃어보이는 마오리족 경비원의 건장한 체구에서 뉴질랜드의 인정을 보는 것 같아 기분좋은 밤이었다. 원주민인 애보리진(Aborigin)과의 만남을 학살의 역사로 대치한 호주의 경우와는 달리, 이곳에선 원주민 마오리족이 뉴질랜드 사회의 떳떳한 일원으로 무리없이 동화된 삶을 영위하고 있음을 피부로 느낄 수 있었다. 숙소로 돌아오는 도중, 뒤통수에 달라붙는 밤공기가 유난히 차갑다. 내일은 어쩌 비가 올 것 같다. 순간 애들레이드 공항까지 픽업해 준 아내의 야멸찬 목소리가 다시금 간담을 서늘케 한다. "에이! 내내, 비나 쫙쫙 쏟아져라!……" 정말 아내의 본심일까?

이른 새벽, 부스럭거리는 소리에 잠을 깼다. 문제의 미스터X의 출현이다. 조심스럽게 배낭을 꾸려 살금 살금 방문을 열고 나가는 그는 뜻밖에도 50대의 대머리 아저씨다. 어찌된 게 내가 잔 곳이 유스호스텔인지 올드호스텔인지 분간이 안 간다. 나만 40대의 불청객인 줄 알

왔더니!

　4박5일의 짧은 여정을 효과적으로 보내기 위해선 남북섬 사이의 비행기 이동이 필수적 조건이다. YH 회원에 한해 비행기 삯이 50% 할인된다는 호주에서의 정보를 확인할 필요가 있었다. 그러나 항상 본편과 예고편은 약간의 차이가 있는 법! YHA 안내데스크의 답은 당일 대기좌석에 한해 유효하며, 책정된 항공료도 호주에서 알았던 삯의 거의 배 수준이다. "남편 사랑과 항공료는 수시로 체크해야 한다"는 고금의 진리를 되새기며 비행기 이동을 포기하기로 했다. 당연히 기차타고 자고, 배타고 내리고, 버스타고 또 자는, 빡빡한 대장정이 기다리고 있을 뿐이다.

　다행히 북섬 최남단 웰링턴까지의 할인 야간열차편이 남아 있어서, 2박 째의 숙박료를 절약할 수 있을 뿐 아니라 오클랜드에서의 제2일을 전일관광에 투자할 수 있었다. 찌린내 가득한 "데이투어(Day-Tour)"의 2층 버스로 둘러보는 오클랜드의 한낮 풍경은 호주의 시드니에 미치지 못했고, 다만 2층 버스의 비운행 사각지대를 일정 구간 커버하는 위성버스의 운행이 인상적이었다. 이윽고 이날 저녁, 땅거미가 지기 시작하는 오클랜드 역사에서 무료하게 밤열차를 기다리다가 깜박 잠이 들었나 보다. 어깨를 토닥이며 꿈결에 들려오는 목소리에 화들짝 잠을 깼다. 웬 마오리족 할머니! 알아듣기 힘든 영어로 뭔가를 물어오고 있다. 순간 호주에 처음 왔을 때 막내녀석의 학교 담임선생께 실수했던 기억이 다시금 뇌리를 스친다. 어설픈 막내의 호주적응에 헌신적이었던 담임선생이 학기 중 타교로 전근을 가게 되었다. 그간의 고마움을 직접 전하기 위해 결연한 마음가짐으로 학교를 찾았다. 상냥한 미소와 함께 미리 준비한 대사 -"그간 당신의 노고에 감사하며 우리는 영원히 당신을 잊지 않을 것이다."-를 편지글 읽듯 되뇌이며 악수를 하곤 황급히 돌아서 나왔다. 차를 타고 귀가하는 도중에 난 임무완수의 안도감과 내 인사말을 듣는 순간 어리둥절해 하던 담임선생의 표정에서의 께름칙함이 동시에 교차함을 느꼈다. 그리고 다음 순간 외마디 비명과 함께 내 머리통을 쥐어박을 수 밖에 없었다. 나는 그에게 "I'll forget you forever(난 영원히 당신을 잊을께!)"라고 말했던 것이었다.

다시 실수를 하지 않기 위해 귀를 쫑긋 세우고 자세히 들어보니 8시 40분 발 웰링턴행 기차를 기다리는 거냐는 것이었다. 호주에서 온 동양인인 내가 뉴질랜드 주민에게 뉴질랜드 기차의 발차시각과 출발 플랫홈을 일러주고 있다는 사실이 웬지 잘못된 배역을 맡은 배우가 된 것 같은 심정이 되게 했다.

오클랜드에서 웰링턴까지 북섬을 남북으로 종단하는 야간특급 "노더너(Northerner Express)"의 객실은 비수기를 반영하듯 빈 자리가 듬성듬성 눈에 띄었다. 쾌속으로 밤공기를 가르는 열차의 을씨년스러운 객실이 더욱 싸늘하게 피부에 와 닿는다. 게다가 배낭족 할인티켓이라 객차 출입구 쪽의 외딴 좌석을 배정받은 난 밤새 문틈으로 들어와 얼굴을 후벼 파는 밤의 한기에 시달려야만 했다. 시드니 포이티어가 열연한 영화 [밤의 열기 속에서는 주인공인 흑인 수사관이 열차로 어느 마을에 도착했다 다시 열차로 떠나는 패턴을 취하고 있다. 그런데 이튿날 아침 난 "밤의 한기 속에서" 웰링턴 역에 도착하고 있었다.

비가 오는 웰링턴의 아침은 가공할 위력의 바람까지 동반하고 있어서 출근길의 시민들이 차도로 떠밀려 가지 않기 위해 우산을 받쳐든 채 안간 힘을 쓰는 모습이 그야말로 가관이다. 역시 듣던대로 "바람의 도시"란 명성에 걸맞는 猛風이었다. 웰링턴역에서 페리터미널을 연결하는 셔틀버스가 강풍에 휘말려 반대차선을 넘나들어도 이력이 난 기사는 태연히 껌까지 씹어가며 한 손으로 핸들을 잡고 있었다. 아침 9시 30분, 북섬의 웰링턴과 남섬의 최북단 픽턴을 연결하는 대형페리 "인터아일랜더(Interislander)"가 서서히 웰링턴 항을 미끄러져 나가며 남진을 시작한다. 이내 남북섬 사이의 쿡해협이 시야에 들어온다.

맞은 편 좌석에 앉은 젊은 백인 부부가 무언의 미소로 인사를 건넨다. 남아공화국의 "더어반"에서 항공기술자로 일하다 업무상 출장온 김에 관광을 겸해 아내를 데려왔다는 남편에게 "더어반"은 1974년 한국의 홍수환이 남아공의 아놀드 테일러를 누르고 WBA 밴텀급 챔피언이 된 곳이라 한국인에게 친숙한 곳이라 했더니 아놀드 토인비는 알아도 테일러는 잘 모르겠단다. 이제껏 네덜란드, 이집트, 영국 등 여러 나라를 가봤지만 역시 영국이 제일 깨끗하고 멋있는 나라라는 그들의 거칠 것 없는 찬사에서 영연방국민들의 영국에 대한 무한한 동경을 읽을 수 있었다. 밤열차에 시달린데다 원어민과 1시간 이상 억지 영어로 대화하려니 저절로 눈꺼풀이 무거워진다. 얼마나 잤을까? 유리창에 머리를 박는 소리에 스스로 놀라 – 정말 내 머리가 그렇게 단단한 줄 처음 알았다. – 눈을 뜨니 단조롭던 해안 풍경이 스펙타클하게 변해 있다. 1교시 영어시간에 자기 시작해서 4교시 수학시간에 잠을 깬 농땡이 학생이 "어! 선생님 바뀌었네!"며 혼비백산하는 꼴이다. 어느새 배는 남섬의 픽턴 항에 접안 중이었다. 듣던 대로 그 수려한 풍광이 眼界를 압도한다.

픽턴에서 크라이스트처치로 향하는 장거리 버스의 승객은 대부분 페리에서 환승한 배낭족 젊은이들이었다. 차창 밖으로 펼쳐지는 풍경은 그야말로 漸入佳境이다. 左靑龍右白虎라더니 포말로 다가와 부서지는 남색 물결이 상그러운 좌측 해안과, 만년설의 雪山과 황금빛 丘陵이 앙상블을 이룬 우측 산악이 이보다 더 절묘히 어우러진 데가 이 세상에 다시 있을까? 그러나 아무리 좋은 절경도 쏟아지는 잠을 막지는 못하는 법! 이내 버스 차창을 머리로 박아대기 시작한다. 뉴질랜드에서 가장 유명한 고래관측지, 카이코라에선 고래의 출현을 기다리다 지쳐버린 관광객들이 할 일 없이 카메라의 조리개를 매만지고 있었다. 카이코라에서 잠시 정차를 한 버스는 목적지를 향해 계속 남하한다. 크라이스트처치에 도착한 시각은 오후 6시 45분, 픽턴을 출발한 지 5시간 30분이 지나 있었다. 오클랜드에서 크라이스트처치까지 항공편으로 1시간 거리를 야간기차에, 배에, 버스로 도합 22시간 걸린 셈이다. 고생은 되었지만 周遊天下의 호기를 누려 봤으니 후회는 없었다.

남섬 관광의 거점, 크라이스트처치는 장난감같은 트램(Tram:시가전차)이 소꿉장난의 무대를 가로지르는 듯한 동화 속의 도시였다. 영화 [토이스토리]의 무대에 선 듯한 착각 속에 숙소인 크라이스트 YH를 찾아가는 발걸음이 공중부양을 하듯 가볍다. 박물관과 아트갤러리 사이에 위치한 YH는 외로운 양치기의 오두막을 연상케 한다.

내일은 이른 아침부터 본격적인 남섬 투어가 시작될 것이다. 오늘밤은 기필코 일찍 잠자리에 들리라! 조심스레 방문을 여니, 아이고! 난데없는 웬 생비디오? 벽안의 두 젊은 남녀가 막 합체(?)를 끝내는 중이다. 황망히 방을 빠져 나오려니, 오히려 그들이 더 여유만만이다. "No Problem"을 연발하며 한사코 들어오란다. 영국의 맨체스터에서 왔다는 그들은 연인 사이였다. 호주와 뉴질랜드의 도미트리는 간혹 남녀 혼숙을 시킬 경우도 있다는 관광책자의 안내문구를 직접 확인한 셈이다. 나보다 조금 늦게 들어온 일본인 학생은 더 기겁을 한다. 표정을 보니 아예 경련 직전이다. 몹시 당황해 하는 그를 두 영국인 남녀가 여유있게 달래는 꼴이 "主客顚倒"의 최고 버전을 접하는 것 같다. 한국의 경남대에 1달간 어학연수를 갔다와 마산의 바닷가가 그립다는 나고야 미대 출신의 이 일본 젊은이는 이튿날 "정말 악몽의 밤이었으며 그들을 영원히 증오할 것"이라고 치를 떨었다. 생비디오의 주인공들보다 관객들이 더 가슴을 졸여야 했던 "크라이스트처치의 잠 못 이루는 밤"은 그렇게 깊어가고 있었다.

　뉴질랜드가 자랑하는 세계적인 관광특급열차 "트란츠 알파인(Tranz Alpine Express)"의 실내는 드넓은 차창과 더불어 좌석마다 딸려있는 전용테이블이 인상적이었다. 크라이스트처치에서 스프링필드까지는 컨터베리 평원의 평범한 풍경이 이어진다. 성급한 旅心은 거금 (왕복 119불; 한화 약 6만원)을 주고 열차에 탄 것을 후회하기 시작한다. 그러나 스프링필드 역에서 많은 동양인 승객들이 탑승하는게 웬지 낌새가 다르다. 아니나 다를까! 이후부터 연이어지는 차창 밖 풍경은 가히 압권이다. 만년설의 서던 알프스 산맥이 병풍처럼 포개진 사이로 전율을 느끼게 하는 S자 계곡의 물이 도도히 흐르는가 하면, 맞은편의 끝도 보이지 않는 높은 산엔 뉴질랜드를 대표하는 덤풀꽃(Tussock)이 온통 노랗게 물들어 백설과 조화를 이루고 있다. 200m 높이의 대철교와 20개 이상의 터널을 지나도록 좌우로 펼쳐지는 파노라마는 어디로 시선을 두어야 할지 머리가 하나 뿐인 것을 통탄케 한다.

　열차 중앙의 입석 전망칸에 모인 세계의 관광객들은 저마다 탄성 속에 카메라의 셔터를 누르기에 바쁘다. 신혼부부인 듯한 독일인 관광객이 "바바! 뉴질랜드!"를 연발하다, 이윽고 아내가 남편 품에 안기며 "자기! 나 이대로 죽고 싶어!" 하고 속삭인다. 아내의 머리카락을 사랑스럽게 쓰다듬으며 덩달아 행복해 하는 남편의 표정이 눈이 시리도록 정겹다. "사랑의 갈등 중인 세상의 모든 연인들이여! 너희는 트란츠알파인을 탈지어다! 그러면 기필코 영원한 사랑을 얻으리라!" 서던알프스를 구비구비 가로지르는 열차의 기적소리가 장엄한 메시지로 변해 귓전에 되돌아온다. 대자연의 기괴한 조화는 아서스 패스(Arthus Pass)까지 계속된다. 아서스 패스 역에서 잠시 호흡을 가다듬은 기차는 이제 계속 내리막길을 치닫는다.

4) 어느 것이 하늘빛이고 어느 것이 물빛이랴!

　바깥 풍경은 단조로운 개울과 빽빽한 수림으로 변해 있다. 아침에 크라이스트처치 역까지 셔틀버스를 같이 탔던 영국인 배낭객이 자기는 아서스 패스까지의 승차권만 구입했다고 한 연유를 알 것 같았다. 잠시 평상심을 찾는가 했더니 성난 여인의 고함이 귓전을 때린다. 아까 열차가 아서스 패스에 정차했을 때부터 부지런히 뭔가를 사달라고 조르던 한 소년이 급기야 어머니에게 된서리를 맞는 모양이다. 얼굴이 벌겋게 된 여인이 소년을 끌고 나와 열차 승강구 앞에다 꿇어앉히고 손을 들게 한다. 사색이 되어 열차칸에서 벌을 서는 소년을 보면서 이네들의 엄격한 교육방식에 다시 한번 감탄하였다.

두어달 전 시드니를 다녀오는 길에 호주의 최장거리 동서횡단 특급열차 "인디언퍼시픽(Indian Pacific)"을 이용한 적이 있다. 시드니에서 호주의 최서단 퍼스까지 3박4일의 여정을 1남3녀의 자녀와 동행하는 주근깨 투성이의 여인이 옆자리에 앉아 있었다. 1박2일을 차중의 옆자리에서 동거하다 보니 자연히 말동무가 되어버렸다. 얼핏 보기에도 어두운 그늘이 역력했던 그녀는 지루한 여정에 자녀들이 하소연이라도 할라치면 험악한 표정의 치도곤이 일쑤였다. 그런데 더욱 놀라운 것은 이런 어머니에게 군소리 없이 복종하며 자기들끼리 잠자리를 챙기고 차중에서 방학숙제까지 자율적으로 해내는 그 자녀군단(?)의 일사불란함이었다. 어쩌다 자기들끼리 트러블이 생겨 시끄러워질 때, 어머니의 화난 눈매와 마주치면 오금을 펴지 못하곤 했다. 그녀는 애보리진 아버지와 백인 어머니 사이의 혼혈이었다. 아버지의 음주와 구타로 어머니가 가출한 후, 입양된 백인집안에서 자랐다는 그녀는 운명처럼 한 애보리진 남자를 만나 동거를 하고 아이를 다섯이나 낳았다. 그러나 그녀의 업보일까? 계속되는 남편의 구타와 학대, 그리고 출분! 마침내 그녀는 어린 나이에 줄줄이 아이들을 거느린 가장이 되어야 했다.

간혹 친절한 양부모의 도움을 받았다지만 나이에 걸맞지 않게 -그녀의 나이는 이제 겨우 36세, 그러나 20세의 큰 딸은 독립해 직장에 다닌다고 했다.- 주름투성이가 되어버린 그녀의 얼굴에서 지난 세월의 모진 풍파를 읽을 수 있었다. 자연히 남은 것은 세상에 대한 원망과 강렬한 생의 의지뿐, 미국의 흑백갈등에 못지않은 호주사회의 어두운 상처를 그녀를 통해 볼 수 있었다. 호주의 가옥은 방한장치가 안 돼 겨울이 춥다고 했더니 "당신의 아내를 꼭 껴안고 자면 될텐데 무슨 문제냐"며 쓸쓸히 웃던 그녀의 얼굴이 뇌리에서 지워지지 않는다. 애들레이드 역에서 하차하면서 아직도 2박3일을 더 시달려야 하는 그녀에게 내가 해줄 수 있는 말은 "You must be happy!" 이 한 마디뿐이었다.

　호주에 와서 많은 사람을 만나고 많은 풍물을 접했다. 애들레이드에 온 첫날 자동차 타이어가 펑크나 쩔쩔매고 있을 때 구세주처럼 나타나 도와주던 칠순의 그리스 이민 콘 노인, 존 포스터 교수의 홀스갭 산장에 초대받아 사흘을 잤을 때 아침이면 우거진 숲을 헤치고 나타나 창문 속의 우리를 바라보던 캥거루 모자, 그리고 시드니의 올림픽 스타디움에서 벌어진 NRL(호주프로럭비리그) 결승전을 보러 갔을 때 홈팀인 "시드니 루스터스"를 누르고 "브리즈베인 브롱코스"가 우승하자, 몇 달 전 유방암으로 죽은 아내 대신 올망졸망한 세 아들과 함께 우승컵을 받쳐들어 온 관중을 울리던 팀의 주장선수, 이 모든 기억들과 더불어 "인디언퍼시픽"에서 만난 여인은 나의 호주 홈페이지에서 영원히 지워지지 않을 것이다.

　잠시 상념에 잠긴 사이 열차는 종착지 그레이마우스(Greymouth) 역으로 들어서고 있었다. 1시간 후 다시 크라이스트처치로 되돌아가는 열차시간에 맞추랴 부랴부랴 둘러본 그레이마우스는 문자 그대로 그레이(grey) 그 자체였다. 황토색 바닷물이 무정하게 출렁거리는 제티(Jetty, 방파제)엔 철 이른 서핑에 넋이 빠진 소년과 그 위를 동반비행하는 갈매기가 외로운 앙상블을 이루고 있었다. 왔던 길을 역행하는 귀로의 차창 풍경은 모두들에게 심드렁한가 보다. 대부분의 승객은 꿈길을 헤매고 있다. 기차가 크라이스트처치 역에 도착했을 때, 밖은 이미 어두워져 있었다. 대기 중인 셔틀버스에 몸을 싣고 곧장 숙소로 돌아왔다. 어제의 생비디오 커플 대신 새로운 룸메이트가 와 있었다. 오사까와 교오또에서 왔다는 두 일본 젊은이는 남섬의 퀸즈타운 YH에서 처음 만나 그 이후 동행이 되었단다.

학교 졸업 후 직장을 다니다 다른 세계의 체험을 하고 싶어 홀연히 사표를 내고 워킹홀리데이 비자로 뉴질랜드를 찾았다는 이들은 500불(한화 약 25만원) 주고 산 17년짜리 중고차로 6시간 거리의 더니든까지 자가운전해 갈거라며 기염을 토한다. 그러면서 내일은 집(애들레이드)으로 돌아가야 한다는 내게 아무리 시간이 없더라도 퀸즈타운은 꼭 가보고 가란다. 밤새 뒤척이며 고민하다 그들의 충고를 따르기로 했다.

이튿날 아침 숙소 인근의 해글리 공원을 한 바퀴 돌고는 곧장 콴타스 항공의 사무실을 찾았다. 할인항공권이어서 환불과 일정변경이 불가능하다는 애들레이드 여행사 직원의 말이 못내 걸렸지만, 비수기이니 무슨 방도가 있을 것으로 생각했다. 호주로의 귀국편을 이틀 간 늦추고 싶다는 내 말에 항공사 직원은 "당신의 할인티켓은 원래 일정변경이 불가능하지만, 변경 수수료를 내면 그렇게 해 주겠다" 한다. 그러면서 94불(한화 약 4만7천원)의 수수료를 제시한다. 잠시 망설이는 동안, 내 결정을 기다리던 그들이 더 초조해 보였다. 94불 때문에 평생의 회한을 남기긴 싫었다. 수락의 의사를 보내자 긴장하고 있던 그들의 표정이 밝아지며 탁월한 선택이란다. 이제 4박5일의 여정은 6박7일로 바뀐 셈이다.

이날은 크라이스트처치 전일관광에 소비하기로 했다. 동화의 도시 크라이스트처치를 무료순환버스를 타고 한 바퀴 돈 다음 대성당광장(Cathedral Square)의 관광안내소에 들렀다. 뉴질랜드의 상징적 동물인 키위새를 보러 월로우뱅크(Willowbank) 야생공원을 가련다고 했더니 거기는 야외라, 택시나 유료셔틀버스를 이용해야 한다면서 원한다면 셔틀버스와 입장료를 합해 27불의 할인티켓을 발급해 주겠다기에 응락했다. 그러나 셔틀버스의 도착시간을 30분여나 넘겨도 올 기미가 보이지 않는다. 데스크에 가서 영수증과 시간표를 보여주고 따졌더니 미안하다며 좀 더 기다려보란다. 그때 창밖으로 곤돌라 터미널행 무료셔틀버스가 정차해 있는 것이 보였다. 전광석화처럼 머리가 돌아간다. 계획을 바꾸기로 했다. 얼른 티켓을 무르고 곤돌라를 타기 위해 셔틀에 몸을 실었다. 곤돌라가 도착한 마운트 캐벤티시(Mt. Cavendish)의 정상에서 내려다보는 한낮의 크라이스트처치는 더할 수 없이 고혹적이다. 샌프란시스코에서 왔다는 옆자리의 흑인 할머니는 "원더풀"을 연발하며 카메라 셔터를 누르기에 여념이 없다.

　이튿날 아침은 새벽부터 세찬 비바람이 조용한 동화의 도시를 맹타하고 있었다. 새벽버스 시간에 맞춰 숙소에서 5분 거리인 터미널을 찾아가는 발걸음이 몹시 고달프다. 기어코 호주에서 산 중국산 우산대가 강풍에 휘어지고 말았다. 다시 한번 뉴질랜드 바람의 괴력을 실감했다. 종내는 우산이 문제가 아니라 차도로 휩쓸려 가는 내 자신의 몸을 추스리기도 힘든 지경이다. 흠뻑 젖은 생쥐 꼴로 급하게 퀸즈타운행 버스에 몸을 실었다. 궂었던 날씨는 개척시대의 양 도둑 이름에서 유래된 드넓은 매켄지 컨트리(Mackenzie Country)를 지나면서 쾌청해진다. 크라이스트처치에서 퀸즈타운까지의 7시간 30분 여정 중 꼭 중간지점인 데카포(Tekapo) 호수에 차가 멎었다. 이곳에서 점심식사 겸 40분간의 휴식을 취할 예정이다. 버스정류장에 접해 있는 카페에 앉아 창가로 고개를 돌리니 데카포 호수의 그림 같은 정경이 숨을 멎게 한다. 식사를 기다리며 창가에 앉은 승객들이 전부 넋을 잃은 표정이다.

　마운트 쿡의 만년설에 둘러싸인 밀키블루의 호수물빛이 만인의 애간장을 녹인다. "어느 것이 하늘빛이고 어느 것이 물빛이냐"던 어느 청량음료의 선전문구가 연상되는 신비의 물빛은 빙하에서 흘러나온 물에 주변의 암석성분이 녹아들어 이뤄진 것이란다. 휴식을 마치고 발차하는 차에 오르니 운전기사가 맞은 편의 버스를 가리키며 갈아타야 한단다. 휴식시간에 이미 짐칸의 짐들은 옮겨 실었으니 버스에 소지하고 있던 물건들만 옮겨 가란다. 알고 본 즉, 아침 일찍 크라이스트처치와 퀸즈타운에서 동시에 출발한 2대의 버스가 중간지점인 데카포에서 만나 서로의 승객을 환승시킨 후, 다시 원래의 출발지로 되돌아오는 시스템이었다. 멍청하게 크라이스트처치에서 타고온 버스를 그대로 탔다면 다시 제자리로 돌아갈 뻔했다. 그러니까 2명의 기사(얼핏 보아 육순을 넘긴 듯한)는 각각 저마다의 전공영역을 확실히 관장하고 있는 셈이다. 넓은 관광코스를 합리적으로 관리하는 이네들의 이채로운 시스템이 퍽 흥미로웠다.

　바뀐 기사의 또 다른 버스로 이어지는 후반부의 여정은 데카포 호수의 감동을 이어가기에 족했다. 데카포 호수의 물빛을 그대로 빼닮은 크고 작은 호수들이 장엄한 마운트 쿡을 배경으로 요염을 뽐낸다 싶더니 온통 백설로 뒤덮인 뾰족뾰족한 바위산이 그림 속의 촌락들과 함께 시야에 들어오기 시작한다. 퀸즈타운이다! 바다같은 와카티푸(Wakatipu)호수에 우아한 자태로 서있는 호수의 귀부인 언슬로우호(관광용 증기선)가 우리를 맞아준다. 백설로 둘러싸인 은빛 도시 퀸즈타운은 곳곳에 번지점프와 래프팅, 그리고 제트보우트 타기 등의 어드벤쳐 투어 접수창구가 도사리고 있는 레저스포츠의 도시이기도 했다. 와카티푸 호수의 출렁거리는 파도소리가 귓전에 들리는 퀸즈타운 YH는 이제껏 접해 본 여느 도시의 YH를 상회하는 훌륭한 시설의 대규모호스텔이었다. 도미트리도 아예 8인1실이다.

 사람 수가 많아 조금 불편한 듯 했으나 깨끗한 실내와 방 안에서 호수가 내려다 보이는 최상의 입지조건이 그를 충분히 커버하고도 남는다. 크라이스트처치에서부터 같은 차를 타고온 3명의 영국인과 輔仁大學 經營科를 졸업하고 직장생활 직전의 자유를 구가하기 위해 여행에 나섰다는 귀공자 타입의 대만청년, 그리고 나 이렇게 동서양의 5인이 같은 방을 쓰게 되었다.

 내일은 호주로 돌아가는 하는 나는 시간이 없다. 데스크에 물어보니 오늘은 언슬로우호의 정비일이라 오후 항해가 없단다. 증기선을 타고 와카티푸호수의 낭만을 즐겨보려는 꿈은 물거품이 되었다. 바다보다 더한 감동으로 전해 오는 와카티푸호수의 거센 파도를 끼고 온통 은빛 자태로 유혹하는 퀸즈타운의 시가를 소요하는 기분을 구름 위에서 솜사탕 먹는 심정에 비유할 수 있을까? 은빛 도시의 최면에 취해 걷다 보니 어느덧 곤돌라터미널이다. 퀸즈타운의 명물 곤돌라를 타고 눈 아래 펼쳐진 백설의 운치를 만끽하지 않은 사람은 퀸즈타운을 본 것이 아니라 다만 다녀간 것이라 했던가? 과연 곤돌라의 상승도에 따라 변하는 퀸즈타운의 백색 자화상은 통곡과 경악 그 뿐! 달리 표현할 길이 없다. 곤돌라가 선 봅스 힐(Bob's Hill) 산장의 전망대 식당에선 한국인 단체여행객들이 고가의 저녁식사를 즐기고 있었다. 식은 커피 한 잔을 앞에 두고 나는 "내 몫까지 먹어 주오!"를 되뇌었다.

정상에서 내려다보이는 와카티푸호수의 전모는 상상을 초월할 정도로 거대했다. 이윽고 퀸즈타운 시가에 어둠이 깔리고 백설에 반사되는 상가의 조명이 고혹적인 야경을 연출할 즈음, 산장의 나그네들은 하나 둘 씩 하강하는 곤돌라에 몸을 싣기 시작한다. 뉴질랜드의 마지막 밤은 그렇게 저물고 있었다.
　드디어 호주로 돌아가는 날 아침이다. YH 앞까지 크라이스트처치행 버스가 픽업하러 왔다. 버스의 첫 번 째 승객인 내가 오르자 기사가 반갑게 아는 체한다. 데카포에서부터 운전해왔던 어제의 그 기사다. 한결 마음이 편안해진다. 역시 어제의 코스를 역주행해 데카포에서 어제의 그 버스와 도킹! 또 다시 한 떼의 승객들은 牧者를 바꾼 양의 신세가 된다. 크라이스트처치 전공(?)의 어제 그 기사에게 시내 진입 전 공항에 들러줄 것을 당부했더니 염려말란다. 크라이스트처치 시내로 들어갔다 다시 공항으로 나오려면 시간적 경제적 손실을 무릅써야 한다. 크라이스트처치 공항에선 나말고도 4명의 승객이 더 내렸다. 국제선 터미널의 위치를 상세히 2번씩이나 일러주는 노기사의 정성이 찡하게 가슴에 와 닿는다.
　탑승수속을 마치고도 넉넉히 시간이 남아, 남은 뉴질랜드 통화로 애들 줄 쵸콜릿이며 선물 몇 가지를 샀다. "요 녀석들 며칠간은 말 잘 듣겠지!" 아이들 얼굴을 머리 속에 그리며 미소를 지어본다. 크라이스트처치에서 멜버른까지의 3시간 반 비행이 왜 이다지도 지겨운지 ……. 마침내 야라강이 구비치는 멜버른 시내가 눈 앞에 들어오고 비행기는 사뿐히 착륙하였다. 나는 다시 국내선 대합실로 옮겨 애들레이드행 비행기를 타야 한다. 그러나 문제의 비행기에 이상이 생겨 출발이 45분 지연된다는 안내방송이다. 애들레이드의 집에 전화를 거니 "아빠! 오늘은 13일의 금요일이니 조심하세요"하는 아들녀석의 걱정스런 음성이 알알이 정겹다. 얼마 전 시드니 올림픽 구경을 마치고 귀국하던 영국 처녀 엠마(Emma)양이 런던의 히드로공항에 도착 직후 숨진 사건이 있었다. 호주의 전언론은 이를 "2등석 증후군(Economy Class Syndrome)"이라 하여 대서특필했었다. 즉 다리를 제대로 펴지 못하는 2등석 승객이 장시간의 항공여행에서 기인한 혈액응고로 숨졌다는 것이다. 이 뉴스를 알고 있는 아들녀석의 아빠를 걱정하는 마음이 그렇게 대견할 수가 없다.

그러나 잠시의 기우를 일축하듯 이륙 1시간 후 비행기는 애들레이드 공항에 가뿐히 착륙했고 난 무사히 집으로 돌아왔다. 택시에서 내려 집으로 들어서니 무심히 집 떠난 가장을 반기는 가족의 정이 짜릿하게 가슴에 전해온다. 이번 주말엔 모처럼 아내의 손을 잡고 런들스트리트(Rundle Street)를 거닐어 봐야겠다. 카푸치노 향이 코를 찌를 게다.

(『갈 곳은 많고 돈은 없다 1』, 북치는 마을, 2006, 218-253쪽)

4. 중앙아시아의 평원에서 ; 카자흐스탄·몽골·우즈베케스탄

1) 백야의 알마타

서울까지의 50분 비행을 마치 50시간 만큼이나 지루하게 느끼며, 김포 국제선 청사에 도착했을 때, 초조함과 다급함에 내 숨은 턱에 차 있었다. 비행기 출발 30분전, 그것도 국제선에서……. 그러나 카자흐스탄행 항공권 발권을 대행하는 여행사 직원은 뭐 그리 서두르냐며 무덤덤한 표정으로 티켓을 건네주었다. 결국 점심도 걸른 채, 비행기 출발 시간에 가까스로 맞춰 탑승을 완료했지만 곧 이상한 점들을 발견할 수 있었다. 하기는, 우리 스튜어디스와는 비교되는 육중한 엉덩이의 카자흐스탄 여승무원에게 티켓을 보이며 좌석 안내를 부탁하자, 귀찮은 듯 빈 좌석들을 손짓하며 아무데나 앉으란 시늉을 할 때부터가 뭔가 예사롭지는 않았었다. 오후 2시에 출발하기로 돼있었던 카자흐스탄 항공의 보잉747 점보 전세기(원래는 이 나라 대통령전용기이나 외화획득을 위해 잠시 용도변경된)는 3시가 되어서도 꿈쩍을 하지 않았고 3시 30분이 되어서야 날개 쪽에 유조차 몇 대가 들이닥치더니 소란스럽게 급유를 하는 광경이 보였다.

　더욱 가관인 것은 시골 완행버스처럼 수시로 비행기 승강구 문을 노크하는 사람들이 있었고 그럴 때면 스튜어디스가 태연히 문을 열어젖히고 제대로 시간을 맞춰 오는(?) 숙달된 손님들을 맞이하는 것이었다. 그렇게 지각탑승한 사람들은 대부분 우리나라와 카자흐스탄을 오가며 "보따리장사"를 하는 카자흐인들로 보였는데, 그들은 먼저 와서 초조히 앉아있는 우리들을 묘한 표정으로 힐끗 쳐다보고는 빈 자리가 연이어진 곳을 찾아 다리를 길게 뻗고는 취침자세로 누워버리곤 했다. 아이구! 이럴 줄 알았으면 느긋하게 점심이나 먹고 탑승하는건데! 행여 비행기를 놓칠세라 꼭두새벽 대구의 집을 나와 천신만고 끝에 애태우며 여기까지 온 것을 생각하니 은근히 부아가 치밀어 올랐다. 한편으론 오늘 중으로 출발은 하려나 애태우며 연신 사방을 두리번거리고 시계를 들여다보고 있는데 옆 좌석의 노친네 두 분이 말을 걸어왔다.

"저 혹시 크즐오다 학회 가는 분 아니세요?"

"예, 그렇습니다만, 그럼 선생님들께서도……"

몇 마디 대화가 오가고 나서야 나는 이들이 바로 '장소변경을 의미 깊어하는 원로교수님들' 중의 일부란 사실을 짐작할 수 있었다. 그러나 이들과 깊은 대화를 나눠갈수록 나는 내 생각이 틀렸음을 곧 깨달을 수 있었다. 이들 역시 장소변경을 개운치 않아 할 뿐 아니라, 항공기 탑승 절차를 비롯한 학회의 전반적 행사진행에 의문과 불만을 품고 있었기 때문이다. 부산대의 김모, 원광대의 한모, 이들 두분 남녀 노교수님들은 저으기 불안해하면서 혹시 카자흐스탄에서 국제미아가 되는게 아니냐는 우려를 씻지 못하고 있었다. 우리의 불안이 극에 달해 있던 오후 5시께 드디어 비행기가 이륙했고, 그 6시간 후 우리는 백야의 여름 그림자가 기울기 시작한 카자흐스탄의 수도 알마타 국제공항에 도착했다.

국제공항의 출입국청사가 어릴 때 놀았던 시골 외가의 정미소같다는 생각을 하면서 공항을 나서자, 행사진행이 매끄럽지 못해 죄송하다는 장광설을 늘어놓으며 학회의 사무총장(카작국립대 P 교수)이 쑥스럽게 우리를 맞는다. 국제미아는 면했다는 안도감에 서로를 쳐다보는 우리 일행은 그 사이 여섯으로 불어나 있었는데, 출입국 수속 과정에서 세 사람의 동지(B대 최모 교수, K대 박모 교수, S대 홍모 교수)를 더 확인할 수 있었던 것이다. 현지 여행사에서 마련한 미니버스를 타고 숙소로 가는 도중, 시야에 들어온 알마타 시가의 어스름한 저녁 전경은 차분하면서도 음산하다고나 할까, 가로등 없이 어두운 길거리가 더욱 그런 분위기를 돋우었다. 어둡고 음산한 교차로 모퉁이에 멍청히 서 있는 "대우"의 영문 입간판이 왜 그리도 처량해 보였던지? 남루한 행색의 카자흐 여인이 장미꽃 다발을 들고 뭐라고 지 껄이며 우리 소매를 붙잡던 호텔 현관에 도착했을 땐, 백야의 시계는 밤 10시를 넘어서고 있었다.

 2) 중앙아시아에서 만난 사람

 한국에서 부도내고 이곳에 진출했다는 "털보 체인"의 한국식당에서 늦은 저녁식사를 마치고 박춘식 교수와 난 같은 객실에 들었다. 한국현대시를 전공한다는 그는 방학 때마다 수동식 카메라를 메고 단신으로 세계 곳곳을 여행하는 보기 드문 로맨티스트였다. 말하는 표정과 뉘앙스로 보아 그도 학회장소가 변경된 후, 참가여부를 놓고 적잖은 고민을 한 것 같았다. 꿈결에 들기는 그의 여행담을 뒤로 알마타의 첫 밤이 깊어가고 있었다.
 다음날은 현지에서 합류한 외국학자들과 함께 알마타 시내관광에 나섰다. 장엄한 천산산맥의 정기를 가슴으로 느끼게 해 주었던 메데오 유원지, 가두에서 비위생적으로 구워 팔지만 은근히 구미를 돋구던 회교식 양고기구이 "쉐스릭", 때가 낀 시커먼 왼 손으로 구걸을 하면서 오른 손으론 재빨리 내 입에 물고 있던 아이스크림을 뺏아가 버리던 맨발의 아제르바이잔계 거지 소녀, 중앙아시아식으로 개량된 김치와 천산산맥의 꿀이 인상적이었던 고려인재래시장, 달러거래 초기의 위폐사건으로 인해 발행일이 오래된(주로 90년 이전) 달러화는 유통되지 않는 기가 막힌 금전관행, 이 모든 것들이 중앙아시아의 새로운 풍물로 우리에게 성큼 다가왔다. 낮에 본 알마타 시가는 어젯밤과는 구별되는 색다른 활기가 넘치고 있었다.

그리고 다음날 우리는 어저께의 그 알마타 공항에서 크즐오다로 가는 국내선에 탑승했다. 30인승의 쌍발 프로펠러기는 때론 시동이 꺼진 채 구름에 두둥실 떠가는 듯하다가 다시 엔진소리가 들리곤 했다. 앞자리의 필립정 교수가 "어때요? 구름 위에 떠가는 기분이? 엔진이 꺼져도 고공에서 자체양력으로 떠다닐 수 있다는게 바로 요런 소형항공기만의 묘미죠!"며 태연스레 말을 걸어 왔을 때 "뭐- 뭐라고요?" 옆자리의 최미정 교수가 기겁을 하는 통에 같이 사색이 된 난 그래도 남자 체면을 지키려 태연을 가장했지만 가슴 속에 엄습하는 불안과 공포는 어찌할 수 없었다. 잠시 어제의 즐겁고 흐뭇했던 기억이 다시 잿빛 안개가 되어 뇌리에 번지기 시작했다. 대구에서 서울을 거쳐 카자흐에 오기까지 몇 번이나 괜히 왔다는 후회와 그래도 오길 잘했다는 자위가 팽팽히 새로운 평계의 무덤을 만들어 나가는 와중에도, 종국에는 현상의 실존에 머물 수밖에 없었던 나는 알마타에서의 극적인 해프닝을 다시 떠올리며 자위의 평계에 안주하기 시작했다.

알마타에서 한나절 우리의 가이드를 맡았던 샤샤는 호리하고 갸날픈 몸매의 카작인 청년으로, 카작국립대학교 한국어과의 4학년 학생이었다. 몸이 약해 군징집도 면제되었다는 그는 여윈 뺨에 우수에 젖은 눈동자가 인상적인 미남이었다. 카작국립박물관에서 우리 일행이 궁금한 걸 물을라치면 몇 마디도 버티지 못하고 얼굴을 붉히며 어둔한 우리말로 "모릅니다."를 연발하던 그의 표정에 오히려 물은 사람이 더 미안해하던 장면이 생각난다. 택시가 있기는 하다지만 알마타 거리에서 택시를 발견하기란 그야말로 하늘에 별 따기여서 지나가는 아무런 차나 손을 들어 타면 그게 바로 택시였는데, 우리 일행이 메데오 유원지까지 이용한 것도 바로 이런류의 차량이었다. 한여름에도 잔설의 자태가 고혹적인 천산산맥의 울창한 자작숲 위로 까마귀 떼가 저공비행을 하던 메데오의 빙상경기장(구소련 시절 우리의 배기태 선수가 국제대회에서 입상한 곳이기도 했고, 가수 구창모가 국제가요제에서 그랑프리를 차지하기도 했다는 바로 그곳)은 그대로 한 폭의 담채화였다. 때 마침 예식을 마친 신혼부부가 이 산림을 배경으로 포즈를 취하고 하객들은 쉐스릭 고기 파티의 흥에 겨워하던 모습을 동공에 담을 수 있었던 것은 우리 일행에겐 다시없는 행운이었다.

그런 메데오의 풍취에 잔뜩 취해 있던 나는 그만 돌아오던 차안에 카메라를 놓고 내리고 말았다. 웬지 어깨가 허전함을 느낀 것은 알마타 중심가의 러시아 정교 사원 앞에서 산책 나온 이곳 사람들과 함께 휴식을 취하고 있을 때였다. 이미 20여분이 지나 있었고, 겉으론 어떻게 방법이 있을거라며 위로를 했지만 귀찮고 성가시다는 인상이 역력했던 일행의 표정이 마음에 걸려 난 분실물에 대한 미련을 포기하기로 했다. 잠시 동안의 알마타에서의 흥분이 다시 괜히 왔다는 회한의 포말이 되어 깊은 나락 속으로 빠져드는 순간이었다.

그러나 그 순간 샤샤가 나서더니 내가 탄 차량의 번호를 외워 두었다며 같이 가 보자는 것이었다. 일행의 스케줄을 망쳐버린 죄책감을 가슴에 안고, 찌푸라기를 잡는 심정으로 난 샤샤를 따라 나섰다. 우선 샤샤는 원래의 탑승지인 메데오 유원지 안 자작나무 그늘로 나를 데리고 갔다. 거기에서 호객행위를 하다 낮잠이 들어버린 우리 차의 동료 기사 둘을 깨우더니 카작어로 몇 마디 심각한 대화를 나누었는데 그 순간이 나에겐 카자흐스탄 방문 중 가장 길고 초조한 시간이었다. 뭔가 단서를 잡은 듯한 표정으로 돌아온 그는 문제의 그 기사는 지금 쯤 그의 집에서 점심 식사를 하고 있을 것이며 그의 집은 바로 이 유원지 안쪽 부락이라는 정보를 낚아냈다는 것이었다. 그러면서 이제 바로 그의 집으로 찾아가면 카메라를 찾을 수 있을테니 염려말라는 것이었다.

샤샤의 말에 저으기 안도가 되었지만, "남대문 김서방 찾기"식의 탐문수사가 과연 성공할 수 있을지 아직도 일말의 불안감을 감출 수 없었다. 그러나 십여 분 후, 나는 점심 식사를 하다 말고 반갑게 달려나온 기사로부터 카메라를 건네 받을 수 있었다. 고마운 마음에 포켓에 손이 가는 나를 눈짓으로 만류하던 샤샤는 그 기사와 헤어진 후, 자신에게의 사례도 한사코 사양하는 것이었다. 손을 내저으며, 달러 몇 푼으로 위무하려는 나의 값싼 보상심리를 부끄럽게 하던 샤샤의 밝은 미소가 내내 뇌리를 떠나지 않았다. 다소 불편한 문명에 살고 있더라도 마음만은 한없이 넉넉했던 중앙 아시아인의 훈훈한 인심이 신기루처럼 내 가슴에 와 닿았다. 가시적 풍물에 접안하기보다 인정을 느끼고 같이 호흡하는 것이 참 여행이란 결론에 이르자, 정말 오기를 잘했다는 생각이 또 다시 간사하게 고개를 쳐들었다. 이런 잡념에 사로잡혀 있는 사이, 공중에서 몇 번이나 부침을 거듭하던 소련제의 구식 프로펠러기는 마침내 삭막한 박토의 땅 크즐오다에 착륙하고 있었다.

3) 시루다리아강의 달빛

1937년, 스탈린의 소수민족 소개(疏開)정책에 따라 극동(이곳에선 원동이란 표현을 주로 썼다.)에서 이곳 중앙아시아로 강제 이주된 고려인들의 피와 땀의 역사가, 저무는 시루다리아江(카자흐스탄의 내륙 중심을 동서로 관통하는 중앙아시아의 젖줄)의 달빛 아래 은은한 울림으로 우리 가슴에 전해져 왔다. 조국과 생활근거지를 송두리채 앗기고 방황하는 와중에도 굳건히 우리 문화의 중심축 노릇을 해냈던 고려인극장 터를 보면서, 숱한 중앙아시아 내 소수민족(약 125개 민족으로 추산.) 중 민족고유극장을 가진 민족은 독일인과 더불어 고려인 뿐이란 사실에 새삼 감개무량해짐을 느꼈다. 소비에트 시절 고려인들이 블라디보스톡에 설립했던 '해삼위 사범대학'의 후신인 '크즐오다사범대학'(학회개최 장소이기도 했다.)엔 이날이 마침 입시발표일이라 많은 방문객들로 북적댔다. 고려인들의 교육열은 이곳에서도 예외가 아니어서 이 지역 유일의 학부인 이 대학에 매년 많은 합격생을 내고 있을 뿐 아니라, 이 대학의 교수, 직원을 비롯한 상당수의 인사가 지역의 지도층으로 활약하고 있다고 했다.

비록 우리나라의 50~60년대 시골시장을 연상케 하는 초라한 좌판식 차림이었지만, "카레이스키"란 말에 반갑게 먹거리를 권하던, 고려인 할머니의 움푹 파인 세월의 잔주름이 인상적이었던 고려인 재래시장, 이곳에선 잠시 고향에 온듯한 안온함을 맛보기도 했다. 그리고 일제하 무장항일 독립투쟁의 신화적 인물 홍범도 장군, 그가 잠들어 있는 크즐오다 교외의 초라한 공동묘지에 우리 일행이 도열해 선 때는 마지막 광채를 발하는 태양이 달빛의 기운에 밀려나지 않으려 힘겹게 발버둥치던 황혼 무렵이었다. 고려인 동포들의 모금으로 묘지 옆에 자리잡게 되었다는 홍장군 동상의 철린(鐵鱗)이 저무는 햇살에 반사되어 우리의 가슴을 아프게 찔러 왔다.

"이 놈들, 내가 여기 누워 있는 동안 너희들은 숙소 타령, 차 타령했냐?"

지하에서 홍장군의 호령이 들리는 듯했다. 순간, 박인환의 시 〈한 줄기 눈물도 없이〉의 첫 구절이 떠올랐다.

음산한 잡초가 무성한 들판에
용사가 누워 있었다.
구름 속에 장미가 피고
비둘기는 야전병원 지붕 위에서 울었다.

그래, 이곳 고려인들이 망향의 한을 되씹으며 온갖 박해에도 굴하지 않고 그들의 정체성을 꿋꿋이 지켜오는 동안 우리는 도대체 뭘 했단 말인가? 조금 전까지 갖은 투정을 해대던 나 자신이 한 없이 부끄러워졌다. 이들이 실향의 상처를 감싸 안고 중앙아시아의 황량한 벌판에 쓰러져 있던 그 숱한 세월의 구름 속에서, 우리는 각기 나만의 장미를 꽃피우고 완상(玩賞)해 오지 않았던가! 잠시나마 60년대식 생활환경에서 90년대를 살아가던 그들을 비웃었던 나의 정신환경은 이들의 투철한 민족혼과 강인한 생활력에 비할 바 아니었다. 해골의 물을 마신 뒤, "부처는 내 마음 속에 있다"며 당나라 유학을 포기했던 원효대사처럼 이제 껍데기에 연연하지 말고 알맹이를 제대로 보자, 고려인들의 생활상 이면에 감춰진 그들의 진정한 문화와 끈질긴 고뇌의 뿌리를 캐내자. 다시금 내 카메라를 찾아 주던 샤샤의 해맑은 미소가 중앙아시아의 평원 위에 오버랩되었다. 가시적 잣대 위에 해외여행의 부푼 설레임으로 가득 찼던 나의 오욕스런 나침반이 제 방향을 잡고 있었다.

 국시(국수의 이곳 발음)를 즐겨 먹고 아리랑을 합창하며, 제사음식을 갈라 먹던 고려인들의 웅혼한 숨결이 귓가에 조금씩 들려오기 시작했다. 그들의 환대 속에 3일간의 학회일정을 무사히 마치고 알마타로 돌아가는 날, 초라한 크즐오다 공항의 대합실엔 고려인들이 삼삼오오 몰려들기 시작했다. 어디서 구했는지 자기네들도 먹기 힘든 수박과 멜론(이 곳의 수박과 멜론은 독특한 맛이 있었다.)을 가져와 손수 깎고선 우리 입에 넣어주는 사람, 우리 일행의 짐을 대신 들고 탑승구까지 따라 오는 사람, 수하물의 무게를 속였다며 능숙한 노어로 공항직원을 나무라는 사람, 언제 또 보겠느냐며 눈시울을 붉히는 사람, 이들과 작별하면서 다시 한번 뜨거운 동포애가 용솟음쳐 올랐다.

 알마타로 돌아오는 여객기 안에서, 처음 하는 항공여행에 속이 몹시 거북하다던 옆 좌석의 카자흐인이 끝내 구토물을 쏟아내기 시작했다. 그러나 비린내나는 옆 자리에 앉아 오면서도, 내내 가슴 속엔 시루다리아강의 달빛이 고적한 파동으로 여울지고 있었다.

4) 몽골의 대초원에서

 울란바토르 상공에서 내려다 본 1997년 여름, 몽골의 대초원은 廣大無比! 바로 그것이었다. 구멍만 여기 저기 몇 군데 뚫어 놓으면 바로 천연 골프장으로 활용할 수 있을 것 같은 대초원의 광활함에 탄성이 절로 나온다. 공항은 인적이 없는 초원 한 가운데 덩그러니 홀로 자리하고 있었다. 구 소련 지역보다는 출입국 관리가 훨씬 수월한 편이다. 시내로 들어오는 길 주변은 황량한 벌판의 연속이다. 가끔 양철 대문과 울타리 사이로 초라한 세간과 몽골 전통가옥인 겔이 산발적으로 보일 뿐 행인의 모습은 전무하다. 차창 밖 초원 저 너머로 검은 점 둘이 희미하게 움직인다 싶어 자세히 보니 말을 탄 두 사나이가 '황야'를 질주 중이다. 그야말로 점점이 부서지는 파편이 끝 없이 펼쳐진 대평원 위에 묘한 靜中動의 조화를 이루고 있다. 가수 남진의 히트송 "저 푸른 초원 위에 ~" 노래를 절로 부르고 싶은 감흥이 인다. 이 대평원을 보지 않고서 그 노래를 부르는 건 실례도 이만 저만 실례가 아닐 게다.

마중 나온 울란바토르대학 여모 학장의 얼굴엔 몽골에서 재정자립도가 가장 뛰어나다는 대학을 키워온 긍지가 묻어나 있었다. 이곳 최고시설을 자랑한다는 징키스칸 호텔은 으리으리한 대리석으로 단장된 로비와 현관 뒤편의 계단분수가 퍽 인상적이었다. 방파트너인 김광주 교수와 나는 여장을 푼 후 학회참가 일행들과 함께 마이크로버스 편으로 인근지역 관광에 나섰다. 한낮의 폭염이 炸裂하는 초원을 가로질러 한참을 달리던 버스는 몽골의 전통가옥인 겔(gel)이 운집한 곳에 멈췄다. 그 옛날 세계를 호령하던 몽골군단의 전쟁시 이동용 겔들이 관광객들을 상대로 한 테마공원의 형태로 재배치되어 있었다. 그 옛날 왕이나 전시 사령관이 묵었음직한 화려한 문양의 대형 겔이 커다란 나무바퀴에 몸체를 의지하고 있는 것이 퍽 이채롭다. 이 커다란 겔을 여러 필의 말이 이끌고 다녔을 것을 상상하니 그야말로 하울의 '움직이는 성'이 따로 없다. 천막으로 된 겔 안에는 바닥의 카페트와 침상을 비롯해 말구유와 말똥받이 등의 우마용 도구와 양창자로 된 의자, 빨래걸이 등 각종 세간이 줄줄이 쌓여 있어 몽골인의 일상을 한 눈에 엿볼 수 있었다. 겔 주위에서 서성이던 행상들이 서툰 영어로 말을 걸어오며 사진을 찍으라기도 하고 갖가지 민예품을 내놓기도 한다.

1가구 전체의 월수입이 우리돈 20만원에도 채 못 미치는 가정이 대부분이라는 이들에게도 급속히 불어닥친 자본주의의 돈바람은 강렬한 위력을 지니고 있는 듯했다. 그 모습이 지극히 '몽골'스러운 여우털 가죽모자를 버스에까지 따라오며 필사적으로 들이미는 중년사내로부터 10불에 구입하였다. 나중에 귀국해 장식장에 넣어두고 보니 몽골에서의 감회가 새록새록 돋아난다.

이튿날, 학회가 열리는 몽골국립대학에 도착해 보니, 규모나 시설에서 우리가 생각하는 대학의 기준치에는 현저히 못 미친다. 마치 우리나라의 시골 초등학교 같은 분위기다. 학회가 열리는 세미나실 복도는 울퉁불퉁한 마루바닥으로 60년대 초칠을 하며 닦아대던 우리네 초등학교의 복도 낭하를 연상시킨다. 그러나 외형적 질감으로 인간을 판단하다간 큰 코를 다치는 법! 유라시아에 걸친 세계 최대의 대제국을 건설한 징키스칸의 후예로서의 대단한 자부심이 학회를 준비하는 이네들의 진지한 눈매에 그대로 묻어나 있다. 특히 구소련의 정치적 영향력에서 한 발자국도 자유로울 수 없었던 지난 반세기의 단절에도 불구하고 몇몇 몽골 학자들의 유창한 영어 실력과 부드러운 매너는 눈길을 끌기에 족했다. 점심 식사를 학교 외부의 식당에서 하고 다시 학회장으로 돌아오는 길에 소나기를 만났다. 불과 20여 분이 될까말까 한 기습강우였는데 도로는 온통 물바다이고 본네트까지 차 버린 물 때문에 시동이 꺼진 차량을 여기저기서 행인들이 밀어대고 있다. 연중 강우량이 워낙 적은 지역에다 경제사정마저 여의찮으니 하수도 시설을 제대로 하지 않은 게 분명하다. 비 온 뒤 울란바토르의 시가는 여기저기 뻗어버린 차량과 빠지지 않는 물 때문에 마치 전쟁터를 방불케 했다.

저녁엔 한국 대사관 초청의 만찬이 이곳 유일의 한국 식당에서 있었는데 일반 손님들의 대부분이 몽골인인 것이 꽤 인상적이었다. 이곳에선 고가에 속하는 한국음식을 즐기는 몽골인들은 거의가 상류계층의 인사들로, 이들은 한국음식의 오묘한 맛과 한국문화의 견인력에 깊이 경도되어 있었다. 대사를 수행하고 온 젊은 대사관 간부가 내 옆자리에 앉았다. 최 모 참사관이라고 자신을 밝힌 이 외교관은 이곳에 와서 승마의 묘미에 흠뻑 빠졌다며 長廣舌을 늘어놓았다. 저렴한 경비로 한국에선 도저히 경험할 수 없는 무한대 초고속의 스릴을 맛볼 수 있다며 '몽골식 원시 말타기'의 예찬론이 끝없이 그의 입에서 이어진다. 1시간 동안이나 말이 쉬지 않고 몽골의 광야를 달리는 바람에 떨어져 죽지 않으려 魂飛魄散했다는 그의 무용담(?)에서 타임머신을 타고 되돌아간 징키스칸 시절의 스냅이 연상되었다. 저녁식사를 마친 후 우리 일행은 몽골 전통 음악과 기예 연주회를 관람하러 갔다. 도저히 인간의 성대에서 나오는 소리라고 믿을 수 없는 중년 전통창법자의 기이한 공명의 가성 창법에 모두들 신들린 표정으로 빨려 들어갈 수밖에 없었다. 그러나 연체동물처럼 온 몸을 휘감고 비틀며 다리를 목에 감았다 머리에 감았다 하는 어린 아이의 유연성 시범에선 놀랍다는 생각보다 측은하다는 동정심이 우리 모두의 표정에 선연하다.

이튿날은 공룡박물관과 몽골 국립미술관, 몽골 정부 종합청사, 혁명광장 등 주로 울란바토르 시내의 명소를 두루 탐방하였다. 몽골에서 유일한 근대도시라는 수도 울란바토르의 모든 것이 이 일대에 집약되어 있었다. 우리가 잘 모르고 있었던 몽골의 전통민화를 비롯한 繪畵에서 생각 이상의 저력이 느껴졌는데 특히 具象畵의 역동성이 인상깊었다. 오후엔 한국인이 세운 몽골의 우수 사립대학 울란바토르대학을 방문했는데 한국의 명문사학 Y대 출신인 이 대학 설립자의 창학정신에 영향 받아서인지 대학의 심벌마크가 거의 Y대의 마크와 大同小異해 눈길을 끌게 했다. 마침 체육관에서 과외활동을 하던 학생들이 유창한 우리말로 '안녕하세요?'란 인사를 해 우리를 감동시켰는데 이처럼 해외에 우리의 얼을 선양할 수 있는 교육기관이 진출한다는 것이 물량의 수출 이상으로 소중함을 깨닫게 했다. 울란바토르대학 인근에 위치한 몽골 최대의 불교사원 '간단사원'의 대웅전 안에는 속리산 법주사 입상 부처만큼이나 큰 불상이 서 있어 우리를 啞然케 했다. 밖에서 보기엔 범상한 절의 대웅전 정도로 보이는데 그 내부에 이렇게 높은 크기의 초고층 불상이 자리하고 있다는 사실이 不可思議하기 그지없다.

　몽골 국립대학 측이 마련한 저녁 만찬은 이네들의 전통가옥인 겔 식당에서 펼쳐졌는데 음식 하나하나에 정성을 다한 노력이 엿보였다. 그러나 아무래도 양고기가 가득 들어찬 만두는 먹기에 상당히 역겨워 모두들 고생하는 표정이 역력하다. 마침 이 만찬장에서 운수업을 한다는 대구 출신의 김모사장을 만난 덕택에 몽골의 밤문화를 잠깐이나마 접할 기회를 가질 수 있었다. 울란바토르에서 가장 인기가 있다는 나이트클럽은 도심에서 꽤 벗어난 변두리의 초입에 자리하고 있었는데 음산한 가로등을 헤치고 입구에 들어서니 호객꾼인 듯한 건장한 두 청년이 우리를 아래 위로 훑어보며 경계의 눈빛을 감추지 않는다.

5) 버스에 쏟아지는 별들

능숙한 몽골어로 김사장이 입장권을 끊는데 무려 3번이나 옥신각신한 끝에 거스름돈을 제대로 받을 수 있었다. 외국인이 고단위 액면권을 냈을 경우, 거의 대부분 거스름돈을 속여서 제대로 주지 않는 못된 관행 때문에 초창기 이곳에 와서 여간 애를 먹은 게 아니라며 김사장이 고개를 절레절레 흔든다. 클럽 내부는 자욱한 담배연기와 귀를 찢는 헤비메탈 사운드 속에 사이키델릭한 조명이 더해져 가히 광란의 현장이 따로 없을 정도다. 구 소련의 영향 아래 있었던 지난 세월, 경험할 수 없었던 자본주의의 새 문화에 이곳의 젊은 청춘들은 열광하고 있었고 뒤늦게 찾은 이 환락의 순간을 조금이라도 연장하려는 듯 남녀가 마주 보고 흔들어대는 몸동작엔 형언할 수 없는 애절함이 배어 있었다.

이때 갑자기 멜랑꼬리한 음악이 흐르는가 싶더니 플로어를 꽉 메웠던 남녀들이 썰물처럼 제자리로 돌아 들어간다. 김사장 왈, 이 업소의 하이라이트인 스트립쇼 타임이란다. 막 공산주의의 티를 벗고 초보 자본주의의 걸음마를 떼기 시작한 이 나라의 스트립쇼는 어떤지 적이 궁금해졌다. 이윽고 현란하던 조명이 은은하게 대체된 후, 선글래스를 낀 무희가 플로어의 중앙에 등장하고 홈드레스 차림의 그녀가 예비동작의 맛뵈기 춤을 선보이기 시작하자 좌중은 숨막힐 듯 조용하다. 점점 음악이 격렬해진다 싶더니 육신을 덮고 있던 옷조각들이 하나씩 벗겨져 플로어에 던져지고 마침내 사타구니 위에 걸쳐진 마지막 한 닢 천조각만이 힘겹게 여인의 최후 보루를 지키는가 싶더니 이마저 벗겨지자 외마디 탄성과 함께 좌중은 완전히 흥분의 도가니다. 그러나 반경 100m 내외의 사위 밖에서 쳐다보는 기상천외의 선글래스 스트립걸에게서 그 어떤 감흥도 받을 수 없다. 그런데도 열광하는 몽골의 청춘들을 바라보며 문화의 전염에도 면역이란 게 있나보다는 생각이 얼핏 스친다.

몽골에서의 마지막날, 우리는 울란바트로 근교의 이름난 명소인 테를지를 찾았다. '몽골의 콜로라도'란 애칭으로 불린다는 이곳은 몽골에선 드물게 하천을 끼고 있어 경관도 수려하고 비교적 강수량도 풍부해 비옥한 곳으로, 구소련 시절 소련군 휴양소가 있던 곳이었다. 그런데 지금은 이를 개량해 소련군 대신 외국 관광객을 맞는 외화벌이의 전진기지로 활용하고 있었다. 울란바토르를 출발한 버스는 약 1시간 가량 대초원의 질주를 계속하더니 사위가 터진 곳의 어느 커다란 바위 앞에 멈추었다. 모양이 거북의 형상을 닮았다 하여 '거북바위'로 불리는 이 거대한 자연물에는 묘한 신비감이 깃들어 있는 듯했다. 모두들 이 바위의 기이한 형상과 영험한 신통력에 신기해 하며 바위를 배경으로 사진을 찍고 삼삼오오 주변을 거닐며 몽골의 신선한 공기를 호흡하고 있을 때 갑자기 어디선가 007가방을 든 사나이가 노란 벙거지에 선글래스 차림으로 나타났다. 가히 황야, 아니 '몽골 대초원의 스트렌져(stranger)'였다. 우리 모두는 그 사나이에게 시선이 집중될 수밖에 없었는데 007가방에서 갖가지 민예품과 그림, 몽골의 전통 장식품 등을 꺼낸 그는 유창한 영어로 우리에게 물건의 설명을 덧붙였다. '학자'풍 외모의 그 사나이는 박물장수였던 것이다. '황야의 스트렌져'가 박물장수임을 알아차린 우리는 실소를 금치 못했다.

　한 바탕 황야의 박물장수 소동을 치르고 있는 바로 그때 우리의 후방에서 悠悠自適히 한 동물이 모습을 드러냈다. 검은 색의 근엄한 뿔에 기품 가득 수염을 달고 사방을 두리번거리며 우리 뒤를 천천히 지나가는 소인지 염소인지 양인지 모를 이 동물을 우리는 어리둥절한 표정으로 지켜보기만 할 뿐이었는데 몽골을 여러 번 다녀간 적이 있던 부산대 L교수가 "야! 야크(yak)다!"라 소리치며 이 동물의 등에 올라타려는 기세로 달겨들고 있었다. 그러자 세상에서 가장 평화롭고 태만한 표정으로 초원의 풀을 뜯어가며 서행 중이던 이 동물이 그 큰 엉덩이를 흔들며 냅다 도망가는 모습에 우리는 배꼽을 쥐어잡았다. 티벳 산록에서 신성시된다는 소과의 야생 야크를 직접 본 이날의 감회를 아직껏 잊을 수 없다.

　약 2시간 여 걸려 도착한 테를지에서 우리는 허리가 불편한 몇몇 사람을 제외하곤 전원 몽골 조랑말에 올라 마을을 한 바퀴 도는 승마 트레킹을 즐길 수 있었다. 이곳 어귀에 버스가 도착했을 때 서너살에 불과한 어린 아이들이 조랑말의 귀퉁이에 매달려 쏜살처럼 지나가는 모습을 보면서 그 옛날 세계를 호령했던 몽골 기마군단의 기상을 되새겼던 나로선 몽골초원에서 꼭 한번 해보고 싶던 승마의 소원을 이루게 돼 여간 感慨無量한 게 아니었다. 특히 내가 탄 말을 앞에서 이끌고 만만치 않은 둔덕과 구릉, 야산 등을 넘나들며 근 30분에 가까운 시간을 분투(?)했던 말지기 소년의 순박한 눈망울이 더할 수 없이 인상적이었는데 소년의 가족은 아버지, 어머니 그리고 여동생을 포함해 모두 4식구로 테를지에 관광객이 몰리는 여름철은 그나마 생계가 안정적이나 손님이 없는 겨울철을 나기가 힘들다고 영어로 또박 또박 대답했다.

　모두들 나름대로 몽골초원에서의 스릴 넘치는 승마를 경험한 우리는 한껏 鼓舞되어 울란바토르행 귀환버스에 탑승해서도 그 순간의 흥분을 서로 나누느라 버스 안은 때 아닌 세미나장이 되어버렸다. 예정보다 늦게 출발한 우리의 버스가 시끌벌적한 담소의 와중에 테를지 외곽을 벗어나 울란바토르로 향하는 초원의 비포장도로로 접어들었을 때 땅거미가 지기 시작하더니 황혼에 물들어가는 초원의 금빛 수채화가 동공에 다가왔다. 그렇게 2시간 여를 달려 버스가 울란바토르로 향하는 내내, 몽골초원의 지평선과 맞닿아 있는 밤하늘의 무수한 별들이 마치 손에 잡힐 듯 버스 차창에 무더기로 쏟아지고 있었다.

6) 고선지를 찾아서

　2001년 5월 18일, 타쉬겐트로 향하는 인천발 타쉬겐트 행의 아시아나 항공기 안은 비수기임에도 불구하고 우즈벡 보따리 상인과 한국인 여행객으로 거의 만석을 이루고 있었다. 대우 마티스2의 합작 시판차 타쉬겐트로 간다는 옆자리의 대우차 직원이 처음 가는 타쉬켄트에의 설레임과 걱정으로 내게 물어왔다. "거긴 영어가 안 통하겠죠? 사람들은 친절한가요?" 나 역시 초행길이라 정답을 줄 수 없는 것이 답답했다. 그러나 7년 전 카작스탄 여행의 경험을 되살려 간접적이나마 아웃라인을 설명할 수밖에……, 즉 소련해체 후 로어와 민족어인 우즈벡어가 공용어로 주로 쓰일 것이고 영어는 일상화되지 못해 불편할 것이며, 발행연도가 오랜 달러화는 아마도 유통하기 힘들 것이며, 사람들은 순진한 편이나 공산주의의 관행 때문에 모든 일이 제대로 빠르게 돌아가지는 없을 것이며 국민 대부분이 이슬람 신자일 것이다 등의 중앙아시아 일반의 상식적 사회학을 앵무새처럼 되새김질할 수밖에 없었던 것이다.

나의 '말장난'에 잔뜩 긴장한 청년의 표정이 어둡게 변해가는 사이 비행기는 어슴푸레한 타쉬켄트 공항에 도착하고 있었다. 비행기트랩에서 내려 버스로 도착한 입국심사장은 국제공항이라기 보단 우리네 시골 마을회관이라고나 할까? 희미한 전등 아래 무질서하게 늘어선 입국행렬이 달팽이 무리의 군무를 보는 듯하다. 한 30분이나 흘렀을까? 행렬의 줄이 조금도 줄지 않는다. 답답함이 가슴 밑바닥에서부터 엄습해 온다. 그러나 현지인들과 자주 들락거리는 한국사업가들은 여유만만이다. 하지만 내 바로 뒤의 어느 한국인 사업가는 바쁜 일이 있는듯 계속 또렷한 한국말로 푸념을 늘어놓는다 "미쳐! 미쳐! 내가…, 여기만 오면 진을 다 뺀다 말이야! 아니 저기 저 젊은 놈의 새끼는 벌써 노안이 왔나! 여권을 삶아 먹나! 독서를 하나! 이리 보고 저리 보고 도장은 안 찍고 뭐하는거야! ××놈의 새끼" 이민국 직원이 행여 한국말을 알아듣는다면 큰 싸움이 날 판이다. 아니 차라리 좀 알아들었으면 싶은 심정이다. 한 사람 당 심사대 통과에 평균 30분이다. 도대체 뭘 하는지 모르겠다. 여권을 보고 또 보고… 아마도 컴퓨터 작동이 늦어 리딩이 제대로 안 되는 듯도 하고, 여느 구소련국가처럼 몸에 배인 공산주의 근성의 느릿함 때문인 듯도 하다. 이 와중에 태연히 줄에 새치기까지 하는 우즈벡 현지인들까지 짜증에 한 몫을 더한다.

제일 짧은 줄을 택했는데도 입국심사와 세관을 통과하고 홀을 빠져나오는데만 무려 3시간! 아 타쉬켄트여! 너 보기 정말 힘들구나! 입국카드 2장을 적어 한 장은 제출하고 한 장은 보관하다가 출국시 내야 한다. 가장 중요한 건 소지한 외화(달러)의 액수, 입국시 신고한 액수보다 많으면 출국이 되지 않고 압수된다. 따라서 이 부분은 정확히 기재해야 한다. 카작스탄과 똑 같다! 아마도 다른 중앙아시아 5개국이 똑 같을거다. 인터넷으로만 정을 주고받았던 장준희 선생(그는 훗날 우즈벡 대학에서 박사 학위를 취득한 후, 중앙아시아 입문서 [중앙아시아 - 대륙의 오아시스를 찾아서](2004,청아출판사)를 출간한 한국 최고의 중앙아시아 전문가이다.)이 예상보다 늦은 입국수속에 진이 빠져 기다리고 있었다. 나와는 달리 쭉 빠진 귀골상의 장신이다. 나의 5박6일 여정을 위해 고용한 고려인 자가용 기사 "샤샤"가 내 가방을 받아 트렁크에 싣는다. 첫 인상이 퍽 건실한 청년이다. 우즈벡 대통령이 출퇴근한다는 타쉬켄트에서 가장 널찍한 대로를 따라 숙소로 정한 장선생의 아파트로 가는 밤하늘의 별빛이 유난히 밝다.

7) 타쉬켄트의 여름

총각 혼자 사는 집인데도 어쩜 이렇게 깔끔하게 잘 정돈되어 있을까? 큰 키만큼이나 만사가 매끄러운 청년이군!…… 자신이 자는 큰방을 내게 내주고 노트북 있는 쪽방으로 들어가며 살뜰한 밤인사를 건네는 장선생의 뒷꼭지가 무척 다정하게 보인다. 잠자리가 바뀌면 잠을 못 이루는 습관이 있는 나이지만 "우즈베키스탄에서의 행복한 인연"에 감사하며 곧 깊은 잠에 빠져들었다. 그 옛날 고구려 망국의 한을 이곳 서역에서 되씹어야 했던 고선지의 웅혼한 기개와 안타까운 좌절을 꿈결에 느끼며……. 이튿날 아침은 우선 고려인 문화회관을 들리기로 했다. 건물공사 관계로 주위가 많이 어수선하다. 곧 있을 고려인 문화행사 준비관계로 바쁜 관계자 몇 분을 만나 반갑지만 안타까운 시간을 가졌다. 고려인 2~3세인 이들은 전혀 우리말을 못한다.

　1937년 극동 연해주 지역에 모여 살던 대다수의 고려인들이 스탈린의 소수민족 강제이주 정책에 의해 이곳 중앙아시아 일원에 疏開, 이동한 후 당국의 철저한 노어화 정책에 의해 우리말을 잃어 버렸기 때문이다. 중국이 조선족 자치주 내에서의 모든 문화적 개체성을 용인해 주는 것과는 분명히 대비되는 惡政策이다. 덕분에 중국 조선족들은 우리의 언어를 그대로 간직하고 있지 않은가! 그러면서도 한국과 중국이 축구시합을 한다면 중국을 응원할 것이라는 조선족들의 거리낌 없는 대답에서 스탈린의 강압정책보다는 중국정부의 소수민족 정책이 더 효율적임을 느끼게 된다.

　장선생의 유창한 노어 통역으로 무난히 재우즈벡 문화계 인사(고려인)들과의 만남을 마무리할 수 있었다. 동포와의 만남 그 자체는 반갑고 설레는 것이지만 숱한 세월의 단절로 언어를 잃고 사고와 문화마저도 어쩌면 이질화되어버린 듯한 상실감에 가슴이 미어져 온다. 우즈벡인의 전통식인 프롭으로 점심을 먹었다. 별식으로 나온 생선요리에서 흙냄새가 진하다. 아랄해의 오염이 극에 달했다는데 흙탕물에서 잡힌 고기 아니냐고 했더니 "원래 이래요"며 넘기는 장선생의 표정이 그냥 한 페이지 지나가자는 투이다. 여느 C.I.S(독립국가연합) 국가와 마찬가지로 현재의 우즈베키스탄도 구소련 해체 후 정체성의 혼란과 국수적 권력 집중의 과도기적 쌍곡선을 그리고 있다.

구소련 시절 대접 받지 못하던 우즈벡어가 모든 국가기관의 공식어로 지정되고, 맑스와 레닌의 동상이 있었던 자리엔 티무르 대제의 동상으로 대치되고 맑스레닌공원의 이름이 티무르공원으로 바뀌고 있다.

티무르의 옛 榮華를 통해 민족의 정체성을 확립하려는 노력이 돋보인다. 티무르가 우즈벡 정체성의 정치적 표상이라면 "나보이"는 문화적 표상이다. 옛 우즈벡의 음유시인 "나보이"의 거대한 입상이 서 있는 타쉬켄트 시의 중심부에서 옛 공산주의의 일사불란한 플랜을 읽을 수 있었다. 분수대의 위용과 잘 다듬어진 잔디밭, 호수에 떠도는 보트들, 푸른색의 돔이 인상적인 의사당 건물과 국제행사가 열린다는 테니스 코트, 모든 것이 공원의 전형적 요소들로 규격화되어 있다. 차림은 구차해 보이지만 순진한 눈매로 이방인을 훑어보는 이들의 오똑한 콧날에서 웬지 모를 정감을 느꼈다. T.V 송신탑에서 내려다 보는 타쉬켄트의 한낮은 복잡하지도 고요하지도 않은 靜中動의 모습이다. '중앙아시아의 오아시스'라더니 타쉬켄트 외곽의 황량함이 점차 시내로 접어들수록 푸르런 녹원의 모습으로 변해간다.

내일은 "조명희기념관"에서 포석 조명희의 외손자 안드레이를 만나기로 되어 있다. 한식당 "우정관"에서 저녁식사를 하면서 벌써 내일의 조우를 머리속에 그려 보았다.

8) 아! 사마르칸트!

이른 아침 숙소를 나서 야외로 빠지는 길로 치닫는 기분이 새삼스런 흥분을 동반한다. 이곳 최대의 재래시장(이름을 잊었음.) 앞엔 이른 시간인데도 숱한 차량과 인파로 뒤덮여 있어 그 규모의 거대함에 입을 다물지 못하게 한다. 타쉬겐트에서 사마르칸트까진 약 4시간 거리에 10여군데의 검문소가 있다. 일진이 나쁘면 검문경관의 횡포에 시달릴 수도 있다기에 잔뜩 긴장되어 여권을 넣은 안주머니를 몇 번이나 확인하였고 우즈벡 화폐(숨)가 가득한 바지 포켓에 자꾸만 손이 갔다. 그러나 다행이 무난히 검문소들을 잘 통과했다. 큰 구경거리를 기대한 구경꾼의 낙심 같은 것이 가슴에 밀려오는 건 웬 일일까? 인간의 마음은 이래저래 참 간사한가 보다.

과묵한 고려인 기사 '샤샤'는 한 마디의 말도 없이 그의 소련제 승용차를 몰고 또 몰아 불과 3시간 만에 사마르칸드에 도착할 수 있었다. 단 한 번의 휴식도 없이……. 대단한 발근육이다. 어쩜 액셀레이터를 그렇게 쉴 새 없이 밟을 수 있나! 얼마 전의 사마르칸트 방문 땐 무려 6시간 이상이나 걸렸단다. 장선생 말에 의하면, 다마스를 타고 갔었는데 뒤따라오는 모든 차들이 추월해 가 버려 엄청 열받았단다. 워낙 작은 폭의 차라 숱한 커브길에서 잘못 돌면 차가 전복할까봐 전전긍긍 조심운전하다 보니 초저속운행이 될 수밖에 없었단다. 그 옛날 서역대상들과 중국상인들이 오갔을 실크로드를 차를 타고 달려보는 기분은 참으로 묘했다. 포장된 고속도로라고는 하지만 요철과 굴곡이 심해 때로는 차가 아니라 말을 탄 듯한 곡예주행을 해야 했고, 도로주변을 말을 타고 외로이 달리는 전통 우즈벡 복장의 농부들을 볼 때면 타임머신을 타고 그 옛날 실크로드의 현장에 서 있는 듯한 착각이 들기도 했다.

드디어 사마르칸트 시계에 접어들었다. 나의 안계(眼界)에 황홀한 아라비아풍의 건물들이 포착되기 시작했을 때, 난 이미 {아리비안 나이트)(千一夜話)의 히어로가 되어 가고 있었다. 3세기에서 7세기 경의 사마르칸트엔 사산왕조가 번영하고 있었다. 사산왕조의 왕 셔하리아르는 부정한 왕비를 참수한 후, 숫처녀 콤플렉스에 시달린다. 그리하여 그는 숫처녀를 왕비로 맞이해 초야를 보낸 후, 그 이튿날 죽여버리는 괴벽을 갖게 되는데, 이러한 긴급상황 속에서도 대신의 딸 셰허라자드는 용감히 왕비가 될 것을 자청한다. 그리곤 첫날 밤부터 재미있는 이야기 보따리를 풀어나가 재미있는 대목에서 그치고 또 다음날 밤으로 이어지고 하기를 천하룻 밤(千一夜), 마침내 왕의 마음도 풀려 셰허라자드와 행복한 여생을 보냈다는 이 이야기의 무대가 바로 사마르칸트이다. 온갖 탑들과 사원들의 위용 속에서 알라딘의 그림자와 신밧드의 숨소리가 느껴지는 듯하다. 청아한 하늘색 돔과 섬세한 모자이크 무늬가 아로새겨진 레기스탄 광장의 건물들, 비비하님 사원, 귀르에미르(티무르의 묘)…. 그야말로 푸른 색의 낙원이다. 중앙아시아 실크로드 최대의 도시로「동방의 에덴」으로 불리던 이곳은 수많은 모스크(사원)와 미나렛(탑)들이 마치 동화 속의 나라에 들어온 듯한 착각을 일으킨다. 현재는 타쉬켄트에 이어 우즈벡 제2의 도시다.

 사마르칸트는 원래 소그드인들이 대상으로 국제무역을 하며 번영을 누리던 곳. 그러나 이 오아시스의 도시는 기마유목민들의 침입을 수없이 당했고, 특히 12세기에 이곳을 침입한 칭기즈칸은 이 도시를 철저히 파괴했다. 지금 남아 있는 건축물들은 14세기에 이곳에서 제국을 일으킨 티무르가 도시를 새로 건설하며 세운 것들이다. 징키스칸이 부수고 그의 후예인 티무르가 다시 건설하고, 역사의 아이러니를 실감케 한다. 구소련 고고학자들이 30년대부터 옛 사마르칸트의 도성이 있던 아프라시압 폐허를 발굴, BC 2~3세기경 박트리아왕국의 그리스인들이 사용하던 동전에서부터 중국 도자기에 이르기까지 다양한 유물이 쏟아져 나왔다. 아프라시압 박물관에서 본, 7세기경 소그드 아흐르만왕의 궁전 벽화에는 유럽 중국 아랍, 심지어 신라인으로 추정되는 아시아인에 이르기까지 동서양 사절단들의 모습이 그려져 있어 사마르칸트의 과거 위상을 실감케 했다. 그러나 오늘날의 사마르칸트에서 그 옛날의 영화를 되찾는 것은 요원해 보인다.

처음 들른 모스크(이슬람사원)를 둘러보고 주차장에 세워진 차에 타려는 찰나, 모스크 출구쪽에서부터 떼를 지어 따라 오던 거지의 무리들(갓난 애를 안은 부녀자와 맨발의 소녀들)에 둘러싸여 곤욕을 치뤄야 했다. 일행 중 사람 좋은 김성기씨가 아까 입장할 때 한 소녀에게 50숨인가를 줬더니 여기 저기 잠복해 있던 숱한 주변거지들까지 다 나서서 나도 달라며 집중포위를 하고 놓아주지를 않는다. 마침내 주차장 관리인 할아버지가 싸리나무를 들고 와 이들을 내쫓으며 엄호를 하고서야 겨우 차에 올라타기까진 했는데 간식으로 준비한 차 뒷시트의 해바리기씨를 보고는 그걸 달라며 맨발에 때국물이 조르르한 한 소녀가 달라붙어 떨어지지를 않는다. 아예 차문을 닫지 못하게 자신의 팔을 차문틈에 깊이 끼워 넣고는 해바라기씨에 손이 닿게 하려고 필사적 몸부림이다. 그러나 간식에 애착을 갖기는 우리 일행도 마찬가지, 오히려 그 필사적 몸부림에 소름이 끼쳐서 주기가 겁난다.

소녀와의 힘겨운 승강이 끝에 탈출을 하기까지엔 007작전을 방불케 하는 노력이 필요했다. 문을 닫지도 못하고 시동이 걸려 출발하는 차에 팔을 빼지도 않고 같이 따라붙는 소녀의 투혼에 간담이 서늘해진다. 끝내 포기하고는 그 자리에 우두커니 서서 우리를 노려보던 소녀의 원망어린 눈동자 속에 사마르칸트의 어두운 현주소가 짙게 드리워지고 있었다.

　하룻동안의 무리한 여정이었지만 무사히 사마르칸트 여행을 마치고 날이 저문 타쉬켄트로 귀환할 수 있었음에 감사했다. 고려인 콜호즈의 보신탕 식당에서 저녁을 먹었다. 탁월한 맛이다. 숙소로 돌아오는 밤 별빛에 자꾸 견공의 모습이 어른거린다. 반주로 마신 보드카의 취기가 눈꺼풀을 무겁게 한다. 꿈결에 낮에 본 거지소녀의 환영이 다시 나타난다. 빨리 이 밤이 지나갔으면…….

9) 중앙아시아로부터의 엑소더스

　로어나 우즈벡어가 아닌 영어로 된 출국 카드를 어렵사리 골라 작성하고 첫 번 째 검색대를 통과했다. 눈싸움을 하듯 옆눈으로 흘겨보던 출입국 직원의 인상이 꽤나 신경이 쓰였으나 무난히 통과! 엑스레이 검색대와 거주등록증 확인 절차를 거쳐, 우즈벡 항공 발권 데스크 앞에 줄을 섰다. 오늘(2001.5.23 수요일)은 우즈벡항공 비행기를 이용해 아시아나와 우즈벡 항공이 공동운항하는 날이다. 내 앞의 한국인이 발권담당자로부터 좌석이 없다는 통보를 받고 로어로 뭐라뭐라 항의를 한다. 그러나 막무가내로 밀려난다. 다음은 내 차례! 분명히 인천공항에서 왕복 컨폼은 물론, 어저께 우즈벡 항공에 전화로 리컨폼까지 했으니 무슨 걱정이 있으랴 자신만만하던 나도 불안해지기 시작한다. 아니나 다를까! 좌석이 없단다. 컴퓨터에 내 이름이 나타나지 않는단다. 이런 골 때리는 일이 있나! 앞이 캄캄해지며 처음엔 작은 골만 때리는 것 같더니 시간이 지날수록 큰 골까지 마구 욱신거린다.

더구나 간단한 영어인사만 제외하곤 따발총처럼 쏘아대는 그들의 로어를 전혀 알아들을 수조차 없으니, 사태해결의 통로가 막혀 버린 처지에서 불안은 극에 달할 수밖에……. 실제로 수 년전의 카작스탄 여행과 러시아 여행에서 비행기 삯을 다 내고도, 항공사가 좌석을 이중판매하는 바람에 국내선 비행기의 바닥에 신문지를 깔고 앉아서 왔다는 어느 여행객의 기상천외한 여행담을 들은 적이 있는 나로선 지옥의 문턱에 서 있는 느낌이었다. 그래도 내 앞의 한국청년은 로어를 좀 구사한다 싶어 그에게 바짝 매달릴 수밖에 없었다. 자신을 한국에 우즈벡 무희들을 송출하는 양심적 에이전트라고 소개한 이 건장한 청년은 수 년간 이 지역(러시아, 우즈벡)을 사업차 내왕하고 있지만, 막상 자기가 이런 일을 당하긴 처음이라며, 보딩 시간이 임박했을 때, 뇌물 급행료로 200불 쯤 쓸 각오를 하라다. 공동운항하는 아시아나의 컨펌 승객에게 전산연결이 제대로 안 된 걸 구실로 웃돈을 더 뜯어내려는 수작인 것 같단다. 어쨌든 한국엔 가야 되지 않겠는가!

공항에 오는 길에 장선생으로부터, 비행기 삯 다 내고 리컨폼까지 다 해도 항공사에서 뚜렷한 이유도 없이 좌석을 다른 사람에게 내주는 바람에(실상은 늦게 와서 웃돈 얹어 준 사람에게 표를 팔아 버린 경우) 제 때 출국치 못하는 경우가 가끔 있으나, 희귀한 경우니 너무 염려 말라는 말을 들었는데, 그 확률이 내게 적중하다니! 아 주택복권 한 번 제대로 당첨된 적이 없던 내게 이 무슨 희한한 경우의 수란 말인가! 그리고 보니 발권 데스크 직원의 음흉한 눈길이 아까부터 우리 두 사람에게 계속 쏠려 있다. 드디어 놈이 작전을 개시, 우리에게 다가와 달러를 얼마나 갖고 있냐며 서툰 영어로 수작을 걸어온다. 순간, 난 단호한 표정으로 이곳에 상주하는 아시아나 근무자를 당장 불러오지 않으면 당신을 가만 두지 않겠다고 그가 알아듣든 못 알아듣던 영어로 핏대를 올렸다.

내 기세에 주춤해진 그가 어디론지 사라지고, 또 불안과 혼돈의 수십 분이 지난 후, 아시아나 근무복 차림의 영어가 유창한 백계 러시아 직원이 구세주처럼 나타났다. 훤칠한 인상의 그가 출력해 온 아시아나 측 컴퓨 승객명단에서 발권직원이 우리 두 사람의 거룩한(?) 영문이름을 확인하고 보딩패스를 발급하는데 걸린 시간은 불과 30여 초! 수십 초면 끝날 일에 1시간 이상 정신적 고문을 당했으니 안 그래도 시골 마을회관 같던 타쉬겐트 공항 국제선 대합실이 월하의 공동묘지처럼 끔찍스럽다.

우여곡절 끝에 난 비행기 트랩에 올랐고 천금 같은 내 좌석을 찾아 앉을 수 있었다. 공항에서 쓸 데 없는 신경을 쓴 탓인지 비행기가 고도를 잡자 마자 쏟아지는 잠을 주체할 길이 없다. 얼마나 잤을까? 꿈결인 듯 아득히 들리는 소리가 귓전을 스친다. "Please give me my seat! 200 dollars O.K?" 내 앞 자리에 앉아 꿈길을 헤매는 아까 그 청년의 잠꼬대였다. 어느새 비행기창을 통해 내 동공 속으로 고비사막의 모래언덕들이 들어서고 있었다. "중앙아시아로부터의 엑소더스"를 반기듯이······.

(『갈 곳은 많고 돈은 없다 2』, 북치는 마을, 2006, 74-120쪽)

5. 북미대륙의 유혹에 끌려 ; 미국 · 캐나다

1) 나이야, 가라!, 나이야, 가라!

오늘은 이번 학회에 참석한 한인학자 일동의 나이아가라 폭포 관광이 예정된 날, SUNY에서 경영학 박사를 취득한 송용일 박사가 승합차를 몰고 가이드를 자원했다. 레인보우 다리를 지나 캐나다 땅에 접어들었다. 어릴 적 막내고모를 따라 봤던 마릴린 먼로와 죠셉 코튼 주연의 영화 [나이아가라]의 배경무대를 보는 감회는 내게 戰慄! 그 자체였다. "안개의 숙녀(maid of mist)"호를 타고 나이아가라의 面前을 유린하는 무례를 범했더니, 청색 우의를 걸쳤는데도 온통 옷은 젖어버렸다.

문득 나이아가라를 매년 찾는 어느 노교수의 절규가 떠올랐다. 워낙 여행을 좋아하는 그는 방학이나 축제 때 수시로 해외로 나간다. 웬만한 곳은 여행을 갔다 온 뒤 "나 사실은 ……갔다 왔어!" 좀 먼 곳은 비행기 출발 전 보세구역에서 전화로 "사실 나 몇일 ……갔다 와" 식의 전화통보다. 사모님은 외유 남편의 방랑벽에 아예 만성이 되어버린 상태. 올 2월로 그는 정년을 맞았다. 그러나 그는 미주 여행에서 3월에 돌아 왔다. 깐깐한(?) 대학 당국은 공식일정에 자리를 비운 그에게 시말서를 요구했다.(이미 정년을 해서 그 대학의 식구가 아닌 그에게) 그는 두 말 없이 시말서를 썼다. "다시는 이런 일이 없을 것이라고……" 그런 그가 왠지 노년의 무력감을 느낄 때마다 찾는 곳이 바로 이곳 나이아가라. 포효하는 나이아가라를 바라보면서 그는 주위 모든 세계인들의 시선도 아랑곳없이 "나이야! 가라! 나이야! 가라!"를 목청껏 외쳐댄다. 그러면 노년의 두 어깨를 짓누르며 숙명의 멍에처럼 그를 압박하던 "나이"가 저 멀리 가버리고 날아갈 듯한 젊음의 기운이 샘솟듯 한다는 것이다. 그 말을 듣고 언젠가, 비싼 비행기 값 물고 예까지 와서 "나이야! 가라!"를 외칠게 아니라 제주도 정방폭포 쯤에서 외치시는게 경제적이지 않겠냐고 여쭈었더니, 이곳 나이아가라에서가 아니면 도저히 그 도도한 젊은 기운의 도래를 느낄 수 없다는 것이었다.

캐나다 나이아가라폴스의 기념품센터에서 막내에게 줄 나이아가라폭포 퍼즐을 11$(캐나다달러)에 샀다. (한국에 와서 막내녀석이 천신만고 끝에 퍼즐을 완성시켰더니 밑 부분에 자그마하게 made in Korea란 글씨가 보여 이만 저만 허탈했던 게 아니다.) 한식당에서 진로소주를 곁들인 갈비탕으로 맛있는 점심을 먹고 온타리오 호를 가로질러 버팔로로 돌아왔다. 들소의 동상이 서 있는 버팔로 시청 앞에서 기념촬영을 하면서 버팔로시의 명칭과 들소는 아무런 연관이 없다는 송박사의 설명을 들었다. "붕어빵에는 붕어가 없다"란 알레고리가 생각났다. 5대호 연안의 산업기반 취약으로 점차 도시가 사양화되어 간다는 뉴욕주 제2의 도시 버팔로, 시내에서 몇 군데의 아울렛과 쇼핑몰을 거쳐 숙소로 돌아왔다.

한인교회 초청의 저녁만찬을 마치고 숙소에서 각종 미국맥주의 품평회로 호젓한 여유를 즐기고 있는데, 전화기 벨이 요란스럽다. 그러고 보니 오늘이 7월 4일, 미국 독립기념일이다. 저녁 8시부턴가 불꽃놀이가 시내 일원에서 펼쳐지는데 그 중에 가장 장관이 나이아가라에서의 그것이라며 한인회에서 우리를 픽업하러 왔다. 숙소 밖을 창문으로 보니 SUNY 대학구내에서도 불꽃놀이가 벌어지는 모양, 벌써 많은 사람들이 접의자와 자리, 음료수, 망원경 등의 장비를 걸치고 삼삼오오 떼를 지어 야간 행군 중이다. 나이아가라로 향하는 길목엔 낮보다 훨씬 많은 차량의 꼬리가 이어져 있다. 경찰이 곳곳에 바리케이트를 치고 간선도로를 봉쇄하니 체증이 더 심한 듯하다. 힘들게 도착한 밤의 나이아가라, 야간의 적막이 폭포의 굉음을 더욱 극대화시킨다. 같은 관광지를 주야로 하루에 두 번 찾은 건 나의 여행이력에서 퍽 드문 일이다.

고우트섬 주변의 전망대 부근은 세계 각국의 인종전시장을 방불케한다. 쉬스 산장에서 온듯한 일군의 무리가 중세 풍의 의상으로 우리 앞을 지나간다. ANNE이 내 어깨를 치며 "애미쉬"(미 중서부에서 자신들만의 군집을 형성하며 사는 문명거부주의자; 우리의 청학동 사람들과 비슷)란다. 폭포 위로 명멸하는 노란 빛의 조명 속에 관광객들의 밤의 잡담이 끊임없이 이어지고 있을 때, 드디어 단말마적 발작음과 함께 나이아가라의 상공을 오색 연막가루가 수놓기 시작한다. 세계 각국으로부터 온 뭇인종들의 환호 속에 어쩌면 통곡하도록 고혹적인 나이아가라의 7월 4일 밤이 깊어가고 있었다.

2) 프로펠러 비행기의 낭만

이튿날 아침, 학회에 참석했던 일행들이 산산히 찢어지기 시작한다. 곧장 한국으로 돌아가시는 S교수, 시카코의 당숙을 찾아가는 나의 방 파트너 L교수, 샌프란시스코의 동생들을 방문하는 학회장 K교수, 블루밍턴의 딸을 데리러 가는 C교수, 필라델피아의 동료를 찾아가는 H교수, 그리고 버팔로에 잔류하는 G교수와 P교수들에 앞장서서 비행기 시간이 가장 빠른 내가 젤 먼저 숙소를 떠났다. 이른 새벽인데도 방 파트너 L교수가 새벽잠을 설친 채 현관까지 나와 배웅해 주신다. 이곳에서의 72시간 동안의 짧은 동침이었지만 묵은 정이 새록새록 돋아나는 것 같다.

나의 행선지는 플로리다주 게인즈빌(Gainsvllle), 같은 과 김교수가 교환교수로 가 있는 Univ. of Florida의 소재지로 플로리다 북서부의(인구 약 10만여)의 작은 시골도시이다. 다들 학회 후 知人들을 방문하는데 나만 "왕따"를 당할 순 없었다. 생각 끝에 막역하게 지내던 김교수께 메일을 넣었다. "다들 친척 방문한다는데 제발 친척 좀 돼 주쇼!" 연이어 답신이 도착했다. "반찬 투정 않고 밥만 많이 먹지 않는다면 장기숙박도 가능함." 부랴 부랴 국내선(버팔로-게인즈빌) 티켓을 예약했다. 그러나 탑항공의 담당자는 성수기가 시작된 7월, 그것도 독립기념일 전후라 컨펌(confirm)받기가 쉽지 않다며 일단 웨이팅을 걸어 두겠단다. 우여곡절 끝에 미국 출발 3일을 앞두고 좌석이 확정되었다. 게인즈빌이 워낙 시골이라 버팔로-게인즈빌의 직항이 없고 U.S항공 편으로 노스 캐롤라이나의 샤롯(Charlotte)을 경유하는 편이란다.

버팔로 공항은 여름 휴가를 즐기려는 미국시민들로 꽤 혼잡했다. 샤롯으로 향하는 U.S Air의 객석에선 마침 생일을 맞은 한 승객을 위한 즉석 파티가 승무원들의 샴페인 지원에 힘입어 요란히 펼쳐진다. 동승한 승객들이 전부 축하의 "Happy Birth day" 축가를 불러준다. "황색 이방인"의 뇌리에 잊지 못할 추억을 안겨주게 될 것이다. 순간 60년대 초반 경상도 시골 버스정류장에서 오지 않는 산골버스를 기다리던 시골 할머니와 미국인 선교사의 에피소드가 떠올랐다. 기다리던 버스가 마침내 왔을 때, 반가운 나머지 할머니가 "왓데이"라고 함쳤다. 선교사가 깜짝 놀라며 "Monday"라 대답하자, 다시 할머니가 "뻐스데이(버스이다.)"라고 말했고 이에 선교사가 할머니의 두 손을 잡으며 "Oh! Happy birthday to You"라고 말했단다. "왓데이=Whatday, Monday=뭔데? 버스데이=Birthday"의 교묘한 코드착종이 빚은 해프닝이다.

    샤롯 공항은 버팔로보다 훨씬 큰 규모다. 국제선까지 전부 4개의 터미널을 갖추고 있다. U.S Air의 동부 허브공항인 셈이다. 착륙전 기내 방송을 얼핏 들으니 게인즈빌 행 게이트가 보딩패스에 찍힌 것과 다른 듯하다. 내려서 디스플레이 모니터를 확인해 보니 잭슨빌과 게이트가 바뀌어 있다. 기내방송을 안 들었다면 엉뚱한 터미널의 게이트까지 갔다가 허탕치고 돌아 올 뻔했다. 그건 그렇고 해당 게이트를 찾아가니 활주로에 달랑 40인승 프로펠러기가 1대 서 있다. 직원에게 물었더니 그 프로펠러기가 게인즈빌 가는 거란다. 순간 6년 전 카작스탄 여행시, 알마타에서 크즐오다까지 프로펠러기를 이용했던 악몽이 되살아난다. 공중에서 수시로 엔진을 꺼뜨려 공중부양(?) 실험을 하던 바로 그 비행기?

    그러나 우려와 달리 오히려 가족적 분위기의 프로펠러기의 실내는 아늑하기만 하다. 옆 자리의 할머니가 자기 몫의 땅콩을 나 먹으라며 주는게 꼭 돌아가신 우리 할머니를 연상시킨다. "나이아가라"가 참 좋더라고 했더니 자기는 아직 노스캐롤라이나에 있는 자기 동생 집 말고는 플로리다를 벗어나 본 적이 없단다. 음악교사로 퇴직한 그녀는 게인즈빌에서 30분 거리에 있는 작은 시골마을에 살고 있단다. 괜히 '나이아가라' 갔다 온 게 굉장히 미안해진다. 미국이란 나라의 다종다양한 얼굴을 다시 한번 확인한 셈이다. 이윽고 게인즈빌에 착륙, 공항 청사 밖에서 30분을 기다려도 김교수가 보이지 않는다. 나 밥 많이 먹는 거 알고 도망갔나? 전화를 해볼까? 망설이는데 크락숀 소리와 함께 운전석에서 손을 흔드는 김교수의 차가 내 앞에 멈춰 선다.

3) 눈 앞에서 날아간 면허증

이튿날 아침, 도살장에 끌려가는 심정으로 운전면허장을 찾았다. 사람에 치인 시험관의 스트레스가 작동하기 전인 오전이 패스할 확률이 높다는 김교수의 반강압적(?) 조언에 따라…….

먼저 머리를 시력검사기에 세게 박아, 보이는 숫자를 읽어야 하는 시력검사를 거쳤다. 내 머리가 단단한 편인데도 마지막 숫자는 그야말로 골 빠개지도록 세게 밀지 않으면 잘 안 보인다. 이제 필기시험의 차례, 모니터에 뜨는 문제의 답을 손가락으로 터치하면 그 자리에서 정오 채점이 되는 Auto Checking 시스템이다. 어젯밤에 얼핏 본 예상문제의 답이 한창 헷갈리는 판인데 옆자리의 태국 아가씨가 자기가 푸는 문제의 모니터를 가리키며 모르는 단어를 물어온다. 근데 이걸 어떻게 설명해 주나?

대충 풀어 얘기했는데 표정이 영 이해가 안 가는 투이다. 어쨌든 지금 그것 신경쓸 때가 아니다. 내 코가 석잔데! 다행히 도로교통법 15문제와 교통표식판 감별 15문제를 무난히가 아니라 무사히 통과! 시간이 없는 난 당일 오후의 실기시험에 도전할 수밖에 없다. 김교수의 자상한 사전지도 덕에, 까다로운 카우보이 시험관 아저씨의 갖은 주문(급제동, 스리 백턴, 주차 및 정차, 방향지시등 켜기 등등)을 가소롭게 다 받아 넘기고 이제 고지가 바로 저기! 마지막 우회전을 받아 원래의 주차지로 돌아 오면 끝이다. 플로리다주 면허중이 눈 앞에 어른거린다.

그러나 난 마무리의 중요성을 그 때 깨달았다. 끝까지 방심하면 안 된다는 마무리의 철칙을 말이다. 김병현도 마지막 투구 하나에 다 이겼던 게임 도루묵되지 않았던가? 갑자기 호주에서 운전하던 습관이 되살아나 (아마 휜둥이들의 세상에 되돌아 온 착각 탓이었으리라.) 우회전을 하면서 저 건너 쪽 상대편 차선으로 들어가 버린 것이다. 자기가 더 아쉬운 듯 한숨을 내쉬며 "You are failed!"하던 시험관의 선고가 아직도 귀에 쩡하다. 1주일 후에 다시 시험을 보라는 친절한 권유를 받아들일 수 없는 나의 일정상 우선 필기 합격자에게 주어지는 예비 면허증(주간에만 정식 면허소지자와 동승하에 운전해야 하는 조건부)을 받는 것으로 만족해야 했다. 나의 황당한 실수를 생각하면 아직도 이가 갈린다.

마침 김교수의 옆 집엔 13년 전 지방의 모대학에서 초임교수 시절을 같이 보냈던 이교수네 가 살고 있었다. 서로 전근한 후 비로소 10년 만에 미국땅에서 재회의 기쁨을 나눴다. Y대 원주 캠퍼스에 재직하는 그는 국내 물리치료학 1호 박사, 나보다 5년 연하지만 이미 사계의 실력자로 명성이 높다. 그래도 깍듯이 연장자 대접해 주는 이교수에게 내 자신이 많이 부끄럽다. 당시 같은 자취방에서 기거했던 그와 나는 출퇴근을 같이 했다. 차 없는 그를 내가 태워 다녔기 때문, 어쩌다 겨울 아침에 차창에 성에라도 끼면 "어이 이교수, 더운 물 차창에 좀 부어"하는 내 지시(?)를 아니꼬운 기색이 역력하면서도 안

태우고 갈까봐 어김없이 따르던 참한 사람이었다. 사실 그때 차 있다고 그에게 온갖 횡포를 부리곤 했던 기억이 다시 새롭다. 이교수도 "참 그 땐 정말 더러웠다고요" 하며 날 무안하게 압박한다.

4) 플로리다여, 안녕!

다음날 아침 김교수 3부자와 이교수, 그리고 나 5인의 남자가 김교수의 차로 올랜도를 거쳐 Daytona 비취를 다녀오기로 했다. 내가 핸들을 잡았다. 편도4차선으로 시원하게 뻗은 I-75의 하이웨이가 미국의 부와 국력을 그대로 대변한다. 여름휴가 시즌이 시작되어서 인지 그 넓은 차선에 차들이 빼곡이 들어차 앞서거니 뒤서거니 운행 중이다. 요트를 매달고 가는 차, 보조차량을 연결한 RV카, 각양각색의 차량이 얽혀 고속도로 위에서 매스게임을 펼치는 듯하다. 올랜도로 접어들기 전 오토 크루즈 기능을 시험해 봤더니 정말 이 맛에 미국에서 운전하는가란 생각이 든다. 브레이크를 밟으니 자동 해제된다.

고속도로에서 내려 올랜도의 프리미엄 몰에 들러 각종 명품(버버리, 게스, 폴로 등등)샵을 둘러보고 푸드 코트에서 점심을 먹은 후 해지기 전에 데이투나로 향했다. 아까 내가 운전할 때, 뒷자리의 김교수 3부자가 코를 골고 자던 게 얼마나 부러웠던지 이젠 나도 팔자 한번 고쳐 보자고 했더니 "한국에서 온 전속기사 몇 시간도 못 부려먹는다"며 김교수가 입맛을 다신다. 이번엔 뒷 좌석에서 내가 꿈자리를 헤매고 있는데 앞좌석의 이교수가 급히 날 깨운다. 디즈니 월드 인근의 올랜드 시가를 관통하고 있었다. 빨리 안광에 담아두라는 것이렸다.

올랜도에서 데이투나로 향하는 길목 인근 타운의 자동차 경기장엔 수많은 인파가 운집해 있었다. 거대한 높이의 스타디움과 그 속에서 열광하는 관중, 경기장 밖에서 줄을 선 무리, 경기장 건너편에서 바리 바리 싸들고 횡단보도 신호대기 중인 숱한 사람들의 물결이 그대로 "인디펜덴스데이"의 라스트신을 연상케 한다. 내가 연구년으로 갔었던 호주 애들레이드(Adelaide)에서도 자동차 경기가 많이 열렸었다. 그곳은 거대한 전용 경기장이 있는게 아니라 도심 속의 공원과 시가지의 도로를 연결, 레이스라인을 만들고 2~3달 간 임시 스탠드를 도로 주변에 가설해 행사를 3일 간 치른다. 그 3일 간 시내는 시끄러운 자동차 굉음의 도가니, 그것을 맥주를 마시며 즐기고 열광하는 호주인들.

나도 처음엔 C석 입장료를 내고 가 봤지만 단조로운 순환코스가 반복되는 지겨움과 자동차 굉음의 소란에 견디지 못하고 일찍 돌아서야 했다. 이튿날 옆방의 호주교수에게 "당신들은 뭘 그런 지루한 걸 비싼 돈 주고 보러 다니느냐"고 물었더니, "대부분의 사람이 거기 가는 이유는 딱 하나, 경기 중 전복된 차가 화염에 휩싸였을 때의 희열감을 맛보기 위해서"라는 무시무시한 해석을 내린다. 그 순박하기만 한 호주인들의 내면에 그런 devil complex가 자리하고 있다니, 하여튼 미국의 자동차경주 문화는 호주보다 그 규모와 시설 면에서 훨씬 고급스럽고 방대하다.

롯데 월드 비스무리한 해양 테마파크 단지를 다리로 가로질러 우리가 데이투나를 찾았을 땐 기세 좋던 남부의 석양이 어둠의 세력에 힘겹게 밀려나려 하던 저녁 무렵……, 일단 차를 몰고 해변 비취로 접어들었다. 이곳은 비취 사장 드라이브가 허용된 곳, 한 5분쯤 달렸을까? 별안간 요란한 사이렌 소리가 우리 차 뒤에서 울린다. 해안경비대의 트럭이 우리를 뒤쫓아 오고 있다. 비취 진입 시간이 지났으니 당장 나가라고 흑인 경찰이 친절히 알려 주며 낼 아침에 오란다. 낼 새벽엔 한국 행 비행기를 타기 위해 시카코로 날아가야 하는 내겐 아쉬움이 컸다. 데이투나의 모래색은 호주의 그것처럼 하얗다. 100m 전방에 해안 둑 산책로(jetty; pier) 위로 연결된 콘돌라가 이색적이다. 역시 호주보단 잘 사는 나라란 생각이 또 든다.

　게인즈빌의 김교수 댁으로 귀가하는 밤길의 적막이 고향으로 돌아가는 귀환장정의 심정을 위무하는 듯하다. 끝내 헤밍웨이의 숨결이 담긴 키웨스트를 못 가보는 아쉬움에 난 차 뒷좌석에 앉아, 데이투나에서부터 계속 우릴 따라오던 플로리다의 둥근 달을 뚫어져라 응시하고 있었다.

5) 츄카치산맥에서의 아름다운 인연

　대한항공 KE085의 창밖에 비친 알래스카의 겨울 黎明은 나그네의 벅찬 가슴을 설레이게 하기에 족했다. 아침 8시가 다 되어가는 시각에 추카치산맥의 산허리를 온통 하얗게 휘감은 짙은 안개는 사방을 백색 물결로 출렁이게 했다. 새벽 여명에 사위를 분간하기 힘든지라 처음에 나는 땅에 닿을 듯 하얗게 펼쳐진 이 雲霧의 덩어리를 氷河의 무리로 착각하고선 나 혼자 희열에 빠져 얼마나 김칫국을 마셔 댔던 가! 앵커리지 공항에선 나를 포함해 단 세 명의 승객만이 내리는 듯 했다. 대부분의 승객은 뉴욕이 최종목적지. 그러나 모든 승객이 일단 이 곳에서 입국수속을 받고 뉴욕에선 세관검사만을 하게 된단다. 뉴욕을 가는 승객은 노란색 환승표시표를, 나처럼 앵커리지 시내에 들어가 숙박할 사람은 하얀색 도착표시표를 받게 된다. 간단히 세관심사까지를 마치고 출구로 나오니 인터넷으로만 정을 주고받았던 "오뚜기(인터넷 여행카페의 닉네임)"님이 반갑게 맞아 주신다.

50대 초반의 연세에 비해 너무 젊어 처음엔 다른 분인 줄 알고 눈길조차 주지 않는 실례를 범하고 말았다. 추카치산맥에 둘러싸인 앵커리지의 정겨운 아침길을 달려 곧장 오뚜기님 댁으로 직행, 나를 위해 손수 사모님이 차리신 귀한 아침상을 받는 기분이 황송하기 이를 데 없다. 대부분의 이곳 식생활이 따로이 아침상을 차리지 않고 간단한 토스트로 떼우는데…….

아침 식사 후, 오뚜기님의 배려로 뉴 슈어드(New Seward) 하이웨이를 따라 휘티어(Whitter)항까지 갔다 오기로 했다. 슈어드는 러시아로부터 알래스카를 사들였던 당시 미국의 국무장관, 凍土(동토)의 황무지를 사들였다는 비난여론에 3일 만에 장관직에서 해임되고 Silly Seward란 모욕적 별칭으로 불려야 했던 그의 시대를 앞선 안목을 그의 이름을 따서 붙인 슈어드 하이웨이의 悠長(유장)함에서 새롭게 느낄 수 있다. 아쉽게도 아침 안개가 심해 우측에 펼쳐진 "턴 어게인" 만의 秘境(비경)을 감상할 순 없었지만 가끔씩 안개 너머로 모습을 보여주는 고즈넉한 알래스카의 겨울 풍광이 좌측 산악의 빙하 폭포와 더불어 색다른 감회로 나그네의 旅心(여심)을 사로잡는다.

러시아 표도르 대제의 명을 받아 북극해 탐사에 나선 베링 대령이 자신의 船團(선단)을 되돌렸다는 에피소드에서 유래된 "턴 어게인" 灣엔 안개 속에 묘한 정적만이 감돌았다. 만과 바로 맞닿아 평행을 이루며 휘티어까지 뻗쳐있는 알래스카 레일로드와 슈어드 하이웨이의 은백색 앙상블에 눈이 부시다. 알래스카 철도의 除雪(제설)용 팬을 부착한 기관차 전시대 앞에서 잠시 휴식을 취한 후, 2시간 여를 달리니 Portage(포테이지) 빙하에 도착한다. 겨울이라 관광안내소도 폐쇄되었고 안개에 가려 바다에 떠 있는 빙하를 뚜렷이 볼 수 없어 아쉬웠지만, 비교적 至近(지근)의 몇몇 빙하에서 뿜어 나오는 푸른 빛깔의 惱殺(뇌쇄)적 아름다움은 영원히 잊을 수 없을 것 같다.

포테이지 빙하를 지나치니 곧 그 이름도 유명한 세계 유일의 기차 자동차 공용터널인 "앤톤 앤더슨 기념 터널(Anton Anderson Memorial Tunnel)"이 그 중후한 자태를 드러낸다. 30분 씩 교대로 휘티어 방면과 베어밸리 방향을 개폐해 일방통행하게 하는 이 신기한 터널에 진입하려면 차종(승용차, 버스, 트럭 등)에 따라 지정된 5개의 차선을 정확히 선별해 대기했다가 사인보드의 지시와 신호등 조작에 절대 복종해야 한다. 앞차가 진입하면 바로 뒤따르지 말고 충분한 안전거리를 확보 후, 신호등의 청색표시가 켜지면 비로소 움직여야 한다. 통행료는 왕복에 12불. 기차 레일 위를 자동차로 달리는 기분이 솔솔 했다.

터널을 빠져 나오니 드디어 알래스카 동남부 최고의 빙하지대 "프린스 윌리엄 사운드(Prince William Sound)"의 관문인 휘티어 항의 겨울 자화상이 펼쳐진다. 영화 "인섬니아"의 배경을 옮겨 놓은 듯한 휘티어 항의 백설에 덮힌 뒷산을 배경으로 그 겨울의 정적을 카메라에 담아보았다. 멀리 (여름에)빙하 관람선이 돌아나가는 항만 어귀 雪平線 너머로 알 파치노와 로빈 윌리엄즈의 팽팽히 맞선 눈동자가 걸려 있는 듯하다.

비행기에서 한 순간도 눈을 붙이지 못한 탓에, 열심히 운전하시며 설명을 곁들이시는 오뚜기님의 정성이 무색토록 난 자꾸만 차창에다 머리를 박아대고 있다. 歸路(귀로)에 오뚜기님이 내게 보여주러 들리신 곳은 앵커리지 일대 최고의 스키레저타운인 "알리예스카 리조트(Alyeska Resort)", 일본자본의 대표적 본보기인 이곳의 호화로운 설비 및 숙박시설과 50개의 슬로프를 자랑하는 대규모 스키장의 위용이 눈길을 끌었다. 그러나 내장객은 극히 적어 간간이 피니쉬라인에 도착하는 스키어들의 실루엣에서 알래스카의 겨울 정적을 느끼게 할 뿐이다.

곰이 매장해둔 먹이 위에 앉아 있다 성난 곰의 습격을 받아 한국인 모녀가 유명을 달리 했다는 "다람쥐공원"을 지나 뉴 슈어드 하이웨이의 끝이 걸려 있는 교차로에 닿은 시각은 오후 2시를 훌쩍 넘고 있었다. 미국의 여느 도시답지 않게 한적하고 깔끔한 앵커리지 시내, 다운타운에 위치한 한식당 "한국관(코리아하우스)"에서 갈비 보쌈으로 늦은 점심식사를 할 수 있었음은 크나큰 축복이었다. 점심을 마친 우리가 이어 찾은 곳은 "알래스카 역사 미술 박물관", 고대로부터 현재에 이르기까지 알래스카의 역사적 변모상을 생동감 있는 자료로 대변해 주는 곳이다. 우리가 막연히 "에스키모"로만 알고 있는 북극 거류원주민이 그 외에도 크린개트, 아스바스칸 인디언, 애리우트 등 모두 4종족으로 구성되어 있다는 사실을 확인하게 된 것은 이 곳에서의 큰 수확이었다.

오뚜기님의 자상하고 해박한 설명에 고개를 끄떡이다 보니 캠코더 촬영에 열성적인 한국인 여자관객이 바로 옆에서 같이 고개를 끄떡이고 있는게 아닌가! 무척 적극적인 성격의 이 여행객은 KBS 1TV {세상은 넓다} 취재차 알래스카를 찾은 안성희氏, 이미 타이완과 네덜란드 등 몇 차례 자신이 촬영 제작한 프로그램이 방송된 경력을 갖고 있는 중견 비디오 재키였다. 페어뱅스의 치나온천에서 오로라를 즐기고 이곳을 찾았다는 그녀의 요구에 의해 오뚜기님은 졸지에 카메라 앞에 선 박물관 해설자가 되어야 했다. 그녀가 보기에도 우리의 오뚜기님이 퍽 해박해 보였을테니……. 약속장소까지 좀 데려다 달라는 뻔뻔(?)스런 그녀를 호텔 앞에 내려다 주고 우리가 "지진공원"에 들렀을 땐 앵커리지의 사위는 이미 어둑해져 땅거미가 지고 있었다.

　1963년 대지진의 현장을 그대로 보존하고 있는 이곳은 당시의 지각변동에 의해 땅이 갈라지고 나무들이 뿌리째 뽑혀 쓰러진 영화 속의 장면들이 수십 년째 그대로 연출되어 있었다. 늦은 시각 검은 코트에 검은 부츠 차림의 아리따운 아가씨가 누군가를 기다리며 지진공원 산책로를 혼자 거니는 것을 보면서 우리는 웬지 모를 연민을 느꼈다. 앵커리지 공항 부근의 "수상비행장(겨울이라 꽁꽁 얼어붙은 호수의 모습으로 남아있는)"과 "비행장박물관"을 거쳐 월마트에 들러 알래스카 기념화보집과 오로라를 비롯한 알래스카의 풍물이 촬영된 비데오를 샀다. 시간이 촉박한 관계로, 천장이 유리로 되어 알래스카 밤하늘의 겨울 신비를 볼 수 있는 알래스카 철도의 340불 짜리 겨울 오로라패키지(알래스카에서 페어뱅스까지의 철도 및 항공 편도 이동 + 치나온천욕을 포함한 리조트 2박 + 새벽 오로라 관찰 및 썰매타기 등 옵션)를 즐길 수 없는 안타까움을 조금이라도 달래기 위함이다.

　다시 "한국관"에 들러 닭도리탕으로 저녁식사를 하였다. 아침에 같은 비행기를 타고 왔던 KAL의 스튜어디스들이 여기서 식사들을 하고 있다. 오뚜기님이 내일 뉴욕으로 가는 비행기 안에서 내게 特別

食을 주라며 조크를 던지자, 환하게 웃는 그녀들의 모습이 이제는 여고생의 엄마가 되어버린 내 누이동생의 처녀적 모습처럼 청초하다. 식사를 마치고 돌아오는데 오색찬란한 폭죽이 밤하늘을 수놓고 있다. 오늘은 2003년 2월 14일(금), 현재 시각은 밤 8시, 오늘이 무슨 날이냐며 오뚜기님께 물었더니 이 밤의 저 폭죽의 명분과 의미가 무엇인지 잘 모르시겠단다. 그렇다! 오늘이 무슨 날인지 그게 무슨 대순가! 알래스카의 겨울 밤하늘에 명멸하는 폭죽을 바라보며 오뚜기님과의 아름다운 인연에 감사할 따름이다.

워싱턴 애비뉴의 아늑한 고급주택지에 위치한 오뚜기님의 훌륭한 2층 대저택에서 숙면을 취한 탓에 뉴욕으로 향하는 이튿날 아침의 여정이 퍽 순조롭다. 기어이 나를 위해 아침을 준비한 사모님의 정성에 코끝이 찡하다. 그날 아침 앵커리지에서의 KE085 탑승객은 나 혼자뿐이었다. 앵커리지 공항에서 좌석을 배정받고 수하물 심사대까지 가는 동안 줄곧 내 뒤를 따라와 송영하던 오뚜기님 내외분, 수하물과 소지품 체크를 마치고 로비로 들어가기 전, 혹시나 하는 맘에 뒤돌아봤을 때, 50여 미터 밖의 차단선 위에서 스러져가는 내 뒷모습을 놓칠세라 열심히 손을 흔들어 주던 두 분의 모습이 안광에 들어찼다. 순간, 내 눈에선 울컥 뜨거운 샘이 물밀 듯 치밀어 올랐다.

잠시 후, 알래스카의 아침 공기를 가르며 우리의 날개 KAL 085편이 뉴욕을 향해 힘찬 飛翔(비상)을 시작했다. 뉴욕 JFK에서 나를 맞을 "강세"님(인터넷 여행카페의 닉네임)은 또 어떤 모습일지 비행기가 점차 고도를 높일수록 나는 묘한 전율감에 싸여가고 있었다.

6) 바람불어 추운 날

2003년 2월 16일 일요일, 뉴욕의 겨울 아침이 밝았다. 브로드웨이 31번가에서 출발하는 한인여행사의 맨하탄 데이투어를 신청했다. 오전 10시부터 오후 5시까지 점심 제공에 70불이란다. 숱한 맨하탄의 명소들을 수험생의 입장에서 "요점정리"해 주는 코스로 단기관광객에게 꽤 인기가 있을 듯하다. 출발지인 W 31St. & Broadway를 오는 동안에 지나친 그 유명한 뉴욕시경(NYPD) 앞에 도열해 있던 1인 탑승의 주차단속용 미니차가 눈길을 끈다. 10시 정각 우리가 탄 버스는 31번가를 우회전해 일단 다운타운으로 남하하기 시작한다. 1시 방향에 마치 다리미같은 3각형의 19층 짜리 건물이 눈길을 끈다. 23번가에 위치한 {Flat Iron}빌딩으로 아직 별다른 고층건물이 없던 시절, 마천루시대를 예고하는 신호탄 역할을 한 유서깊은 건물이다. 계속 남하한 우리는 워싱턴 취임 100주년을 맞아 만든 개선문 모양의 아취가 자리잡은 워싱턴광장과 그 주변의 뉴욕대학(NYC)을 돌아 맨하탄의 대학로, 그리니지 빌리지에 들어섰다.

'마지막 잎새'의 작가 오우헨리의 아지트였다는 하얀색 간판의 "르 피가로" 카페가 일요일 오전의 정적 속에 클래식한 자태로 다가온다. 이어 원래 뉴욕항의 창고 건물군이었으나 예술가의 거리로 바뀐 소호(SOHO; South of Houston St.)거리를 지나쳤으나 예외없이 일요일 오전의 겨울바람만이 을씨년스럽게 맞아줄 뿐이다. 한국 출신의 천재 아티스트 백남준이 살고 있다는 이 곳 어디에서도 그의 그림자과 향기는 느낄 수 없었다. 계속된 버스 여정은 세계금융의 심장 월가(Wall St.)로 이어진다. 이곳에 처음 정착한 화란인 모피상들이 인디언의 침공을 막기 위해 담을 친데서 유래한 "월가"는 무디스, 모건 등을 비롯한 세계 유수의 금융관계기관들과 증권거래소들이 위치한 곳으로, 트리니티 교회로부터 시작해 차이나타운을 끼고, 뉴욕만에 위치한 배터리공원에까지 걸쳐 있다. 증시의 상승세를 상징하는 황소상(하강세를 상징하는 동물은 곰)이 9·11테러의 충격을 딛고 우뚝 제 자리에 서 있다. 트리니티 교회 뒤로 맨하탄 최남단의 뉴욕시청을 우리의 버스가 지나친다. 건물들 사이로 9·11테러 이후 텅빈 공터가 되어버린 쌍둥이 빌딩자리(Ground Zero)의 공허한 아픔이 엿보인다.

"배터리 파크"에서 우리는 자유의 여신상과 뉴욕만을 주유하는 유람선에 올랐다. 유람선에서 바라보는 맨하탄의 겨울 풍경이 귀를 찢어내는 듯한 朔風 속에 얼얼하게 다가온다. 자유의 여신상이 위치한 리버티섬 바로 옆에 개항 초기 이민국이 있었던 엘리스 섬이 있다. 당시 모든 입국자가 여기서 입국심사를 받아야 했는데, 전염병력자, 범죄자, 경제사범 등 각종 결격사유자들이 입국심사가 거절되어 가족과 생이별하게 되었고 따라서 이 섬은 "눈물의 섬"이란 센치한 별명을 얻게 되었단다. 특이한 양식의 멋있는 당시 이민국 건물이 그 비정한 역사를 뒤로 하고 매서운 겨울바람에 시달리고 있었다.

급히 뱃전에 나가 자유의 여신상을 배경으로 사진을 한 판 박았다. 바닷바람이 더해진 뉴욕만의 강풍에 얼굴 전체가 떨어져 나갈듯한 전율을 느꼈다. 대단한 뉴욕의 겨울이다. 영하 10도라는데 바람에 덧붙인 체감온도는 영하 20도는 됨 직하다. 자유의 여신이 들고 있는 횃불은 자유를, 독립선언문은 평등을, 이마의 7광선은 7대양 7대주(지구)를, 발밑의 끊긴 쇠사슬은 억압으로부터의 해방을 각각 상징한다는데 너무 추워서 과연 그런지 생각할 겨를도 없다. 허드슨강 너머의 뉴저지 지역과 이스트강 너머의 부루클린 지역을 강풍 속에 돌아보고 유람선은 이제 귀로의 여정에 접어든다. TV에서 본 로마네스크 양식의 브루클린 다리와 맨하탄 다리의 모습을 실제로 보는 감회가 새롭다. 그러나 유람선을 후려치는 뉴욕만의 강풍에 소름이 끼친다.

32번가에 위치한 한식당 "원조"에서 비빔밥을 선택해 맛있게 먹고, 우리 일행은 이제 지척의 "엠파이어 스테이트"빌딩으로 향한다. 입구에서부터 늘어선 관람객의 長蛇陳 행렬을 보면서 온통 시골노인들 행렬로 가득한 서울의 63빌딩 생각이 불현 듯 나는건 웬 일일까? 긴 기다림 끝에 80층까지 엘리베이터로 올라간 후, 다시 엘리베이터를 갈아타고 86층 전망대에 이르러 맨하탄의 시가를 고공 관찰해 보았다. 강풍이 몰아치는 전망대 밖 베란더에서 허드슨강에 걸쳐 있는 조지 워싱턴 다리, 이스트강을 가로지르는 부루클린, 맨하탄, 퀸즈 다리들, 그리고 멀리 할렘강가에 뻗어 있는 다리들을 굽어보며 맨하탄의 도심을 푸른색으로 가로지르는 센트럴 파크에 눈이 멎었다. 오른 편으론 이스트강가를 바라보는 48층의 유엔빌딩, 그리고 사선으로 뻗어 있는 브로드웨이가 관통하는 맨하탄의 하이라이트 "타임스퀘어", 고혹적인 흰 색 첨탑으로 우리를 유혹하는 "크라이슬러"빌딩, 순수한 채권공모로 건설했다는 울워스 빌딩, 이 모든 것들이 겨울 강풍에 시달리는 뉴욕의 휴일을 대변해 주고 있었다.

엠파이어 빌딩을 나와 다시 버스에 오른 우리는 유엔본부 앞에서 잠시 현장 증명사진을 찍은 후, 맨하탄의 서편 도로를 북상하기 시작한다. 로마네스크 양식을 비롯한 각종 양식이 혼재된 아름다운 성공회 교회인 112번가의 성 존디바인(Saint John The Divine) 교회를 지나니 그 유명한 흑인촌인 할렘가가 시작된다. 이어 116번가에 이르니 콜롬비아대학의 캠퍼스가 펼쳐진다. 56명의 노벨상 수상자를 배출한 이 명문대의 정문엔 휴일임에도 학교를 드나드는 많은 학생들로 북적대고 있었다. MA주의 하버드, MIT, RI주의 브라운, CT주의 예일, NH주의 닷머스트, NJ주의 프린스턴, Pen주의 뉴펜실베니아, NC주의 듀크, 그리고 뉴욕주의 코넬과 함께 아이비리그 10대 명문교를 이루고 있는 이 대학은 뉴욕시에 위치한 유일한 아이비리그 대학인 셈이다.

  이제 버스는 센트럴 파크의 담장을 끼고 5th Ave.를 따라 다시 남하하기 시작한다. 무수한 영화에 등장해 뉴욕의 센치멘탈리즘을 채색해 주었던 센트럴 파크의 전경이 버스 차창을 통해 동공에 들어찬다. 도심 한복판에 위치한 세계최대의 인공공원답게 숲과 호수와 산책로와 각종 조경들이 스케일 크게 펼쳐진다. 부럽기 짝이 없다. 이 공원의 조경 설계자는 훗날 샌프란시스코에 초청되어 서부의 손꼽는 볼거리인 스탠포드대학 캠퍼스를 조경했단다. 메트로폴리탄 박물관에 이르기까지 센트럴파크 맞은편에는 부호들의 고급 빌라가 이어진다. 마이클 잭슨, 케네디 미망인 재클린을 비롯해 많은 저명인사들이 살았거나 살고 있는 이 富의 환각지대를 버스 차창을 통해 바라보면서 미국사회의 최상류층을 겨울바람 속에 貫通하는 묘한 희열을 느꼈다.

  이윽고 센트럴 파크가 끝났나 보다. 내 눈엔 [나홀로 집에 2]에 나오던 낯익은 호텔 건물이 들어차는가 싶더니 59번가부터 50번가 쪽으로 내려 갈수록 티파니 보석점, Bergdorf Goodman, FAO Schwarz, Henri Bendel, 등등 세계적 명품점들이 끝없이 펼쳐진다. 록펠러 재단이 출연한 부지에 세워진 거대한 록펠러 센터 빌딩군과 맞은 편의 세인트 패트릭 성당을 지나 42번가의 타임스퀘어에 들어서니 "라이언 킹"의 휘황찬란한 대형 네온사인 보드를 필두로 맨하탄의 밤문화를 대변하는 크고 작은 몸짓들이 나그네의 旅心을 유혹한다. 맨하탄에서 유일하게 네온사인이 허용된다는 타임스퀘어의 인포메이션 센터에서 이번 여행의 목적이기도 한 뮤지컬 [오페라의 유령] 할인티켓을 구해 나오는 나의 성취감 가득한 어깨 위로 타임스퀘어의 화려한 조명이 포근히 내려앉고 있었다.

7) 요호에 부는 바람

10월 30일 아침, 캠룹스의 늦가을 아침바람은 예상대로 매서웠다. TV 속의 기상 자막은 오늘 이곳의 아침기온이 영하 10도, 밴프는 영하 20도라며 한껏 겁을 주고 있다. 우리의 전용차인 밴을 타고 숙소 인근의 식당으로 가는 사이, 내복을 입지 않은 아랫도리에 스며드는 寒氣가 예사롭지 않다. 古來로 "남자는 生殖器가 冷해야" 좋다지만 이건 冷한 정도가 아니라 완전히 冷凍肉이 될 판이다. 유럽의 컨티넨탈 朝食보다는 한결 나은 아메리칸 스타일의 아침식사를 마치고 본격적인 로키 드라이브에 나섰다. 오늘은 다시 세계 최장의 고속도로인 1번도로를 타고 캐나디언 로키의 발착점인 밴프까지 가는 여정이다.

Monte Creek 조금 못 미쳐 좌측에, 풍화작용으로 생성된 로키의 私生兒 "후두스"의 무리가 성큼 나그네의 안면에 다가선다. 대만 야류의 海上돌출물을 선뜻 연상시키는 기괴한 神의 造化物임에 틀림없다. "후두스"란 인디언 말로 "거인"이란 뜻이라는데, 자연을 인간과의

交感 속에서 바라본 인디언들의 정신세계가 가히 敬畏롭다. 오늘 이동하는 거리가 족히 500Km 이상은 될 것 같으니, 두 대의 밴(12인승 시보레와 7인승 마즈다)을 직접 운전하는 우리의 두 가이드 형님들, 엑셀레이터 밟는 발에 쥐가 나지 않을지 염려스럽다. 톰슨 강을 따라 운명처럼 걸려있는 연어의 도시 Salmon Arm을 지나면서 슈스왑(Shuswap) 호수의 잔잔한 미소가 펼쳐지는가 싶더니 우리의 차가 停車한다.

캐나다 동서를 연결하는 장장 6,000km의 대륙횡단철도가 서로 만나 마지막 못질을 한 곳이라는 이름 그대로 "Last Spike"에서 당시 노동자들의 애환을 되새기며 기념촬영을 한 후, 국립공원을 안고 있는 1번 하이웨이의 앙증맞은 타운 Revelstoke에 도착했다. 이곳의 한인 식당에서 점심으로 먹은 약간 일본식이 가미된 쫄깃한 불고기 맛은 아직까지 잊혀지지 않는다. 한식을 비롯한 일식, 중식 등의 東洋食을 전문으로 하는 이 식당의 주인은 진주 출신의 아줌마, 일본인과 중국인 아줌마를 종업원으로 두고 있어 우리의 自矜心을 더하게 했다. 복부에 포만감을 안은 채 졸리운 오후의 여정을 재촉하던 우리가 그레이셔 공원의 頂上部에 위치한 Rogers Pass에서 잠시 캐나디안 로키의 雪景을 감상하고 있을 때, 우리 옆에 "롯데관광"의 마크도 선명한 마이크로버스가 다가와 섰다. P여행사를 비롯한 한국3개사의 여합상품으로 우리와 같은 일정의 로키관광에 나선 여행객 일행이었다. 조회 결과 우리보다 20여만 원 비싼 가격이란 걸 알아낸 우리 일행의 표정은 득의만만, 다들 "똥집이 흐뭇한 인상들"이시다.

요호공원의 첨병마을 Golden에 진입한 시각은 오후 2시 45분, 지금부턴 Mountain Standard Time(산악지대 표준시각)이 적용되므로 시계를 한 시간 빠른 3시 45분으로 조정했다. 이윽고 오늘의 하이라이트, 요호국립공원이다! 인디언말로 요호(Yoho)는 "멋지다"란 뜻이다. 얼마나 멋질지 벌써부터 가슴이 울렁거린다. 먼저 우리가 찾은 곳은 에메랄드 호수, 에메랄드山과 마이클山에 둘러싸인 端雅한 정취의 이 氷河湖는 서서히 凍結되어가는 투명한 물빛이 사슴의 눈망울을 연상시키도록 고혹적이다. 해 짧은 요호의 늦가을 朔風이 외투깃을 세우게 하긴 했지만 호반에 걸쳐진 나무다리와 외딴 오두막의 을씨년스러운 앙상블이 암모나이트 화석이 발견되었다는 뒷산의 신비와 함께 황혼의 낭만이 되어 비장하게 폐부를 파고든다.

킥킹호스江에 의해 자연 침식되어 형성된 바위 다리, Natural Bridge를 거쳐 밤길을 재촉한 우리는 드디어 밴프국립공원의 시계에 진입, 설파산 자락에 위치한 유황온천 Upper-Hot Spring에 도착했다. 잠시 여기서 "OK목장의 결투"를 능가하는 처절한 심리전이 펼쳐진다. 온천욕(20불)을 옵션으로 팔아 치우려는 젊은 가이드형들과 가이드의 기분을 상하지 않게 하면서도 20불을 챙기고 슬쩍 넘어가려는 우리 노련한 여행객 사이의 피말리는 게임은 그야말로 "전혀 화제에 동화되지 않는 절제된 언어로 변죽울리기, 가이드의 눈과 마주치지 않으려는 고도의 딴청 피우기, 물었던 가격 묻고 또 물어 김빼기" 등등 저마다의 최신병기들을 총동원한 종합전략 시뮬레이션을 방불케 한다.

이번의 우리 일행 대부분은 찬바람 불기 시작하는 늦가을 초입(비수기)부터 조선, 중앙, 동아 등 유력지에 게재되는 덤핑광고를 면밀히 엄선, 성수기가격과 철저히 대비분석 후 양질의 저가상품만을 선택해 여행을 다니는 최고정예의 베테랑 얌체 여행객들이었으니, 가이드들 입장에선 그야말로 암적 존재들이다. 그러나 시간이 흐르고 날카로운 가이드형들의 눈빛에 제압당한 함선생의 이종형제분들이 꼬리를 내리기 시작하면서 전세는 급격히 가이드편으로 기울기 시작한다. 77세 할머니, 초등생 준성이 모자, 퇴직지점장 한선생과 나의 5명을 제외한 나머지분들은 도살장의 소처럼 온천탕에 끌려가고 말았다.

　온천 사무실의 따뜻한 로비에서 나와 한선생이 "살아남은 자의 기쁨"으로 낄낄대고 있을 때 그들은 캐나디언 록키의 매서운 바람에 나체를 손상시키며 얼마나 곤혹스런 온천 使役을 감당해내고 있었을까? 그러나 그건 우리 살아남은 자들의 오산이었다. 1시간여 후, 온천을 마치고 나오신 한선생의 사모님("소금배경공장"이란 멋진 홈페이지를 가지신 웹디자이너)께선 "온천 너무 멋졌어요! 당신과 어머니도 들어 왔으면 좋았을텐데," 하며 우릴 불쌍한 시선으로 거두시는 게 아닌가?

　본격적인 겨울 설경은 아니지만 어둠에 묻힌 밴프의 시가는 황홀하기 그지없었다. 그 황홀을 밑반찬으로 한식당 "서울옥"에서 전골로 저녁식사를 마친 우리가 캔모아의 특급숙소 "Marriott Residence Inn"에 이르렀을 때 알버타주의 시계는 9시 30분을 가리키고 있었다. 비수기에도 215불(캐나다달러)이나 한다는 투베드룸은 전동점화하는 장작 벽난로의 운치로 가득한 거실과 호화로운 욕실, 넓직한 2개의 더블베드가 놓여진 침실로 이뤄져 있었는데, 캔모아에서도 가장 호화로워 단체숙박객을 선별한다는 이 고급숙박업소가 최근 해외자산도피로 의혹을 받고 있는 한국 D그룹의 소유란 소문이 퍽 흥미로웠다.

그러나 호화롭다고 잠자리까지 편하지는 않는 법, 오랜만에 호텔 로비에서 인터넷을 하느라 잠잘 타이밍을 놓쳐버린 나는 객실 밖 야외온천에 명멸하는 로키산자락의 月光이 잦아들 새벽녘까지 뇌리를 짓누르는 엄청난 不眠에 시달려야만 했다.

8) 아스바스카(Athabasca) 氷原의 눈물

10월 31일(목요일), 여행 3일째인 오늘은 밴프를 출발, 93번 도로와 이어진 아이스필드파크웨이(Icefield Parkway)를 타고 로키의 眞髓에 흠뻑 빠져 볼 하이라이트-데이(High Light-Day)다. 두 대의 밴 중 12인승엔 우리 일행 중 9명이 분승하고 7인승엔 나머지 3명과 우리 일행의 모든 짐이 실리게 되는데, 날마다 교대로 3인씩 7인승을 타기로 함에 따라 오늘은 나와 방 파트너 정선생, 그리고 우리의 TC 미스홍이 탈 차례다. 차체가 낮아 전망을 살피는 덴 다소 애로가 있으나 승차감은 훨씬 나은 것 같다. 8시 50분 캔모아의 숙소를 출발한 우리의 눈 앞에 엘리자벳 여왕의 젖꼭지에서 命名되었다는 Elizath Nipple Rock, 초창기 이곳에서 宣教한 3수녀의 에피소드에서 유래된 3 Sisters Rock 등이 出沒하는가 싶더니, 어느새 밴프 시가를 다시 지나고 있다.

우측편에 펼쳐진 또 다른 후두스(Hoodoos)의 무리를 감상하며 빙판길을 조심스럽게 달려 초겨울의 정적에 감싸인 "미네완카"와 "투잭"의 두 호수에 足跡를 남길 수 있었다. 여기서 저쪽 차에 탔던 한선생이 우리차의 미스홍과 멤버첸지, 우리 차로 옮겨 오셨다. 심심하다나 뭐래나! 이제 보우 밸리 파크웨이(Bow Valley Park Way; 93번도로의 하단)를 따라 북상하는 차안은 두 사람의 수다로 꽤나 시끄러워지기 시작한다. 그 유명한 밴프의 간판, 밴프 스프링스 호텔의 뒤편으론 마릴린 몬로와 로버트 미첨이 공연했던 추억의 영화 [돌아오지 않는 강]의 촬영현장인 보우강(Bow River)이 얼어붙은 보우 폭포(Bow Fall)와 맞닿아 흐르면서, 기타반주에 맞춰 허스키보이스로 컨트리풍의 주제가를 읊어대던 M.M의 섹시한 실루엣을 추억 속에 붙들어 매려 안간 힘을 쓰고 있었다. 우리 일행은 스프링스호텔을 배경으로 보우강의 자태를 렌즈에 담아낼 수 있는 유일한 포인트인 서프라이징 코너(Surprising Corner)에서 저마다 셔터를 눌러댔다. 그러나 서프라이징코너에선 그다지 서프라이즈(surprise)한 일을 목격할 순 없었다.

곤돌라를 이용해 오른 설파(Sulphur)산의 원형 전망대에서 둘러보는 캐나디안 로키의 산록은 아래서 보던 것과는 또 다른 감회로 다가온다. 캐스케이드山, 런들山, 터널山, 노케이山 등이 앞서거니 뒤서거니 위용을 자랑하는 틈새로, 미네완카湖水와 투잭湖水의 수줍은 물빛이 밴프스프링스호텔을 감싸 흐르는 보우강과 유려하게 매치되고 있다. 돌산 위에 지그재그로 홈이 파진 캐슬山의 교태를 관망하며 레이크 루이스 단지내의 식당에 도착했을 때, 엄청나게 큰 까마귀가 윤기나는 검은 털을 자랑하며 게양대 위에서 우리를 노려보고 있었다. 이곳의 명물이라는 "알버트 스테이크"로 점심을 먹었다. 고기에 뿌린 소스가 알버트 스테이크 특유의 독특한 맛을 내는가 보다.

식사를 마치고 밖으로 나오니 인정 많은 정선생이 점심에 먹다 남은 감자칩을 까마귀에게 던져주고 있다. 어느새 주변을 맴돌던 다른 한 마리까지 날아와 정선생의 손가락을 살피는 품이 여간 영리한 새가 아니다. 우리나라에서 까치가 차지하고 있는 益鳥의 타이틀을 이곳에서 代身하고 있는 까마귀의 位相을 실감할 수 있었다. 식당에서 불과 5분 여 거리에 이번 여행의 목적이라 해도 과언이 아닐 레이크 루이스(Lake Louise)가 위치하고 있었다. 세계 10대 절경의 하나로 고혹적인 호수의 물빛과 함께 四季(봄; 꽃, 여름; 호수, 가을; 나무, 겨울; 빙하)가 동시에 존재하는 지상의 유토피아로 알려져 있는 이 곳에선 명성에 걸맞게 적잖은 관광객을 볼 수 있었으나, 피크시즌을 넘긴 초겨울의 썰렁함이 엿보이기도 했다.

레이크루이스란 이름은 이곳의 총독이었던 빅토리아 여왕의 사위가 이 호수의 정경에 반해 자기 마누라 "루이스(여왕의 딸)"의 이름으로 命名한 데서 유래한다. 나중에 여왕이 직접 와 보고 이곳의 절경에 반했으나 이미 자기 딸의 이름으로 명명되었기에, 대신 이 호수가 안고 있는 빙하의 이름을 빅토리아로 명명하는 것으로 自足해야 했단다. 그러고 보니 이곳에 오면 알버트주(알버트는 여왕의 남편), 루이스호수(딸), 빅토리아빙하(여왕 자신) 등 인간의 欲情으로 기호화된 빅토리아 여왕의 일가를 한꺼번에 만날 수 있는 셈이다. 아쉽게도 태양의 위치와 기상상태 때문에 기대했던 레이크 루이스의 환상적인 물빛은 볼 수 없었다. 백색의 오만으로 호수가에 우뚝 버티고 선 "샤또 레이크 루이스 호텔"의 화장실에 소변 한 웅큼을 보태는 것으로 아쉬움을 달래는 수밖에…….

아이스필드 파크웨이의 이어진 여정 속에는 보우빙하와 호수, 까마귀발(Crow foot)빙하 등이 초겨울 로키의 엄호 속에, 연이어 출몰한다. 캐나디언 로키의 호수는 거의가 빙하의 침식으로 생성된 빙하호, 따라서 빙하의 하부엔 반드시 호수가 있기 마련이고 이곳에서 발원한 강이 흐르게 된다. 이름이 붙여진 호수만 약 3백만 개라니, 인구 7~8명 당 호수 하나 씩을 껴안고 사는 셈이다. 보우호수를 지나 얼마를 가다 뭔가를 보여 드리겠다며 가이드형님이 차를 세운다. 여기서부터 얼어붙은 눈길을 10분 쯤 걸어 보우 언덕을 조심스럽게 넘으면 페이토(Peyto) 호수의 환상적 컬러를 볼 수 있단다. 솔직히 아직껏 본 캐나다의 호수물빛들은 뉴질랜드 데카포 湖水의 밀키블루 빛깔에 비할 바 아니다. 약간은 실망스럽다.

 그러나 자신만만한 가이드의 표정과 목소리 때문에, 마지막 찌푸라기를 잡는 심정으로 미끄러운 雪原을 등반해 갔다. 나무계단으로 된 전망대가 보였고 나보다 몇 步幅 앞선 先行者들의 탄식이 아스라이 들려왔다. 이윽고 내 시야에도 통곡하도록 눈이 시린 페이토 호수의 물빛이 들어왔다. 순간 나는 그 자리에 털석 주저앉고 말았다. 자칫하면 호수에 몸을 던질 듯한 충동을 느꼈기 때문이다. 필라델피아에서 왔다는 두 미국 아가씨는 연신 원더풀을 연발하여 고성능 카메라로 호수의 정경을 담고 있었다. 부동액을 풀어 놓은 듯 진청록의 원액 물감을 연상시키는 페이토의 빛깔이 짜릿한 전율로 전해져 왔다. 페이토의 감동을 뒤로 하고 북으로 뻗은 아이스피드 파크웨이를 부지런히 달린 우리는 선왑따 고개(Sunwapta Pass)를 구비 돌아 드디어 캐나디안 로키 최대 규모의 아스바스카 빙하에 도착했다. 서서히 어둠의 그림자가 깃들기 시작한 아스바스카(Athabasca)의 빙원에는 이미 설상차 운행이 종료된 초겨울의 정적만이 감돌았고 {닥터 지바고}를 촬영했다는 빙하의 雪平線에는 지금은 담배장사로 우리 곁을 찾아 온 "오마샤리프"의 웬지 측은한 눈동자가 처연하게 걸려 있었다.

순간 "음산한 잡초가 무성한 들판에 용사가 누워 있었다. 구름 속에 장미가 피고 비둘기는 야전병원 지붕 위에서 울었다"며 전장의 한복판에서 죽어가는 병사의 최후를 이미지화했던 박인환의 시가 떠올랐다.

>잔설이 곱게 누운 아스바스카의 황량한 빙원엔
>오마샤리프의 눈동자가 처량히 걸려 있었다.
>로키의 초겨울 석양 위로 삭풍은 몰아치고
>때 놓친 여행객은 디딜 수 없는 빙하의 저편에서
>목놓아 울고 있었다.

아스바스카 빙하에서 흘러내린 아스바스카강은 선왑따 폭포를 경유해 각각 3분되어 대서양, 태평양, 북극해로 흘러 들어간다. 이 강이 미국과 캐나다의 國境은 물론 캐나다의 알버트와 브리티쉬콜롬비아의 州界를 劃定한다고 하니 名實相符한 大分水嶺인 셈이다. 이미 땅거미가 져서 사위가 어두워진 다음에야 우리는 아스바스카江의 마지막 조화인 아스바스카 폭포에 도달할 수 있었다. 낙차 22m의 세찬 물살이 어둠 속에서 우리를 嘲笑하고 있었다.

아이스필드 파크웨이의 종착지 재스퍼로 향하는 밤길에서, 우리는 여러 차례 도로를 점거하고 유유히 밤 마실을 즐기는 큰뿔 양(Bighorn Sheep)과 와피티 사슴(Elk; 엘크)의 가족들과 遭遇할 수 있었다. 재스퍼의 조촐한 한식당에서 늦은 저녁식사를 마치고 칠흑같은 어둠 속에 캐나디안 로키 최고봉 롭슨(Robson; 3,964m)산을 들른 후 숙소인 벨마운트의 Mountaineer Lodge에 도착했을 때 시계는 밤 9

시 40분을 가리키고 있었다. 예서부터는 다시 "태평양 표준시각(Pacific Standard Time)"이 적용돼 1시간을 벌게 되므로 時針을 한 바퀴 돌려 8시 40분으로 조정했다. 오늘 우리가 자게 될 곳은 문자 그대로 통나무집이다. 비수기라 손님이 없었던 탓인지 히터가 제대로 가동되기까지 싸늘한 寒氣에 시달려야만 했다. 창 밖으론 로키의 휘영청 밝은 달이 가소로운 듯 우리를 흘겨보고 있었다.

9) 샌프란시스코 만에 서다

정말 오랜만에 타 보는 국적기의 푸근함이 피부로 다가온 것은 대한항공에서 제공하는 특별 기내식, '비빔밥' 때문이었나 보다. 프레즈노에 산다는 미국이민 30년차, 옆자리 아줌마의 고추장에 참기름을 말아 넣는 손놀림이 예사롭지 않다. 40대 후반으로 보이는 퍽 이지적 풍모의 그녀는 두 딸을 두고 있는데 버클리대를 갓 졸업한 큰 딸은 미국사회에 취업을 했고 올해 SAT를 치른 작은 딸은 대학선택에 고심 중이란다. 미국에서 부부가 함께 치기공업에 종사하며 자식을 키우고 자리를 잡아온 세월의 무게가 그녀의 고운 얼굴 위에 희미하게 이어진 잔주름에 묻어나고 있다. 창 밖으로 산마테오 다리가 보이더니 이윽고 비행기는 샌프란시스코 국제공항에 내려앉고 있다.

착륙시각은 2004년 12월 7일 화요일 오전 10시 30분, 한국에서 같은 날 오후 6시 30분에 출발했으나 17시간의 시차 탓에 하루를 번 셈이다. 그러나 17시간의 덤으로 받은 이 시간은 한국으로 돌아가는 날 정확히 반납해야 한다. 내 몸은 시간을 관장하는 조물주에게 저당잡혀 있을 뿐이니까……. 바트(BART; 샌프란시스코 만 일대를 연결하는 전철)역은 공항 청사와 바로 연결되어 있어 손쉽게 탈 수 있었다. 캘리포니아 내륙을 관통하는 280번 도로와 나란히 달리던 바트는 시내 중심부에 이르자 지하노선으로 바뀐다. 나는 숙소와 인근한 포웰가 역에 내렸다. 역사를 빠져 나오니 바로 눈앞에 여행 안내소가 보인다. 내일의 '몬테레이 카멜 투어'를 예약하고 무니 버스의 3일 프리패스와 버스노선도를 구입했다.

  케이블카의 시발점인 포웰(powell)가를 거슬러 올라가니 오른 편에 유니온광장이 펼쳐진다. 크리스마스세일 중인 메이시 백화점에 걸쳐진 각종 걸개가 평일 대낮의 유니온 광장과 묘한 조화를 이루고 있다. 네 블록을 북상한 후 셔터(sutter)가에서 좌측으로 다시 두 블록을 가서 오른 편 모퉁이를 도니 오르막길에 내 육신이 이틀간 안식할 'USA 호스텔'이 그 궁색한 자태를 드러낸다. '테일러(talor)가 749번지'에 위치한 이 숙소를 나는 인테넷으로 알게 되었는데, 샌프란시스코 최중심가에 위치한 가장 싼 숙소(1박당 19불)라는 매력에 이끌려 청년 배낭족이 찾는 4인1실의 조악한 시설이라는 단점에도 불구하고 예약을 한 것이다. '몰리'라는 이름의 수부 아가씨에게 숙박비를 선불 정산하고 10불의 침대시트 보증금을 지불한 후 배정받은 윗층 방으로 들어갈 수 있었다. 이미 3사람의 선임숙박객 흔적이 있다. 내 자리는 선택의 여지없이 우측 2층 침대이다. 호주의 유스호스텔보다는 2층 침대 높이가 훨씬 높은 것 같다. 침대에 오르는덴 거의 아크로바트 수준의 묘기가 필요했다.

  일단 숙소를 나온 나는 인근의 유니언 광장을 거쳐 케이블카 발착지인 포웰역까지 유유자적히 걸어가 보았다. 케이블카를 탄 승객들이 샌프란시스코의 향취를 구석구석 담으려 난간에 매달려 카메라서터를 눌러대는 소리가 귓전에 울린다. 케이블카가 지나간 궤도 위로 샌프란시스코의 굴곡진 언덕이 끝없이 용트림하고 있다. 포웰역 건너편 미션가를 걷던 나는 4번가로 꺾어들던 버스를 발견하고 무심코 올라탔다. 마침 그 버스는 샌프란시스코 자이언츠 야구장인 SBC 볼파크로 향하는 30번이었으므로 샌프란시스코만의 비경을 품에 안은 꿈의 구장에 닿을 수 있었다. 그러나 하루에 두 번 하는 경기장 투어는 시간이 맞지 않아 참가할 수 없었다. 내일을 기약하고 이번엔 무니 메트로 N에 탑승했다. 경기장 바로 앞 정거장에서 출발한 이 전차는 베이브리지가 올려다보이는 해안선을 따라 돌다가 2번 부두 앞에서 좌회전해 지하화된 노선을 순환하고 있었다.

2번 부두 근처에서 내린 나는 소살리토로 향하는 페리에 몸을 실었다. 장만옥 주연의 동명 영화에서 보았던 환상의 처소 '소살리토'가 안개낀 금문교를 뒤로 하고 내 시야에 들어차는 순간 잔뜩 흐린 샌프란시스코만의 겨울 저녁이 고혹적인 그림자를 남긴 채 미소짓고 있다. 고적하면서도 운치있는 소살리토에 족적을 남긴 것만으로 아쉬움을 달래며 귀환선편에 몸을 실으니 우측의 금문교와 좌측의 베이브리지가 저녁 안개 속에 경쟁하듯 서로의 자태를 뽐내고 있다. 배가 2번 부두에 다시 돌아왔을 땐 이미 일몰 후 샌프란시스코 시가는 밤단장을 한 성숙한 여인의 모습이었다. 티뷰른, 소살리토, 오클랜드 등 이스트베이 쪽에 거주하는 많은 시민들이 퇴근선편을 타기 위해 장사진을 친 모습을 보면서 이렇게 아름다운 야경에 둘러싸여 퇴근의 일상을 즐기는 저들은 얼마나 행복할까 하는 상념에 잠겨본다.

다시 부두 앞에서 노랑색으로 치장한 메트로 F에 탑승, 피셔맨스 워프에 이르도록 해안을 주유해 본다. F노선의 종점인 피셔맨스 워프에 닿았을 때, 해변엔 겨울밤의 정적이 감돌 뿐 갑자기 싸늘해진 날씨 탓인지 인적도 드물고 호객하는 식당 간판만이 애처로운 형상으로 황색 이방인을 맞고 있다. 몇 블록 아래의 월남식당에서 라이스 누들로 저녁을 때웠다. 호주 연구년 시절에서부터 즐겨 하는 별식이 되어버린 '라이스누들'을 샌프란시스코에서 먹는 기분이 남다르다. 다시 겨울 밤바람이 몰아치는 해변가를 걸어 비치로드 부근의 케이블카 발착점에 이르니 많은 사람들이 이미 줄을 서 있다. 종점에 도착한 케이블카를 오로지 인력에 의존해 되돌리는 모습이 이방인들에겐 신기한 볼거리로 다가온다. 뒤늦게 줄을 서는 바람에 앞의 전망칸에 타지 못해 뒷칸의 일반석에 오를 수밖에 없었다.

앞 칸의 가운데는 케이블카를 운행하는 운전기사의 위치, 서서 지렛대 같은 스티어를 작동해 케이블카를 가게 하고 온 몸을 실어 브레이크를 밟아 정차시키는 모습이 마치 무슨 오케스트라의 열정적 지휘자 같은 모습이다. 이 숭고한 노동의 율동이 샌프란시스코의 언덕을 배경 삼아 펼쳐지는 동안, 롬바드의 언덕 아래로 트랜스 아메리카 빌딩과 베이브리지의 실루엣이 겹치지고 내 눈꺼풀도 점차 내려 감기고 있다. 놉힐의 언덕을 오르는 케이블카의 신음소리에 샌프란시스코의 첫날밤이 힘겹게 묻혀가고 있었다.

11) 몬테레이에 내리는 비

어젯밤 이슥히 유스호스텔에 들어 왔더니 좌측 1층 침대의 주인이 서먹서먹한 표정으로 쳐다본다. 23세의 일본인 청년 고지는 시즈오카 모 대학 경영과를 졸업하고 올 5월에 캐나다를 시작으로 미주여행길에 나섰단다. 사무라이를 연상시키는 퍽 근엄한 인상이지만 몇 마디 대화를 나누다 보니 금세 마음의 벽을 허물어 버린다. 이제껏 여행하는 동안 시즈오카를 아는 첫 여행객을 만났다는 기쁨에 들떠서……

아침 일찍 샤워를 하고 그레이라인의 버스가 픽업을 하기로 한 지척의 크라운호텔 앞에서 기다렸다. 샌프란시스코 도심의 겨울 아침은 바쁘게 활보하는 시민들의 활기 넘친 표정에서 시작되고 있었다. 그날 아침 픽업버스의 첫 손님이 된 나를 "안녕하세요"란 또렷한 한국말로 맞이하는 흑인 기사의 미소띤 얼굴이 유난히 정겹다. 이태리, 스페인 등 유럽에서 단체관광 온 중·노년층 손님들을 더 태운 뒤 픽업버스는 여행의 출발지인 피셔맨스 워프 부근의 그레이라인 관광접수센터에 도착했다. 데스크에 들러 어제의 예약접수증을 제시한 후 60불의 경비를 카드로 결제했다. 바로 앞에 대기한 버스에 오르니 약 20여명의 일행이 벌써 타고 있다. 청색 캡을 눌러쓴 우리의 오늘 드라이버 겸 가이드는 60을 훌쩍 넘겨보이는 미스터 '제이크'.

샌프란시스코만의 북동부를 오른 쪽으로 휘감아 돌아 메트로 F와 N의 노선을 타고 SBC파크 앞 대로를 가로질러 눈 깜짝할 사이에 280번 하이웨이에 접속한다. 어째 아침부터 비가 올 듯 흐린 품이 [운수 좋은 날의 김첨지 아내가 죽던 날을 연상시키던 하늘이 급기야 어제 바트를 타고 오던 길에 지나쳤던 데일(Dale) 시티에 접어들면서부터 가랑비를 뿌리기 시작한다.

샌 페드로를 지나면서부터 이제 태평양 연안이 바로 우측에 펼쳐지는 1번 도로의 절경이 시작된다. 우리의 입심 좋은 노기사 제이크는 청산유수같이 설명을 쏟아낸다. 그 이름도 으시시한 '악마의 계곡

(devil's slide)' 밖으로 비친 끝도 없는 구렁텅이와 해안의 앙상블에 소름이 끼칠 지경이다. 운 좋게 우측 창가에 앉은 덕에 다시 없는 스릴을 만끽할 수 있었다. 그러나 아쉽게도 가랑비가 흩날리는 잔뜩 흐린 시야는 태평양의 비경을 더 이상 공개하지 않으니 정녕 아쉬울 뿐이다. 이때 만약을 대비해 로밍서비스를 받아온 휴대폰이 울린다. 수화기 저편에서 들려오는 딸아이의 목소리가 알알이 정겹다. 지금 이곳 시각이 9시를 갓 넘겼으니 한국 시각은 새벽 2시일 터……. 기말고사 기간이라 아직까지 시험공부를 하느라 잠들지 않았던 모양이다. 불현듯 로밍을 받아간 아빠의 목소리를 듣고 싶었다는 녀석의 응석 섞인 목소리 너머로 태평양을 건너오는 사랑의 무지개가 찬연히 빛나고 있다.

　시차 적응에 실패한 탓인지 쏟아지는 잠을 주체할 길 없어 잠깐 의식을 놓았다 싶은데 버스가 해변가의 앙증맞은 휴게소 카페에 멈춘다. 여기가 바로 데이븐포트(Davenport), 아침을 건너뛰었더니 시장기가 돈다. 카푸치노 한 잔과 샌드위치 하나를 집어 들고 창가 테이블에 앉아 바깥을 바라보니 좀체로 날은 개일 기미가 없다. 하기야 이런 우중충한 날이 오히려 분위기는 더 있는 법, 언젠가 보았던 훼이 다나웨이 주연의 [파리는 안개에 젖어]란 프랑스 영화가 갑자기 이 태평양의 작은 포구 마을에서 생각나는 것은 왜일까? 왠지 멜랑꼬리하면서도 뭐라 표현하기 힘든 憂愁가 데이븐포트의 겨울 언저리에 너덕너덕 붙어 있다.

　다시 1번 도로를 달리는 버스의 힘찬 기지개가 느껴진다 싶더니 산타크루즈를 지나면서부터는 잠시 햇살이 비치기도 한다. 그러나 또 다시 공자와 부처와 예수님을 차례로 만나고 내 자리로 돌아오니 어느덧 버스는 몬테레이의 캐나리로에 들어서고 있다. 존스타인벡의 소설[Cannery Row; 통조림 골목]로 유명세를 타게 된 이 거리의 벽엔 이 곳의 漁村史가 벽화로 그려져 있다. 우리의 기사는 2시간의 자유시간을 주고 수족관 앞에 모일 것을 명령(?)한다. 가랑비가 오락가락하는 몬테레이의 역사적 오솔길을 거닐다가 바닷가에 연한 분위기 좋은 식당에 들어섰다. 관광지라 그런지 메뉴판을 보니 가격이 장난이 아니다. 바로 얼마 전 데이븐포트에서 주전부리까지 했으므로 8불짜리 스프 하나만을 시키곤 비나리는 초겨울 바다를 하염없이 바라보았다. 한국에서 자주 가 봤던 동해바다의 횟집과는 상이한 분위기라 비로소 내가 외국에 와 있다는 걸 실감한다. 그러나 난 횟집이 있는 동해가 훨씬 정감이 가고 좋다.

다시 버스에 올라 오후의 여정이 시작된다. 우선 버드 록(Bird Rock)에 들러 사진 찍을 시간을 주었지만 내리는 비와 흐릿한 시야 때문에 일행들은 심드렁하다. 이제부턴 오늘의 하이라이트 '17마일 드라이브' 코스가 펼쳐진다. 우측의 그림같은 태평양을 끼고 '페블 비치'의 골프코스가 펼쳐지는가 싶더니 코스 사이사이엔 싱그러운 樹木과 고급스러운 저택들이 출몰해 환상적 풍경화를 연출하고 있다. 그대로 빨려 들어갈 것 같은, 시퍼렇다 못해 전율을 느끼게 하는 바다에 골프공을 뿌리는 기분은 과연 어떨까? 죽기 전에 이 곳에서 라운딩하는 게 아마추어 골퍼들의 평생소원이라는 소문이 결코 과장이 아니란 사실을 확인했다.

우리나라의 경포대와 낙산사를 연상시키는 해안 절벽에 이르니 그 위에 매스게임을 하듯 절묘한 몸부림으로 생의 뿌리를 박고 있는 일군의 소나무들이 눈에 띈다. 그 중 압권은 단연 '론 사이프리스'(The

Lone Cypress), 거친 파도와 바람 속에 250여년을 쌓아온 세월의 무게에 경외감이 절로 인다. 모두들 하차해 기념사진을 찍었다. 이제 17마일 코스가 거의 끝나고 골프장 클럽하우스가 보인다. 조용한 시골마을 분위기의 클럽하우스 입구엔 이 코스의 건립자 샤뮤엘 모스(S Morse)와 각종 기록 보유자들의 흉상 및 이름들이 새겨진 동판이 세워져 있다.

'페블비치 골프링크'를 빠져나온 우리는 다시 1번 도로를 내달려 오늘 여행의 최종목적지 '카멜(Carmel)'에 도착했다. 기사 제이크가 약 50분 간의 자유시간을 준다. 크린트 이스트우트가 민선시장을 지냈다는 이 조용한 타운의 대로변은 온통 예술품 샵으로 도배가 되어 있다. 샤갈의 복사판 그림들이 진열장 밖으로 고개를 내미는가 하면 중세의 조각 장식품들이 뒤질세라 잔뜩 근엄한 표정으로 도열해 있다. 어느 한 상점도 단순히 상업적 수요를 위한 공간으로 치장되어 있지 않는 듯하다. 그야말로 격조 있는 품위와 낭만이 온통 이 조용한 타운을 휘감싸고 있다. 마법에 걸린 노예처럼 이 도시의 동서남북을 구석구석 횡행할수록 더더욱 그 매력에 푹 빠져 든다. 울창한 숲과 굴곡진 언덕 사이 동화 속의 장난감처럼 배열된 가옥들이 앙증스런 우체통을 앞세우고 내 瞳孔 속에 흡인되고 있다.

문득 4년 전, 연구년으로 가 있었던 호주 애들레이드의 와틀파크 전셋집이 연상된다. 푸르디 푸른 하늘과 그 하늘을 찌를 듯 치솟은 나무, 나무 울타리에 찾아들어 온종일 지저귀던 이름모를 새들, 우리집 차고 지하에 숨어 살던 도마뱀 가족들, 세월의 타임머신을 타고 잠시 그 때 그 순간으로 회귀해 본다. 황혼이 지면서 점멸되기 시작한 대형 크리스마스트리의 환상적 몸짓이 이 매력적인 도시의 초겨

III. 기행수필의 실제 _ 201

울 자화상을 그려내고 있을 즈음, 우리는 샌프란시스코로 돌아가는 우리의 愛馬, 그레이라인의 투어버스에 피곤에 절은 육신을 하나 둘 주워 담는다.

歸路엔 올 때와 달리 내륙을 관통하는 101번 도로를 타고 쏜살처럼 내달린다. 일찍 해가 지는 겨울 시즌인지라 지척으로 지나치는 팔로 알토(Palo Alto)의 스탠포드 대학 캠퍼스를 제대로 구경할 수 없었음은 크나큰 아쉬움이다. 약 2시간 여 후, 겨울비에 젖은 샌프란시스코의 어슴푸레한 야경이 우리들 앞에 성큼 다가섰고 그렇게 또 하루가 수명을 재촉하고 있었다.

12) 바트(BART)를 타고 버클리로

샌프란시스코에서의 사흘째 아침이 밝았다. 내 아래 침대를 쓰던 뉴질랜드 청년이 어제 퇴실하는 바람에 어젯밤은 아래에서 잤더니 훨씬 개운한 것 같다. 한 밤중에 화장실에 가려 어둠 속에 공중제비 착지를 하지 않아도 되고……. 원래의 오늘 계획은 차를 렌트해 금문교를 지나 소살리토의 낭만에 젖어본 뒤, 나파 밸리에 들러 캘리포니아 와인의 진수를 경험하고 산 라파엘 다리를 건너 버클리로 들어가려던 것이었는데, 나 홀로 여행의 처지로 차를 렌트하는 것이 비합리적일 뿐 아니라 그토록 바랐던 'SBC 파크 투어'까지 끝낸 뒤 운전하려면 해 짧은 겨울의 일정으론 무리가 될 것 같아 포기하기로 했다.

자신은 학교를 갓 졸업한 젊은이라 '크레디트'(신용)에 문제가 있어 차 렌트가 안 된다며 나의 렌트카 여행에 조수가 되어 기꺼이 동참하겠다던 '고지'가 더 아쉬워한다. 서로의 주소를 교환하고 고지와 작별한 나는 침대시트 보증금 10불을 챙긴 후, 우선 파웰 가의 '버거킹'에 들러 1불 30센트짜리 햄버거와 콜라로 아침을 때웠다. 다시 한 길을 건너 4th 스트리트에서 30번 버스를 타고 SBC 파크(메이저 리그 샌프란시스코 자이언츠의 홈구장)에 도착한 나는 10시 30분부터 시작하는 오전 '백스테이지 투어'를 신청했다. 1시간 10분 정도의 소요시간에 성인 10불. 입장시각을 기다리는 동안 자이언츠 출신의 전설적 선수 윌리 메이스(행크 아론, 베이브 루드에 이어 메이저 리그 통산 홈런 3위)의 동상 앞에서 사진을 찍었다. 지나가던 혼혈 아가씨는 흔쾌히 미소를 지으며 사진을 찍어준다.

왠지 오늘 하루가 잘 풀릴 것 같은 예감이다. 이제 입장시각이다. 입구로 갔더니 전동의자에 앉은 장애인 수위가 소지품 검사를 한다. 이네들의 장애인 정책에서 선진국의 저력을 엿보게 된다. 오전 투어 신청자는 나를 포함해 모두 6명, 하와이에서 왔다는 연인(동양계 여자와 백인 남자)과 LA에서 왔다는 父子, 그리고 시카코에서 온 흑인 여인이 바로 그들이다. 오늘 우리의 가이드는 야구 심판 출신의 흑인 클라이드(Clyde) 씨, 큰 키에 우람한 체격이 스포츠맨임을 증명하고도 남는다. 그의 아버지는 그 옛날 니그로 리그(메이저리그에서 흑인들이 뛸 수 없던 시절의 흑인들만의 리그)에서 날리던 선수였단다.

투어는 1층 입구 로비에서 SBC 파크(舊 퍼시픽 벨 파크)의 건설과정에 대한 비디오를 보는 것으로부터 시작되었다. 샌프란시스코를 연고지로 한 미식축구팀 '샌프란시스코 49ers'와 홈구장(몬스터 파크)을 공유하던 불편과 강풍의 영향권내에 있는 입지조건으로 야수들의 수비 애로 때문에 새 구장을 짓게 되었다는 前史的 背景에 이어 開場式, 開幕競技, 시즌 중의 하이라이트 등이 비디오에 담겨 있었다.

특히 베리본즈의 시즌 최다 홈런 기록이 달성되던 순간의 SBC 파크의 열띤 분위기가 눈길을 끌었는데 피홈런의 주인공이 박찬호여서 떨떠름한 기분을 지울 수 없었다. 이 투어를 하는 숱한 내장객들 앞에서 날마다 역사적 홈런을 맞는 순간을 재현해야 하는 그의 고통이 가슴으로 전해지는 것 같다.

엘리베이터를 타고 3층으로 올라가 관중석으로 들어가기 직전, 눈앞에 펼쳐진 샌프란시스코의 황홀한 스카이라인이 가슴을 설레게 한다. 트랜스 아메리카의 그로테스크한 삼각형 실루엣이 콤파스로 원을 그리듯 베이 브릿지의 처마 끝에 걸리더니 메트로 N 라인의 전차 레인이 피셔맨스 워프에 이르도록 타원의 몸부림을 치고 있다. 파크 앞을 관통하는 280번 도로가 멀리 80번 및 101번 도로와 합류하는 지점에 짙은 물보라 빛 아지랑이가 일고 있다. 그리고 마침내 3루측 관중석의 최상단에 들어서는 순간, 외야 담장 너머로 마주 보이는 샌프란시스코만의 바닷물빛이 마치 내보이길 꺼리는 숫처녀의 속살처럼 청초하게 다가온다. 순간, 나는 넋을 잃고 장승이 되어 그 자리에 서 있을 수밖에 없었다. 야구장 담장 밖으로 보이는 바다! 통곡하도록 눈이 시린 그 장면 하나만으로 SBC 파크는 충분히 존재할 이유가 있었다. 이 세상에서 가장 아름다운 야구장을 동공에 담은 내 가슴 속 戰慄은 쉽게 가라앉지 않았다.

이어서 우리는 경기장 내의 스위트룸, 선수 휴게실, 라커룸, 투구 및 배팅 연습실 등을 거쳐 경기장 안으로 들어가 선수들이 달리는 그라운드에 足跡을 남길 수 있었다. 덕아웃에 앉아 경기를 지휘하는 감독의 심정으로 경기장을 바라보기도 하고 구내 인터폰을 들어 불펜의 투수에게 등판을 지시하는 멘트를 날리기도 하면서 모두들 SBC

파크에서의 추억을 만들기에 여념이 없다. 투어를 마치고 경기장을 나서면서 SBC 파크의 구석구석을 정성껏 안내하고 설명해 주던 클라이드의 철저한 프로정신이 못내 뇌리에서 지워지지 않았다. 특히 3층 복도에 전시된 미국프로야구 메이저리그 30개 구단의 역사와 관련된 각종 사진 및 그림에 대한 설명을 하나도 빼 놓지 않던 그의 열성에서 단지 시설 소개에 치중하던 일본 야구장 투어(후쿠오카 돔과 오사까 돔)와의 차별성을 확인할 수 있었다.

다시 경기장 앞에서 메트로 N을 타고 시빅센터 역에서 내린 나는 샌프란시스코 시청 앞을 逍遙하며 도심의 낭만에 잠시 젖어본다. 시청 앞에 사열하듯 도열한 나무그루들 사이에서 중국인 단체관광객들이 사진을 찍느라 여념이 없다. 중세풍의 멋있는 시청과 장중한 시빅센터를 지나 라킨(Larkin)街에서 19번 버스를 타고 아쿠아틱 파크 부근의 종점에 내렸다. 바다엔 해수욕을 즐기는 일군의 여인네가 있어 눈길을 끈다. 내 자신도 의식치 못하는 사이 내 발은 어느덧 PH라인의 케이블카 시발점으로 향하고 있다. 케이블카에서 내려다보는 알카트레즈 섬은 바다에서 혼자 벌서고 있는 소년의 창백한 안색처럼 처량하다. 롬바드 언덕에서 내려 홍콩에서 온 학생들에게 부탁해 이를 배경으로 사진을 몇 장 찍었다. 다시 롬바드 스트리트를 서쪽으로 내려와 네스(Ness) 애비뉴에서 금문교로 가는 76번 버스를 기다렸으나 종내 오지 않기에 길가는 중국계 아가씨에게 물었더니 76번은 일요일 및 공휴일에만 한시적으로 운행한단다. 결국 맞은편 정거장에서 49번을 타고 기어리(Geary) 블러바드까지 가 38번으로 환승한 후, 다시 파크 프레시됴(Park Presidio) 블러바드에서 28번으로 갈아타야 했다.

이날따라 49번엔 마치 경로당가는 버스처럼 노인 일색이더니 샌프란시스코의 동서를 횡단하는 38번은 앉을 자리 없이 북적인다. 아마도 이 도시의 가장 황금노선인가 보다. 그런가 하면 금문교를 돌아오는 28번엔 드문드문 아베크족들이 눈에 띈다. 속절없이 76번으로 단번에 갈 수 있는 코스를 역 디귿자로 힘들게 순례한 꼴이다. 28번 버스는 베테런 (Veterans) 블러바드를 달리고 더글라스 맥아더 터널을 지나더니 곧장 금문교에 이르렀다. 노병을 의미하는 베테런과 2차대전의 영웅 맥아더의 이름이 차용된 걸 보니 이 지역은 '맥아더'과 연관이 있는 모양이다. 5년 전 패키지 여행에서 버스를 타고 건넜던 금문교를 도보로 건너는 기분은 말할 수 없이 감개무량하다. 5년 전의 그날처럼 이날도 짙은 濃霧가 시야를 가려 금문교 아래 太平洋의 滄浪한 물빛과 소살리토 쪽으로 뻗은 금문교의 기하학적 골곡미를 제대로 볼 수 없었음은 큰 아쉬움이었다. 다시 28번으로 돌아오는 길에 금문교 사이로 이스탄불의 성소피아사원을 축소한 듯한 멋있는 건축물이 눈에 띈다. 나중에서야 그것이 1915년 '파나마 퍼시픽 엑스포'를 기념해 지어진 '팰리스 옵 파인아츠'이란 걸 알았지만 차창 밖으로 겨울 석양에 빛나던 이 매력적인 건축물은 그대로 내 眼眸을 압도해 왔다.

   귀로의 28번 버스는 올 때와 다른 루트를 달려 시내의 동북방향을 내닫는다. 체스넷(Chesnut)스트리트에서 다시 30번으로 환승했다. 버스를 기다리며 중국인 할머니와 담소를 나누게 되었는데 대륙(본토) 출신인 이 할머니가 샌프란시스코에 거류한지는 50년이 넘었단다. 그의 맏아들이 49세이니 아들나이보다 오래 미국이란 새로운 고향에서 살아온 셈이다. 그러나 그녀는 아직도 중국어가 유창하고 극히 알아듣기 힘들게 구사하는 영어는 영원한 외국어일 뿐이다. 그의 아들이 미군 장교로 한국에 주둔 중인데 한국여인과 연애 중이라고 귀띔해준다. 피셔맨스 워프까지 東進하던 30번은 콜럼버스(Columbus) 애비뉴를 비스듬히 꺾어 돈 후부턴 샌프란시스코를 남북으로 종단하는 루트를 택한다. 이때부터 갑자기 중국인 승객들이 꾸역꾸역 늘어나더니 차이나타운이 가까워지면서 부턴 거의 중국인들로 입추의 여지없는 초만원이다. 그러고 보니 기사도 중국인, 승객도 온통 중국인, 차창 밖 길거리의 간판도 모조리 한자, 행인들도 중국 전통복장의 중국인들로 메워져 있다. 차 안은 중국어로 시끌벅적하고 어느 순간에 미국인 승객의 모습은 전혀 찾아볼 수 없다. 마치 '하울의 움직이는 성'을 타고 중국땅에 들어온 기분이다. 그러나 차이나타운이 끝나는 무렵 유니온스퀘어 직전의 한 터널을 지나면서부터 다시 길거리엔 미국 행인들의 모습이 보이기 시작한다. 그 많던 중국인 승객들은 어디론가 사라져 버리고 옆에도 앞에도 미국인 승객들로 대체되어 있다.

터널을 지나는 순간, 어느새 중국은 다시 미국으로 돌아와 있었다. 난 마치 우주의 신비스런 스타게이트를 지나온 듯한 환각에 빠져들었다. 정말 신기한 일이다. 미주대륙 최대의 중국인 거류지라는 샌프란시스코 차이나타운의 위력을 직접 눈으로 확인한 셈이다. 이제 사흘간 周遊天下했던 이 도시와 작별할 시간이 되었다. 마켓 스트리트의 파웰스트리트 역에서 바트(BART; Bay Area Rapid Transit)를 타고 이스트 베이 쪽으로 건너가야 한다. 지하 3층의 바트역사(지하 2층은 메트로 역) 승차권 판매기에서 티켓을 끊었다. 첫날 공항에서 시내로 들어올 때 이용한 경험이 있는지라 별 어려움이 없었다. 우선

자기가 갈 행선지까지의 요금을 확인한 후, 그 이상의 금액(지폐, 주화 모두 가능)을 주입구에 넣으면 티켓이 나온다. 잔액이 남아 있으면 다음 승차시, 모자라는 금액만큼 보충해 다시 이 티켓을 사용할 수 있고, 하차시 금액이 모자라면 출구 바로 앞의 정산기에서 그 액수만큼만 보충주입하면 된다.

이왕이면 버클리로 가기 전에 만 건너 우측의 오클랜드를 보고 싶다. 그래서 웨스트 오클랜드 역에서 리치먼드행으로 환승하려는 계획을 바꿔 프리몬트행의 이 열차를 계속 타고 가기로 했다. 오클랜드 국제공항과 에어셔틀로 연결되는 콜롯시움 역에 내렸을 때 짧은 겨울해는 이미 지고 황혼의 가쁜 숨결만이 이스트 베이 연안의 이 아름다운 도시를 감싸고 있다. 바트역사와 구름다리로 연결된 메이저리그 '오클랜드 어슬렉티스'의 홈구장인 '오클랜드 콜롯시움'까지 걸어가서 황혼에 젖어 우는 콜롯시움의 서글픈 자화상을 디카에 담았다. 마침 구름다리 위를 지나가는 젊은 청년이 있길래 '찍사'돼 주기를 부탁했더니 미소를 지으며 기꺼이 응해 준다. 70년대 초 월드시리즈를 3연패했던 오클랜드 어슬렉티스의 아성 앞에서 황혼의 기념사진을 찍는 것으로 오클랜드에서의 짧은 일정을 마무리하려니 아쉽기 그지없다. 더 어두워지기 전에 초행길의 버클리 숙소를 찾아가야 한다는 조급함이 오클랜드에서의 체류를 더 이상 용납하지 않는다.

3불 정도를 바트 승차권에 더 충전한 후 나는 드디어 이번 여행의 진정한 목적이 기다리고 있는 버클리 행 바트에 몸을 실었다. 오클랜드에서 버클리까진 모두 8정거장, 지상과 지하를 넘나들던 열차가 버클리에 가까워질수록 차내는 젊은 학생들로 가득하고 책을 읽는가 하면 옆 동료와 진지한 대화를 나누는 등 학구적 분위기로 가득하다.

학원도시가 가까워진다는 선입관 때문인지 모든 승객들이 세련되고 지적으로 보인다. 바트와 나란히 가는 123번 도로의 저녁 체증이 예사롭지 않다 싶더니 드디어 '다운타운 버클리'역이다. 바트에서 같이 하차한 여성(버클리대 사회학과를 졸업하고 석사과정 중이라는)의 도움으로 바트 역사 바로 앞에 위치한 숙소(Shattuck Plaza Hotel)를 손쉽게 찾을 수 있었다. 바트역사 앞 벤취에 구레나룻을 기른 장발 청년이 여성용 긴 부츠에 치마 차림으로 앉아 있는 모습은 세계 2위의 대학 UC Berkeley의 파격적 응용력을 연상시키기에 족했다.

2004년 12월 9일 오후 6시 11분, 나는 드디어 미 서부 최고의 학원도시 버클리에 입성했다. 60년대 미국판 스튜던트 파워의 진원지요 아메리컨 뉴시네마의 고전 '졸업'에서 더스틴 호프만의 출신교인 동시에 꿈의 제련소였던 버클리는 그렇게 내게 다가왔다. 버클리 도심을 관통하는 쉐텍 대로(Shattuck Avenue)의 겨울달이 소리없이 절규하는 사이로 이 도시의 근엄한 낭만이 조금씩 조금씩 숨죽여 새어 나가고 있었다.

(『갈 곳은 많고 돈은 없다 2』, 북치는 마을, 2006, 122-225쪽)

6. 아마존의 둥지를 찾아; 브라질 · 페루

1) 神들의 워터슬라이드, 이과수

2006년 1월 4일, 리오의 아침이 밝았다. 오늘은 이번 여행의 이유요 목적이라 할 이과수로 향하는 날, 왠지 설레는 마음에 조식당으로 가는 발걸음이 가볍다. 유창한 영어와 남다른 담력으로 아프리카, 인도, 알래스카 등지를 홀로 누비고 다닌 베테랑 여행광 A여사가 눈인사를 건네며 다가온다.

"저! 말씀 들으셨어요? 글쎄, P교수가 아침에 해변에서 캠코드를 강탈 당했대요!"

이 무슨, 청천벽력(靑天霹靂)인가? 불가능할 것 같은 우리의 체첸이사 일정을 되살린 일등공신, P교수가 그런 일을 당하다니! 첫날부터 지금껏 내내 결사적으로 캠코드를 피사체에 갖다대며 마치 전생에 한시라도 찍지 않으면 큰 벌을 받는 '찍사'이기라도 했듯이 부지런히 영사(影寫)활동을 하던 그에게 닥친 이 불행을 우리 모두는 안타까운 심정으로 바라볼 수밖에 달리 방법이 없었다. 코파카바나 해변의 모래 둔덕 아래는 해변에서 시야가 확보되지 않을 정도로 엄폐된 곳이라 위험하니 되도록 접근을 피하되, 불가피할 경우 야간보다는 아침시간을 활용해 잠깐 돌아보라는 현지 가이드의 말이 불현듯 생각났다. 아침 일찍 이 아름다운 해변의 아쉬운 흔적을 하나라도 더 자신의 카메라에 담으려 부지런을 떨던 그의 낭패를 당한 표정이 연상된다.

나중에 들은 상황담이지만, 불량배들이 득실거린다는 모래 둔덕 쪽으로 가지 않으려 신경쓰면서 보도 근처 백사장에 한발을 들여 놓는 순간, 어느 소년이 폴투칼어로 뭔가를 물어 오더란다. 시력이 나쁜 P교수가 이에 응하는 찰라, 갑자기 등 뒤에서 출현한 또래의 10대 소년 4명이 다짜고짜 팔에 동여맨 캠코더의 목걸이줄을 잡아당기기 시작했다. 결사적으로 소리치며 저항했지만 근처엔 도움을 줄만한 그 누구도 없었고, 캠코더줄에 감긴 팔이 떨어져 나갈듯한 고통에 잠시 힘을 푼 순간, 이미 캠코더는 그의 것이 아니었다. 이내 흐릿한 그의 눈엔 차량으로 범벅이 된 러쉬아워의 차도를 가로질러 비호처럼 사라지는 5소년의 잔영이 어른거릴 뿐이었다. 범죄로 얼룩진 리오의 빈민가 10대 소년들의 황폐한 삶을 그렸던 브라질 영화 [시티 옵 갓(City of God)]의 한 장면이 그대로 연출된 것이다.

공항으로 가기 직전, 코파카바나 해변의 공중전화에서 한국에서 사온 선불전화카드로 비로소 아내의 목소리를 들을 수 있었다. 예상외로 아내의 목소리는 편안하고 부드러웠다. 차라리 가정을 팽개치고 유랑을 떠난 가장에게 독기어린 욕설을 내뿜었더러면 마음이 더 편했을텐데……. 이래저래 인간은 참 간사한 동물임에 틀림없다. 마지막 순간에 서글픈 추억거리를 떠안긴 리오는 그렇게 우리와 작별해 갔다. 폴투칼 총독부 시절, 당시까지 왕국의 수도였던 '살바도르'로부터 천도한 이래 1963년 브라질리아에 그 기능을 이양할 때까지 250년간, 브라질의 수도로 군림해 왔던 대서양의 미항 '리오', 비행기에서 내려다보는 굴곡진 해안선이 마치 이별의 몸짓처럼 눈가에 아른거린다.

브리그항공의 브라질 국내선 RG 2162 편으로 약 2시간을 날아, 우리가 이과수에 도착한 때는 오후 5시 30분 경. 아열대의 한낮 직사광선이 뜨거운 열기를 내뿜으며 우리를 맞는다. 아르헨티나 및 파라과이와 함께 3개국의 국경을 접하고 있는 관계로 중계무역이 성한 이곳, 이과수는 커피와 콩 농사가 번창한데다 이과수 폭포를 찾는 관광객의 발길이 끊이지 않아 브라질 내에서도 현찰이 가장 왕성하게 유통되는 곳이다. 현재 기온은 섭씨 45도, 에어콘이 작동되는 버스에 타고 나서야 제 정신이 든다. 우리는 오전 비행기로 먼저 도착해 이과수강가의 유람선에서 우리를 기다리고 있던 선발팀 일행과 합류해 곧장 파라과이 인디오(과라니족) 민속촌 관광에 나섰다. 이과수 폭포로 흘러가는 이과수강을 거슬러 폭포의 반대편으로 직진하다 정면에 파라과이의 국경탑이 보이는 T자 3거리 국경수역(좌측은 아르헨티나, 우측은 브라질)에서 좌회전하면 여기서부터는 파라나강이다. 브라질, 아르헨티나, 파라과이의 3개국 정상회담이 열렸던 브라질측 회담장 건물이 얼마 전 에이팩 정상회담을 치른 부산 해운대의 '누리마루'를 연상시킨다. 이제부턴 다시 좌측으로 아르헨티나, 우측으론 인디오촌이 있는 파라과이를 사이에 두고 파라나강을 거슬러 올라가야 한다. 1시간이 채 못 되어 파라과이 민속촌으로 접어드는 선착장에 접안할 수 있었다.

엄연히 파라과이 영토에 진입했건만 CIQ(이민, 세관, 검역을 포함한 통관)절차는 전혀 없다. 어차피 강을 사이에 두고 수시로 국경을 넘나들며 화전을 일구고 고기잡이를 하며 생계를 유지해야 하는 인디오들에겐 무의미한 형식일 게다. 20여 분간 밀림 속의 굴곡진 구릉과 평지를 오르니 소박하기 이를 데 없는 인디오촌이 모습을 드러낸다. 비뚜름한 나무골대가 덩그러니 놓여져 있는 명색이 천연 론그라운드 축구연습장이 가장 먼저 눈에 띈다.

삼삼오오 인디오 아이들이 저희끼리 모여 앉아, 손수 만든 토산품들을 바닥에 깔아놓고 관광객들을 멀뚱멀뚱 쳐다보고 있다. 어느 누구도 사달라며 매달리지 않았지만 관광객들의 호주머니에선 약속이나 한 듯 1불짜리 지폐들이 쏟아져 나오고 앙증맞은 인디오 목걸이, 귀걸이, 팔찌 (비록 조악하기 이를 데 없지만) 등이 땅바닥 판매대에서 하나, 둘 주인을 찾아간다. 이를 바라보는 과라니 추장의 표정이 왠지 서글퍼 보인다. 인디오촌의 현대화에 관심이 많은 상당히 개화된 의식의 소유자이면서도 자존심이 강하다는 그는 관광객들과 함께 사진 찍는 것을 용납하지 않았다. 다시 유람선에 올라 숙소로 돌아가는 우리의 등 뒤로 파라나강의 낙조가 곱게 물들고 있다.

　이튿날(2006년 1월 5일), 우리는 먼저 기득권층의 반대를 무릅쓰고 리오에서 브라질리아로 천도한 '쥬셀린 구드셀린' 대통령의 이니셜을 딴, 이과수의 메인스트리트 'JK대로'를 지나 세계 최대의 수력발전소 '이따예프 댐' 관광에 나섰다. 도중에 이슬람 식당이 보인다 싶었더니 이곳엔 약 만5천여 명의 레바논인을 비롯한 아랍계 인구가 살고 있단다. 이과수의 아랍인! '아라비아의 로렌스' 만큼이나 이색적이다. 브라질과 파라과이 정부가 오랜 협상 끝에 1984년 파라나강에 준공한 이따예프 발전소는 시간당 발전량 1400만Kw로 세계 최대를 자랑한다. 이는 후버댐의 650만Kw, 수풍댐의 60만Kw, 충주댐의 40만Kw 등을 훨씬 상회함은 물론, 한국 5대 댐 발전총량의 15배에 달하는 것으로, 댐 건설의 대역사(大役事)는 세계 7대 불가사의로 꼽히고 있다. 파라과이 유역의 강을 막아 댐을 건설하고 브라질 유역에 인공호수를 만들어 저장한 물로 발전을 하는 이 절묘한 시스템은 약간의 영토지분을 제공한 빈국 파라과이의 결단과 거의 모든 자본을 감당한 브라질의 뚝심에 의한 합작품이었다.

　발전총량은 협정에 의해 양국이 반반씩 나누기로 했으나, 내수를 충족하고도 남는 파라과이가 45%를 다시 브라질에 재수출하므로 결과적으로 브라질이 95%를, 나머지를 파라과이가 사용하는 셈이다. 우리는 관리사무소에서 댐건설의 역사를 담은 영화를 관람한 후, 버스를 타고 14개 중 열린 6개의 수문에서 하이타이처럼 뿜어져 나오는 물세례의 장관을 연출하는 파라과이령 댐을 지나 거대한 발전 터빈이 가설된 발전소 한가운데를 뚫고 지나갔다. 발전소의 정 중앙이 양국의 국경이었는데 구조물 위로 거대한 인공호수가 펼쳐져 있었다. 생활의 실용품인 댐을 세계적인 관광상품으로 활용하는 이네들의 지혜가 새삼스럽게 가슴에 와 닿았다.

드디어 오늘의 하이라이트 '이과수 폭포'에 문안을 드릴 차례, 스페인선교사에 의해 발견돼 이곳이 세상에 알려지기 전, 거주민 과라니 인디오에 의해 이과수(큰 물)라 불려지던 것이 그대로 이 장대한 폭포의 명칭이 되어버렸으니, 그 애펠레이션(appellation; 명명)의 당연함에 수긍이 가고도 남는다. 먼저 이과수 중 최대의 수량을 자랑하는 '악마의 목구멍(Throat of Devil)'을 보기 위해 버스를 탄 채 越境하여 아르헨티나 측 이과수공원에 이르렀다. 단체입장권으로 공원 경내로 진입한 후, 600m를 걸어 다시 관광용 간이열차를 타야 한다. 열차에서 내려 오솔길 형식의 다리를 10분 쯤 걸었을까? 폭포는 보이지도 않는데 벌써 장대한 굉음이 귓가에 요동친다. 고개를 돌리니 얼마 전의 폭우로 떠내려간 다리를 보수하는 근로자들의 녹색 스웨터가 시야에 들어온다. 다른 사람들에게 볼거리를 베풀기 위해 흘리는 저들의 숭고한 땀방울에 잠시 고개가 숙여진다.

굉음이 점점 가까워져 오나 싶더니 드디어 내 눈 앞에 그야말로 귀를 찢을듯한 벽력 소리와 함께 이과수의 황제, '악마의 목구멍'이 모습을 드러냈다. 그것은 가히 신들의 '워터슬라이드'였다. 그 엄청난 수량, 황색과 백색이 어울린 오묘한 물빛, 폭포의 가운데에 걸쳐 있는 영롱한 무지개, 마치 보는 이를 통째로 집어 삼킬 듯한 엄청난 견인력에 모두들 바보처럼 입을 벌릴 뿐, 말들이 없다. "이거 하나로

500만원 본전, 다 뽑네!" 17박 18일의 총 경비를 이 장면 하나로 상쇄시키기도 남는다는 어느 사모님의 외마디 탄성에 모두 고개를 끄떡인다. 끊임없이 물세례를 뿜어내며 하강을 계속하는 폭포를 응시하고 있자니, 나도 모르게 폭포 속으로 빨려들 것 같은 환각에 빠진다. 불현듯 워터슬라이드를 타고 폭포 활강을 즐기는 神들의 올림픽이 연상된다. 가히 '악마의 목구멍'이 우리를 그 속으로 호출하고 있다. 모두들 이제껏 이처럼 공포와 전율을 일으키는 장관을 본 적이 없다고 이구동성이다.

정신 없이 사진을 찍어대다 보니 벌써 열차를 타러 가야 될 시간이다. 다시 브라질로 입경한 우리는 이태리식으로 점심식사를 마친 후, 옵션으로 택한 '마꼬꾸 사파리'를 즐기기 위해 브라질 이과수공원으로 향했다. 멸종위기에 처한 메추리과의 토산조류 '마꼬꾸'에서 명명된 이 사파리는 전기전동차와 사파리 트럭을 바꿔 타고 밀림 속을 지나쳐 이과수강가에 이른 후, 폭포 아래까지 모터보트를 타고 가는 코스로 이뤄져 있다. 밀림을 가로지르는 동안 이곳의 생태계에 대한 가이드의 설명이 이어졌다. 온갖 기이한 수목들이 이목을 끌었으나 그보다는 이곳 동물들의 먹이사슬에 더 관심이 갔다. 악어에 이어 식인어류 피라니가 정점에 있는 水軍(?)과 달리 퓨마, 재규어를 정점으로 오소리, 너구리 류가 뒤를 잇는 陸軍(?)도 흥미로웠지만 노란 부리가 몸 전체의 3/2에 달하는 이곳의 천연기념조류 '토까노'의 멋있는 자태가 퍽 이채로웠다.

여권과 귀중품을 비닐봉지에 넣어 가이드에 맡긴 뒤, 우리는 10여 명씩 한 조가 되어 모터보트를 타고 이과수 정벌에 나섰다. 이과수강을 거슬러 약 10분 쯤 쾌속질주하니 드디어 눈 앞에 이과수폭포의 한

쪽 언저리가 펼쳐진다. 수량이 많아 접근이 어려운 '악마의 목구멍' 쪽은 피하고 우리와 가장 가까운 거리에 자리잡은 무명의 변두리 폭포 속으로 보트가 갑자기 돌진해 들어가자 모두는 비명을 질러대기 시작했다. 45도 각도로 곤두선 보트가 2번을 선회한 후 폭포 속으로 돌진해 들어가는 순간은 모두가 제 정신이 아니었으나 폭포 바로 아래에서 흠뻑 물세례를 받고 속옷까지 다 젖은 상태로 빠져 나온 뒤엔 다시 그 순간으로 회귀하고 싶은 은밀한 욕구가 강렬히 일었다.

우리는 즉석 팁을 거둬 "once more!"를 열창했고 신이 난 기사는 두 번이나 더 우리에게 '이과수의 청룡열차'를 태워주었다. 우리 일행은 '공포와 쾌감'의 기묘한 경계장애를 겪는 '사이코'가 되어가고 있었다. 전기 전동차를 타고 다시 버스로 돌아오니 아프리카에서 지겹게 사파리를 해서 옵션을 선택치 않았다는 룸메이트가 하품을 해대면서도 매우 궁금해 하는 눈빛이다. 정말 탁월한 선택이었다고 약을 올렸더니 의외로 약발이 잘 받는다.

다시 브라질 이과수 공원 입구에 내린 우리는 브라질 쪽 전경을 살피며 이 위대한 대자연의 파노라마를 섭렵해 나갔다. 하이라이트인 '악마의 목구멍'을 지근에서 마스터하려면 아르헨티나 쪽이 알맞지만, 전장 5km, 274개의 폭포가 이어져 있는 이과수의 전체적 모습을 조망하려면 브라질 쪽에서의 관람이 역시 제격이다. 약 40분에 걸쳐, 밀림 속에 부끄러운 처녀의 속살처럼 감춰져 있는 폭포의 이곳저곳을 관찰해 나가다 보니 영화 [미션]의 촬영지였다는 '3총사 폭포'가 멀리 발아래 펼쳐진다. 카메라의 촬영 각도가 용이치 않아 사진으로 담지 못한 것이 못내 아쉽다. 상고머리 차림의 어리숙한 과라니족의 모습과 제레미 아이너스와 로버트 드니로의 열연이 아직까지 뇌리에 남아 있으나 전체 스토리가 가물가물하다. 아마도 결혼을 앞둔 아내와 데이트시절에 보러간 탓에, 영화 감상보다는 '작업'에 더 신경을 쓴 결과이리라!

사방으로 펼쳐진 이과수의 전체 파노라마를 감상할 수 있는 전망대(브라질을 대표하는 5폭포와 멀리 '악마의 목구멍'까지 관찰할 수 있는)와 바로 1m 지근에서 손에 닿을 듯 이과수의 숨소리를 느낄 수 있는 휴게소 전망대를 거쳐 엘리베이터를 타고 오른 꼭대기 라운지에서 무지개가 곳곳에 명멸한 이과수의 마지막 모습을 안광에 담았다. 이제는 이과수를 놓아줘야 할 시간이다. 어차피 데려가지 못할 자식(?)이 아닌가! 호텔로 가는 길에 토산품점에 들러 이곳의 명물 이과수 커피를 1박스(24개)에 37불을 주고 구입했다. 부담 없는 선물용이라며 일행의 거의 대부분이 구입했다. 호텔에서의 저녁식사는 브라질에서의 마지막 밤을 장식하기에 부족함이 없을 정도로 화려하고 찬란했다. 4인조 캄보밴드의 라틴 생음악에다 풍성한 현지식 메뉴, 현지랜드사에서 준비한 한국쌀로 지은 밥과 김치, 그리고 일행이 쏜 맥주 세례, 그야말로 '원더풀 피날레'였다.

2006년 1월 5일, 아열대 이과수의 밤이 그렇게 아쉬운 수명을 재촉하고 있었다.

2) 마추픽추의 굿바이 소년

페루로 오는 여정은 예사롭지 않았다. 산티아고 공항에서 무려 7시간을 환승 대기한 끝에 우리가 리마의 호텔에 여장을 푼 시각은 2006년 1월 7일 자정을 넘겨 1월 8일 새벽 1시, 이튿날 아침, 란페루

항공 LP 035편으로 리마 공항을 이륙한 우리가 목적지 꾸스꼬에 도착했을 때, 시계는 정오를 가리키고 있었다. 기내에서 페루가 자랑하는 노란 색 잉카콜라로 목을 축이는 사이, 내려다 보이는 꾸스꼬의 빛깔은 온통 황토색이다. 잉카제국의 고풍스런 컬러에 가슴이 설레인다.

꾸스꼬! 케추아어로 '배꼽'이란 의미를 가진 이곳은 해발 3,740m의 안데스 산중에 위치한 분지로 잉카인에 의해 13세기 초에 건설돼, 1533년 스페인의 피사로에 정복될 때까지 잉카제국의 수도였다. 스페인 정복자들에 의해 태평양 연안의 리마로 遷都할 때까지 그야말로 잉카문명의 심장으로 한 시대를 풍미했던 곳답게 정연한 시가지와 아름다운 건축물이 황갈색 톤의 서정으로 마음 속 깊이 다가왔. '꾸스꼬 광장'이 내려다보이는 전망 좋은 식당에서 페루 전통식으로 즐긴 점심식사는 내 가슴의 멋진 필름으로 아직껏 남아있다. 중세의 돌바닥 길과 운치있는 골목 사이로 푸른 안데스 산록이 스크럼을 짠 듯 미소짓고 있는 꾸스꼬 광장은 이곳이 전형적인 분지의 심장임을 일깨우게 한다. 스페인 식민지 시절의 방사선형 구도에 화원과 산록이 조화롭게 매치되어 일대는 그대로 한 폭의 수채화를 연상시킨다.

식사를 마친 우리가 먼저 찾은 곳은 외세의 침략에 맞서 제국을 방어했던 잉카의 천연요새 '삭사이만', 거대한 돌무더기로 꼼꼼이 짜맞춘 성채 요새에 경외감이 절로 인다. 그런데 웬일인지 불과 몇 m 전방의 목표물로 발걸음을 떼는데 골치가 아프고 어질어질한 게 심상치가 않다. 사방을 둘러보니 고령의 일행 몇 분들도 영 안색이 '아니올시다'이시다. 말로만 듣던 '고산증'을 살짝 경험한 셈이다. 삭사이만의 초원을 요로 깔고 성채의 돌무더기를 통째로 이불삼아 그 자리에 드러눕고 싶다. 계속해서 왕족의 전용목욕탕이었다는 '탐보마차이', 죽음과 연관된 의식을 치렀던 제단이 있는 '켄코', 붉은 성곽의 요새가 인상적인 '푸카푸카러' 등을 周遊하였지만, 대부분의 일행은 거의가 몽유병 환자 마냥 눈동자가 풀려있다.

잉카의 후예인 이곳 원주민 인디오들이 이 빙글거리는 고원에서 축구를 하는 모습을 보니 신기하기만 하다. "저 사람들 봐! 서 있기도 힘든 판국에 축구를 하네!" 우리의 수군거림에 아랑곳하지 않고 볼을 쫓는 이들의 열기는 뜨겁기만 하다. 그러고 보니 도시의 한복판에 덩그러니 축구장 스타디움이 자리하고 있다. 연전에 브라질 대표팀을 이곳에 불러 남미 축구선수권 대회 결승을 가졌는데, 거의 헬렐레 넋이 나간 브라질팀에 압승을 거두었단다. 숙소가 있는 우루밤바로 향하는 버스 속은 고요하기만 하다. 거의가 고산증과 멀미로 곯아 떨어졌기 때문……. 우리의 숙소(San Agustin Urubamba)는 알폰소 도데의 〈별〉에 나오는 목동의 오두막을 연상시키듯 온통 건물 전체가 동화 속의 낭만으로 도배되어 있다. 고산증에 시달린 여행객의 눈꺼풀이 피곤에 찌들어가는 사이, 안데스 산중에 자리잡은 그림 같은 田園古都 우루밤바의 별 헤는 밤이 이슥해지고 있다.

이튿날(2006.1.9), 일찌감치 숙소를 출발한 우리는 잉카의 명장 욜란타이담보가 건설한 페루의 '청학동' 욜란타이 마을에 들러 잉카의 후예들이 사는 모습을 관찰한 후 욜란타이 역에서 맞추피추 행 기차에 올랐다. 욜란타이 장군의 동상이 안데스 산록을 뒤로 한 채 마을을 수호하고 있는 이곳엔 잉카 시절 안데스 산록의 빙하수를 마을로 끌어당긴 水路가 아직도 건재해 있어 우리를 놀라게 했다. 우루밤바 강의 굽이치는 회색 물결을 좌우에 두르며 협곡을 구비 돈 기차는 약

1시간 30분 후 맞추피추역에 도착했다. 역에서 내리니 마치 우리나라의 오대산이나 설악산 국립공원 입구와 거의 흡사한 느낌이다. 오르막길을 따라 식당, 산장, 각종 기념품판매소 등이 다닥다닥 붙어있다. 다시 우리는 버스를 타고 약 30분 간의 지그재그 산행 끝에 잉카의 공중도시 맞추피추(Machu Picchu; 케추아족 언어로 '늙은 산'의 의미)의 입구에 다다를 수 있었다. 해발 2,280m 지점에 세워진 약 5 평방킬로미터 면적의 이 유적지는 아직도 그 연원이 수수께끼에 싸여 있는데, 1534년 정복자 스페인의 공권력에 저항해 반란을 일으켰던 만코 2세의 휘하 무리가 거점으로 삼았던 성채도시로 추정되고 있다.

공원 입구에서 단체 입장권을 끊은 뒤 약 20분간을 도보로 오르니 숱한 다큐멘타리에서 익히 봐오던 맞추피추의 그 웅장한 자태가 엄숙히 다가온다. 나는 그 자리에 할 말을 잃고 멈춰 설 수밖에 없었다. 실로 강요하지 않은 경건한 배례가 마음 속 깊은 곳으로부터 우러나왔다. 영화 [모터사이클 다이어리]에서 맞추피추를 찾은 체 게바라가 인디오 소년으로부터 스페인 침략군들이 비록 잉카를 정복하고 멸망시켰지만 그들의 문명과 자신들의 정신까지 정복하진 못했다는 소리를 경건히 듣던 장면이 가만히 연상되어졌다. 아직 철기문명 이전의 석기시대를 지혜롭게 구가한 여러 가지 흔적들이 곳곳에 배어 있었다. 바람의 저항을 최소화한 돌집의 건축양식, 석조 조형을 이용한 신전과 해시계, 여인의 쭈그려 앉은 미이라를 안장했던 동굴무덤, 그리고 관광객 무리를 물끄러미 쳐다보다 다시 풀을 뜯는 관상용으로 보이는 두어 마리의 알파카 등 맞추피추는 외관 뿐 아니라 갖가지 흥미로운 콘텐츠들을 보유하고 있었다. 중년의 묘한 매력이 흠씬 풍기는 페루 여성 가이드와 사진을 찍으며, 그녀가 체 게바라의 신의 깊은 혁명동지이자 정숙한 아내였던 페루 여성 '일다'와 닮은 모습이라는 생각이 얼핏 뇌리를 스쳤다.

정상에서 훑어보니 좌측은 굽이굽이 굴곡진 아마존강과 울울창창한 밀림의 시작이요 우측은 창연한 안데스산록의 끝자락이다. 이런 지정학적 위치로 인해 아마존 밀림에서 고산증 특효약인 코카잎을 얻으려는 원정대의 발길이 끊어지지 않았을 것이고 그러다 보니 자연스럽게 이 지역이 세상의 관심거리로 노출되어 이 같은 공중도시가 건설되었으리라! 부질없는 가정을 해본다. 하산하는 길에 우리는 실로 충격적인 광경을 목도했다. 그것은 바로 '굿바이 소년'의 존재.

낭떠러지 계곡을 내려오기 위해 버스는 약 25분 여에 걸쳐 일곱 구비의 산길을 돌아야 했다. 그런데 잉카복장의 10세 소년이 그 일곱 구비마다 나타나 우리에게 "굿바이"를 외치는 게 아닌가? 고산증과 피곤에 절은 대부분의 승객은 두번 째 구비에 나타난 소년이 처음 소년과 동일인물인지 처음엔 半信半疑하였으나 3번째 구비에서 동일인물임을 확인하고는 모두들 버스가 떠나갈 듯한 탄성을 질러댔다. 잉카시절의 파발꾼, '챠스키'(Chaski)가 이용하던 산중 지름길과 계단을 미끄러지듯 질주해 버스를 앞질러 7번이나 산비탈 구비길에 나타난 소년에게 세계 각국에서 모인 차내 관광객들은 충격과 동시에 경외감을 가질 수밖에 없었던 것이다. 그리곤 일곱 구비를 돌아 마지막 평지에 도착했을 때, 버스에 올라탄 그가 앳된 목소리로 "굿바이, 사요나라, 아디오스, 짜이찌엔, 뚜빠나치스카마, 안녕히 가세요"하며 6개 국어의 고별인사를 남기자 누가 먼저랄 것도 앞다퉈 품속에서 꺼낸 1달러짜리 지폐를 소년의 고사리 같은 손에 쥐어주었다.

나중에서야 이 소년이 출발지에서 관광객의 버스를 배당받아 죽어라고 배당된 버스를 질러온 맞추피추의 기발한 '신종 앵벌이'로서, 수입을 반씩 버스기사와 나눠가지며 하루에 보통 2번, 잘하면 3번씩 '버스 추월'의 묘기를 선보이는 '강심장의 산악전문 구보자'란 사실을 알 수 있었다. 그러나 소년이 관광객의 주머니를 노린 앵벌이란 사실은 그다지 중요하지 않았다. 우리 모두는 變聲期前 12세 전후가 停年退職이라는 이 가냘픈 소년의 기발한 집념과 치열한 도전정신에 일종의 대리만족과 경외감을 가지지 않을 수 없었고, 그리하여 기꺼이 1불 씩의 팁을 주면서 우리의 '잃어버린 다리'를 위무하여야만 했던 것이다.

우루밤바의 아늑한 숙소에서 맞이하는 잉카에서의 두 번째 밤이 蜃氣樓처럼 대뇌 속에서 浮沈하고 있다. 굿바이소년의 환영이 뇌리에 어른거린다. 창밖으로 휘영청 밝은 보름달의 그림자가 길게 쓰러지고 있었다.

(『굿바이소년을 찾아서』, 새미, 2010, 285-293쪽 & 301-307쪽)

7. 인더스문명에 젖어; 북인도

1) 역사보다 깊은 도시, 바라나시의 미소

저녁 6시 25분에 출발하는 바라나시행 야간 침대열차를 타기 위해 델리 역에 도착한 시각은 한여름 태양이 마지막 신경질을 부리던 오후 5시 경. 얼마 전 뭄바이 열차 테러를 비롯해 건국이래 종족 간 종교 분쟁이 그칠 날 없었던 인도인지라 역 입구에서도 검색대를 통과해야 했다. 말로만 듣던 인도 역의 플랫폼은 시가지 모습과는 또 다른 풍경화를 연출하고 있다. 찜통더위에 로봇처럼 앉아 선풍기도 멈춰버린 3등 객차의 설움을 묵묵히 삼키는 서민승객들, 플랫폼 바닥에 가방을 깔고 누워 오지 않는 기차를 꿈속에서 마중하려는 대기승객들, 도착승객의 짐을 먼저 차지하려 목 좋은 곳에 퍼질고 앉아 치열한 탐색전을 벌이는 포오터들, 누우런 때가 묻은 좌판대 음료수에 몰려드는 파리를 쫓으며 돈 세기에 바쁜 행상들, 어떻게 검색대를 통과했는지 기차 기다리는 승객에게 구걸하는 꼬맹이들. 그야말로 만화경 같은 델리 역 구내의 풍경이 뿌연 대낮 아지랑이 속에 피어오르고 있다.

연발착을 밥먹듯한다는 정보와는 달리 바라나시행 열차는 제 시각에 정확히 움직이기 시작했다. 침대좌석 'AS3-14'에 자리잡은 나는 같은 행렬에 배정받은 5명의 우리 일행과 함께 현지 랜드사에서 준비한 한국식 주먹밥 도시락으로 저녁식사를 한 후, 일찌감치 잠자리에 들었다. 3사람이 앉아 있던 1층 좌석 위로 2개의 침상을 가로 펼치니 3층 침대가 만들어진다. 3층 꼭대기 침상이 내 자리, 차창 밖에 부딪치는 밤 소나기 소리를 들으며 엉거주춤 3층 침상에 오르는 내 모습이 꼭 배불뚝이 다람쥐 같다. 다소 불편할 것이라는 예상과는 달리 비교적 숙면을 취할 수 있었다. 차창에 비치는 아침 햇살에 눈이 부시다 싶었더니, 먼 산으로 꿩이 날아가고 밭 한 가운데서 용변을 본 소년이 바지를 여미며 일어서고 있다. 사방이 적토빛으로 변해가며 누우런 강줄기가 보이기 시작한다. 드디어 '바라나시'다. 그렇게 우리는 인류의 역사보다 더 오랜 이 영원의 도시에 이르렀다.

서로 우리의 짐을 먼저 차지하려는 바라나시 역 짐꾼들의 아우성으로부터 바라나시의 여정은 시작되었다. 일단 인도의 일상과는 동떨어진 듯한 훌륭한 호텔에서 아침식사와 세면을 마친 우리는 부처가 최초의 설법을 행했다는 사르나트로 향하였다. 먼저 사르나트의 스리랑카 사원, '물라간다 꾸띠 비하르(Mulagandha Kuti Vihar)'와 고고학 박물관에서 부처(고타마 싯달타)의 해탈에 이르는 과정을 비롯한 생애에 관련된 각종 자료 및 유물을 관람한 우리는 부처가 최초로 설법을 행해 이곳을 불교 4대 성지로 자리잡게 한 사르나트 유적군(Main Site)의 녹야원에 발걸음을 멈추었다.

이 유적군의 상징인 지름 28.5m, 높이 33.5m의 다멕 스투파(Dhamekh Stupa)는 부다가 다섯 도반에게 처음 행한 설법인 초전법륜을 기념하기 위한 석탑이라는데, 고대 인도의 광개토 대왕으로 불리는 '아쇼카 대왕의 석주(Ashokan Pillar)'가 상단의 사자상이 떨어져 나간 채 기단만 남아 있는 것과는 달리 온전한 위용을 과시하고 있어 눈길을 끌었다. 다시 바라나시의 호텔로 귀환해 점심식사를 겸한 휴식을 취한 우리는 이곳 지역 영주(마하라자; 위대한 왕이라는 뜻)의 왕궁으로서 아직도 그들이 거주하고 있는 람나가르성으로 한낮의 '마실'을 나가게 되었다. 인도라는 열악한 환경을 잠시나마 잊게 해주었던, 에어콘 빵빵한 훌륭한 시설의 호텔에서 바깥거리로의 외출은 마치 지옥과 천당을 오가는 저승사자의 출장을 연상시키는 듯하다.

우기인 탓에 거대한 흙탕 물줄기를 도도히 흘려보내는 갠지스강의 150년 짜리 낡은 철교 위에서 바라본 갠지스 강가의 가트(Ghat; 강가와 맞닿아 있는 계단) 지대엔 묘한 숙연함이 배어 있었다. 후줄근한

복장의 경비병이 보초를 쓰고 있는 퇴락한 림나가르성의 왕궁엔, 라자스탄주처럼 지방영주의 현존하는 영향력이 강하지 않아서인지 그다지 눈길을 끌만한 화려한 볼거리도 없었고 관례적 코스로 입장한 외국인 관광객들의 어색한 발길만이 부산하다.

 무굴의 중앙정권과 영국 식민지 총독부 시절을 거치며 철저한 사대외교로 자신들의 기득권을 보장받은 인도의 지역 영주들은 아직도 그 노하우를 활용, 그들의 각종 재산권를 비롯한 일정한 특혜를 입고 있다. 물론 과거의 전제적 권리는 누리지 못하고 있지만……. 과거 바라나시 지역 영주의 선대 유물과 각종 무기, 장식물, 승용차 등 왕실 용품과 사진자료들을 비치한 자료관을 둘러본 후, 림나가르성에 연한 가트(왕비의 산책 베란다용)에 나가 강 건너 멀리 화장터 쪽과 왕궁 쪽을 번갈아 배경으로 사진을 찍고 밖으로 나왔다.

 사발에 담아주는 이 지역 특유의 달삭한 요쿠르트를 한 잔씩 먹고 호텔행 버스로 발길을 돌리는데, 아까 성 입장 전부터 보자기를 둘러쓴 채, 일정한 간격을 두고 고개를 좌우로 돌려대던 걸인이 아직도 그 의미없는(?) 동작을 계속하고 있는 것이 눈에 띈다. 족히 2시간은 지났을 법한데……. 북새통의 시장통을 지나 다시 호텔로 돌아 온 우리는 잠시 땀을 말린 후, 2인1조로 사이클 릭샤에 분승해 화장터가 있는 갠지스강가의 가트까지 행진해 가기로 했다. 나는 바라나시 현지 가이드인 아제이(Ajay)와 동승하게 되었는데 영리한 눈매가 범상치 않아 신원조회 겸 말을 걸었더니, 세상에나! 이곳의 명문 '베나레스 힌두 대학'(Benares Hindu University)에서 인도사를 전공하고 박사학위를 받은 인텔리이다. 현재 국가공인 가이드협회 회장일을 맡아 보고 있단다.

홀어머니를 비롯해 그의 4형제 부부와 아이들까지 합쳐 모두 17명의 대가족이 6베드룸의 한 집에 함께 살고 있단다. 힌두교와 불교의 성지인데다 이슬람에 대한 영속적 저항지였고 영국 식민지 시절엔 독립운동의 정신적 지주 역할을 했던 바라나시인지라 아직도 산스크리트어를 공부하려는 인도의 지성들이 모이는 이곳에서 "인도 국민운동 당시 바라나시의 역할(The Role of Baranasi in Indian National Movement)"이란 논제로 학위를 취득한 아제이의 얼굴엔 자긍심과 좌절감이 묘하게 교차하는 듯하였다. 인도를 살아있는 박물관으로 박제화하는데 필요한 모든 동영상들이 사이클릭샤로 헤쳐나가는 바라나시의 시가지 곳곳에서 활기차게 재생되고 있다. 자동차, 트럭, 오토릭샤, 사이클릭샤 등 온갖 탈것들과 갖은 행색의 행인과 부랑자들, 고정석을 차지한 걸인들, 그리고 개, 소, 말, 나귀, 염소, 양, 거위 등이 인도 특유의 매케한 내음 속에 황혼 속의 매스게임을 펼치듯 이방인의 시야에 들어차고 있다.

각인각색의 무질서한 행렬들이 곧 들이박을 듯 말 듯 하면서도 절묘하게 피해가는 묘기를 연출하는 사이, 우리의 릭샤왈라도 경적조차 없는 사이클릭샤를 오케스트라의 지휘자마냥 능숙하게 움직이며 그 카오스의 물결을 헤쳐나간다. 가히 신기에 가깝다. 머리로는 사방을 두리번거리면서도 연신 손과 발은 정확히 목표를 향한 지렛대 구실을 한다. 약 40분간에 걸친 사이클릭샤 탑승은 새로운 세계로의 색다른 경험으로 부족함이 없었다.

시장 입구에서부터 갠지즈강가의 가장 대표적 가트인 다샤스와메드(Dasaswamedh)까지는 릭샤 진입을 금하는 바람에 우리는 도보로 인파를 헤치며 나아갈 수밖에 없었는데 간간이 악수를 청하는 사람들이 눈에 띄었다. 그들은 안마사들로 손을 잡게 되면 돈을 내고 안마를 해야 되니 주의하라고 산토스가 일러주었다. 다샤스와메드 가트에서 출발하는 보트에 오른 우리 일행은 황혼에 젖어가는 갠지스 강을 북상해 성자의 고행을 체험해본다. 가트를 베개삼아 여행자들의 숙소가 빽빽이 들어선 좌측 언덕배기 위에 5개의 불사위가 타오르고 있다. 갠지스강가의 가장 대표적 버닝 가트(화장터)인 마니까르니까(Manikarnika) 가트다. 5구의 시신이 화염에 휩싸여 연기를 내뿜고 있는 가운데 아래 계단엔 붉은 천에 감싸인 여인의 시신이 차례를 기다리고 있다.

화장터 옆에 산더미처럼 쌓인 장작더미가 바라나시의 엄숙함을 더하는 듯하다. 화장을 끝낸 어느 할머니의 마지막 흔적(타다 남은 뼈와 가루)을 갠지즈강가에 뿌리려 화장터 관계자의 부축을 받아 강물과 닿아있는 가트의 마지막 계단에 내려선 백발 할아버지의 서글픈 어깨 위로 달빛이 서럽게 훌쩍인다. 어느새 우리 배에 건너 탄 소녀로부터 소원을 빌어 띄운다는 '꽃종이 양초'(디아)를 10루피에 구입해 온갖 영령의 영욕을 거둬들이고 있는 갠지즈강에 흘러보냈다.

완전한 일몰이 이뤄진 다샤스와메드 가트의 무대 위에선 세계 각국에서 몰려든 순례객과 관광객들의 호기심 어린 주시 속에 힌두교의 종교의식(푸자)이 거행되기 시작한다. 역사보다 오랜 도시 바라나시의 밤이 갠지즈의 그윽한 포효 속에 깊어가고 있었다.

2) 샤자한의 망처가(望妻歌), 타지마할

무굴제국의 옛 도읍지, 아그라로 가는 여정은 어제 못지않게 빡빡

했다. 한 여름 인도의 농촌 풍경이 차창 밖에서 신음에 묻혀 내 눈가에 날아들고 있다. 배탈에 멀미가 겹친 충청도 할머니가 신경쓰인다며 산토스가 1호차와 2호차의 선탑자를 바꾸기를 제의해 쾌히 승낙했다. 산토스의 가이드로서의 사명감과 경로정신에 다시금 탄복했다. 2호차는 대구에서 온 중년의 부부, 서울에서 온 젊은 부부, 광주에서 홀로 온 50대 후반의 여선생님으로 구성되었는데 모 은행 대전 지역본부의 간부로 있다는 40대 신사의 부인이 재기 넘치는 입담으로 차내에 활기를 불어 넣었다.

2호차의 기사는 어제 1호차의 '밥'과는 달리 과묵한 스타일로 묵묵히 운전에 열중한 채 설명이 필요할 때만 입을 열었다. 따라서 주로 나와 '밥'의 대화로 채워졌던 어제 1호차의 분위기완 달리 오늘 2호차의 이니시어티브는 이 젊은 부인이 휘어잡을 수밖에 없었다. 교회 성가대 소속이라는 이 부인이 청아한 목소리로 자신이 직접 노래를 불러가며 차내의 분위기를 노래방 스타일로 몰고 가는 바람에 차창에 머리를 박아가며 졸던 우리 모두는 졸지에 한낮의 꾀꼬리가 되어야 했다. 아그라로 가는 특급 열차를 타기 위해 잔시(Jansi)로 향하는 이날의 여정 중, 가장 눈길을 끈 것은 다리 너머 차창 너머로 그 예사롭잖은 자태를 드러내던 오르차(Orcha)의 古城이었다. 무굴제국의 제항기르가 왕자 시절, 부왕 악바르에게 반란을 일으킨 후 이곳의 군주 '비르 싱 데오'의 비호를 받은 인연으로 16세기에 번창했던 오르차에는 라즈 마할, 쉬스 마할, 제항기르 마할, 람 라자 만디르 등 훌륭한 건축물들이 있는데, 아쉽게도 달리는 차창 너머로 보이는 저 고성이 무엇인지는 정확히 알 수 없었다.

대여섯 시간의 드라이브 끝에 이날 자동차 여행의 종착지인 잔시,

정확히 말하자면 잔시역에 도착하였다. 산토스가 열차 수속을 밟으러 간 사이, 우리는 포대기에 아이를 감싸 안은 채 달라붙어 동냥을 호소하는 일군의 여인네에게 홍역을 치뤄야 했다. 다들 차 안으로 피신했지만 줄기차게 차창을 두드리며 우리와 눈을 맞추려는 그네들의 안간 힘이 안쓰럽기도 하고 한편으론 소름 끼치도록 진저리쳐지기도 한다. 잔시에서 아그라까지 우리가 이용한 특급열차는 넓은 좌석에 차장의 음료 서비스까지 곁들여 비교적 쾌적한 시설을 자랑했는데 우리의 KTX처럼 가운데를 기준으로 좌석이 역방향과 순방향으로 구분되어 있었다.

인도 북부 골든 트라이 앵글의 대표적 관광지 '아그라'역에는 숱한 부랑자와 노숙자들이 역 구내외 여기저기에 널부러져, 거리를 안방 삼아 취침 중이었고 짐을 머리에 인 포터를 앞세워 버스로 향하는 우리를 줄기차며 따라오며 구걸하는 맨발 아이들의 무표정한 눈망울엔 대물린 가난의 멍에가 새록새록 돋아나 보였다.

이튿날 새벽 6시에 기상해 이른 조식을 마친 우리는 이번 인도 관광의 하이라이트인 타지마할 관람을 위해 버스에 올랐다. 어젯밤 어둠 속에 묻혀 있던 아그라의 리얼뷰(real-view)가 이른 아침 차창 밖으로 재생되고 있었다. 삼성을 비롯한 각국 기업의 선전판과 각종 게시물들, 노점상 준비를 위해 자리를 정리하는 사람들, 주택가 모퉁이에서 벌거벗고 멱을 감는 사람, 사이클 릭샤에 짐을 가득 싣고 어디론가 열심히 페달을 밟는 릭샤왈라 등, 예외 없이 아그라의 아침도 인도의 여느 도시처럼 민생의 숨소리로부터 시작되고 있었다.

타지마할 앞 주차장에서 내린 우리는 여기서 다시 배터리 버스로 갈아타고 2~3분 여를 더 가서 드디어 타지마할 매표소 입구에 이르렀다. 매연으로부터 세계적 명소요 그들의 주요 수입원인 타지마할을 보존하기 위한 인도 정부 당국의 노력이 엿보였다. 이른 아침부터 장사진을 친 매표행렬엔 어째 대부분이 서양인들뿐이다. 알고 봤더니 매표소가 인도 내국인 전용의 남문과 외국인 전용의 북문으로 나눠져 있었다. 입장료도 내국인이 20루피인데 비해 외국인은 ADA(인도 고고학회 기금)포함 무려 750루피로, 단일 건물 입장료로는 역사상 유래가 없는 高價이다. 우리는 이른 아침 출발한 덕에 비교적 일찍 북문 매표소를 통과해 타지마할 경내에 진입할 수 있었다. 립스틱, 건전지, 라이터, 볼펜류 등 벽면에 장식된 보석을 훼손 또는 절취할 수 있는 일체의 소지품에 대한 엄중한 검색을 거치고 타지마할의 땅을 밟은 우리의 시야에 맞은 편 남문을 통해 싼 값(?)으로 들어온 인도 현지인의 행렬이 어슴푸레 들어왔다.

타지마할(Taj Mahal)은 익히 알려진 대로 무굴제국의 건축광이었던 샤자한 황제가 출산 도중 사망한 아내 뭄타즈 마할을 기려서 만든 무덤 사원으로, 당시 천하를 호령했던 무굴황제가 아닌 한 지아비로서의 뜨거운 순애보가 절절이 가슴에 와 닿는 곳이다. 1632년부터 1654년까지 22년간에 걸친 공사기간을 상징하는 전후면 모두 22개의 종루형 조형물이 타지마할 앞 무굴정원으로 향하는 중간 출입구의 꼭대기에 설치돼 있다.

중간 출입구 부설 건물에 들어서니 아치형의 통로 속으로 타지마할 본당의 백색 자태가 모습을 드러낸다. 종족과 이념을 초월해 인간이 만든 이 불가사의한 사랑의 조형물을 보기 위해 세계 각국에서 몰려든 이들의 카메라 플래쉬가 여기저기서 쉴 새 없이 터지기 시작한다. 아치형의 통로를 지나오니 드디어 공간 속에 갇혀 있던 타지마할의 전모가 푸른 하늘 아래 드러난다. 물을 빼버린 연못을 머금은 무굴 정원 위로 마치 천상의 백색궁전이 백색 두건을 두른 채 4개의 미나렛(이슬람 첨탑)의 호위를 받아 지상에 착륙한 듯한 광경에 모두들 얼이 빠져 있다. 30여 년 전 중학교 교과서에 실린 타지마할의 사진을 본 후, 언젠가 한 번은 꼭 가서 보리라던 소망이 실현된 환희에 들며 무굴 정원 앞 가장 좋은 각도에서 기념사진을 찍었다.

당대 최고의 페르샤 건축가 우스타드 이사(Ustad Isa)가 설계한 이 아름다운 건축물은 철저히 대칭형의 구도를 고수해 본당 좌우에 두 개의 이슬람 예배사원을 별도로 거느리고 있다. (우측의 사원은 실제 예배용도로 사용되지 않는, 대칭을 위한 건축구도상의 건물에 지나지 않는다.) 모자이크의 일종인 피에투라 두라(Pietra Dura)기법으로 벽면에 보석이 장식된 본당 내부를 둘러 보다 샤자한과 뭄타즈 마할의 가묘에 눈이 멎었다. 아이러니컬하게도 타지마할 안에서 좌우 대칭구조를 이루지 않은 유일한 구조물인 셈이다. 무덤을 두개로 만들 순 없을테니……. 본당을 빠져나와 뒤편을 우회하니 야무나강에서 헤엄치는 아이들의 모습이 동공에 들어찬다. 야무나강 너머로 아그라의 또 하나의 자랑거리, 아그라성의 실루엣이 희미하게 드러나고 있다. 타지마할을 만든 샤자한이 말년에 아들 아우랑제브에게 유폐되어 강 너머로 이곳을 물끄러미 바라보며 생을 마쳤다는 아그라성의 무삼만 버즈가 샤자한의 비원을 말해 주는 듯 희뿌연 안개 속에 흐느끼고 있다.

갖은 종교로 분열된 인도의 민중을 대승적 차원에서 포용해 민족 단합을 이루기 위한 취지에서 어느 독지가에 의해 100년 째 건축 중이라는 더얄박 힌두사원을 잠시 둘러본 우리는 이어서 곧장 아그라성으로 향하였다. 아그라성은 1566년 악바르 대제에 의해 지어진 높이 20m, 폭 2.5km의 군사 요새였으나, 악바르의 손자인 샤자한이 자신의 건축적 혜안을 십분 발휘해 궁전으로 변모시켰다고 한다. 붉은 사암으로 둘러싸인 성벽의 위용에 두근거리는 가슴을 진정하며 정문에 해당하는 남쪽의 아마르 싱 게이트(Amar Singh Gate)를 들어서면 450년 전 무굴제국의 영화가 파노라마 스치듯 뇌리에 들어찬다.

  왕의 공식접견실인 디와니암(Diwan-i-Am), 개인접견실인 디와니카스(Diwan-i-Khas), 악바르가 어렵게 얻은 아들(훗날의 제항기르 황제)을 위해 지은 제항기르 팰리스(Jehangir's Palace), 성내 여성 전용시장이었던 레이디스 바자르(Ladies' Bazaar), 그리고 샤자한이 아들로부터 유폐되어 숨지기까지 8년간 통한의 세월을 보냈던 '포로의 탑'이란 뜻의 무삼만 버즈(Musamman Burj) 등 성내 곳곳을 산토스의 안내로 둘러 보았다. 무삼만 버즈에서 한 눈에 들어오는 타지마할을 쳐다보니, 아까 타지마할에서 이곳을 바라볼 때와는 또 다른 감회가 전신에 스며든다. 아들에게 유폐돼 사랑하는 아내가 잠든, 세상에서 가장 예쁜 집을 바라보는 그의 고독하고 비통한 심사에 동화되어서일까?

  다시 호텔로 돌아와 현지식으로 중식을 마친 우리는 이제 골든 트라이 앵글의 마지막 목적지 자이푸르로의 여정에 오른다. 비교적 도로 사정이 좋은 아그라 - 자이푸르 구간인지라 이제부턴 버스가 투입된다. 모처럼 16인의 일행이 함께 이동하게 되니 차내는 반가운 정담으로 가득하다. 아그라 시가를 벗어나 물소들이 목욕하는 야무나 강가의 철도 건널목을 지나 얼마를 달리니 창밖으로 파테뿌르 시크리의 성곽이 보인다. 아들이 없던 악바르 대제의 기적적인 후사과정에 공헌한 이 지역의 수피 성자 세이크 살림 치스티(Sheikh Salim Chisthi)에 보답하기 위해 아그라 인근의 파테부르 시크리로 수도를 옮겼던 시절(1571~1585)의 왕궁과 성곽 자리이다. 시간 관계상 달리는 차의 창밖으로 음미하는데 만족해야 했다.

우리가 가는 자이푸르는 광활한 사막지대인 라자스탄주의 도읍으로 예로부터 교통과 상거래의 요지로 명성이 높은 허브 시티(Hub City)이다. 그러나 사막지대 특유의 폭염은 우리를 숨막히게 했고 게릴라처럼 엄습하는 강렬한 소나기는 여름 옷에 온몸을 노출한 우리를 전율에 떨게 했다. 소나기가 그친 뒤, 우리나라에선 동물원에서나 볼 수 있는 공작이 그 우아한 날개를 접고 도로의 둔덕에 다소곳이 앉아 있는 모습이 차창 밖으로 보였다. 흘러간 가요 [인도의 향불]의 첫 구절이 "공작새 날개를 휘감는 염불소리…"로 시작되는 연유를 비로소 인도 땅에 와서 확인하는 순간이었다.

아그라를 출발한 지 약 5시간 30분 후, 우리는 전통 광대 복장의 풍물팀이 주악으로 환영하는 자이푸르 외곽의 골드 팰리스(Gold Palace) 호텔에 당도했다. 어둠이 깃든 라자스탄의 대지가 어스름 달빛 속에 우리를 맞고 있었다.

(『굿바이소년을 찾아서』, 새미, 2010, 82-88쪽 & 96-102쪽)

8. 검은 대륙의 속삭임으로; 남아프리카

1) 내 짐은 어디에?

빅폴 공항은 퍽 수더분한 모습이었다. 빅토리아폴스가 아무리 짐바브웨에 황금알을 낳아주는 관광도시라지만 일국의 수도가 아닌, 잠비아 국경의 변방도시에 불과한 인구 6만의 타운임을 공항의 규모가 그대로 웅변해 주는 듯하였다. 때가 건기의 성수기임을 말해 주는 듯 만석의 비행기에서 쏟아져 나온 관광객들이 출입국 심사대 앞에 꾸역꾸역 도열하고 나서부터 기다림과의 전쟁이 시작되었다. 30불씩의 비자피를 즉석에서 걷고 발급해 주는 입국비자는 출입국 직원의 완벽한(?) 수기로 작성되는 탓에 우리는 근 30분 이상을 허비해야 했다. 할 일 없이 사자 사파리가 그려진 빅폴 관광 안내판을 바라보며 볼멘소리를 해대다 겨우 입국 심사대를 통과하자 이번엔 전혀 예상치 못했던 일격이 우리에게 다가왔다.

우리 일행을 포함한 이날 입국한 한국인 관광객 70여 명의 화물이 도착하지 않은 것이다. 홍콩 첵락콕 공항에서 환승 대기할 때, 예상을 뒤엎고 이라크가 아시안컵 우승을 했다는 소식을 전하면서 우리 짐이 무사히 실리고 있음을 확인해 준 CPA직원의 미소를 기억하는 나는 조벅(요하네스버그)공항에서도 컴퓨터 모니터를 가리키며 분명히 당신들의 짐이 이상없이 동행하고 있음을 공언한 SA측 흑인 직원의 인상까지 또렷한 지라 도대체 어디에서부터 무엇이 잘못되었는지 퍽 혼란스러웠다. 졸지에 갈아입을 옷도 세면도구도 없어진 숱한 승객들이 항공사 사무실에 몰려가 법석을 떤 후에야, 성수기 만석 항공기의 화물 용량 초과로 연일 지연 탑재가 되다보니, 어제의 승객 짐 대신 오늘 승객 짐이 실리지 못한 것 같다는 추측성 해명을 들을 수 있었다.

  모두들 내일 올지도 확실치 않은 짐의 행방에 대한 불안으로 심기가 불편한 가운데, 달랑 배낭 하나 뿐인 내 짐과 인솔자 조선생의 가방만은 다행히 도착해 있었으나, 일행의 눈치를 살피며 표정관리를 해야만 했다. 그러나 숙소에 도착해 자물쇠를 채우지 않은 배낭을 열어봤더니 내용물을 뒤진 흔적과 함께 갈아입을 긴 팔 소매 셔츠와 속옷 사이에 포개둔 우의가 없어졌다는 사실을 확인할 수 있었다. 5년 전 일본 여행시, 후쿠오카의 캐널시티에서 1,000엔에 구입한 싸구려 중국제품이라 금전적 손실감은 없었으나, 그래도 5년간이나 여로에 동행하였던 분신을 잃은 서운함이 물밀 듯 밀려왔다. 아내 몰래 짐을 싸 출발 2일 전, 차 트렁크에 넣어 두느라 초소형 배낭 하나에 불과했던 탓에 무거운 여행용 트렁크 일색의 일행과 달리 짐이 무사히 온 것에 만족해야 했다.

  우리가 묵을 '아잠베지 리버 로지(A'Zambezi River Lodge)'는 바로 잠베지강에 연해 있는, 퍽 수려하고 낭만적인 경관을 자랑하는 처소였다. 아프리카의 전통 지붕이엉이 이채로운 롯지가 잠베지강을 배경으로 병풍처럼 둘러싼 사이로 아프리카의 운치를 물씬 풍기는 정원이 수영장과 함께 펼쳐져 있어 자연과 인공의 조화를 만끽할 수 있는 곳이었다. 바로 이곳에서 잠베지강 크루즈가 발착하고 있었는데 강 건너편이 국경 너머 잠비아라는 사실이 나를 묘하게 들뜨게 한다. 모두들 수화물 미도착의 서운함을 숙소의 풍광에서 보상받은 듯 잠베지강가의 야외식당에서 바베큐 뷔페로 즐거운 점심을 들었다. 일부 손님이 음식을 담기 위해 테이블을 비운 사이, 갑자기 나무 위에서 내려온 원숭이 일당이 남은 음식을 잽싸게 챙겨 도주하는 모습에서 이곳이 아프리카임을 실감할 수 있었다.

빅폴 관광을 위해 숙소에서 여장을 챙겨 나오니 일군의 멧돼지(wart hog) 가족이 롯지 리셉션 근처를 서성거리고 있다. 피오스(Pios)란 이름의 현지 가이드는 영어가 유창한, 초롱한 눈망울의 흑인이었다. 짐바브웨의 수도 하라레에서 남쪽으로 70Km 떨어진 작은 촌락 출신으로, 고교 졸업 후 돈을 벌기 위해 단신으로 빅폴에 와 가이드로 정착했다는 그는 꽤 친화력있고 영리한 청년이었다. 피오스가 직접 운전하는 마이크로버스는 빅토리아 폭포로 가는 도중, 빅폴 시가를 거치고 있었다. 아프리카적인 원시성과 관광지로서의 도회성이 묘하게 습합된 시가의 분위기는 브라질의 이구아수 시가에 비해 훨씬 투박해 보였고 중심가의 규모도 보잘것이 없었다. 메인 스트리트인 리빙스턴 웨이와 교차하는 파크웨이 주변으로 은행, 우체국, 관광안내소, 쇼핑센터 등 공공시설이 밀집해 있었고 꽤 큰 규모의 고급 호텔들도 눈에 띄었다.

시커먼 피부에 눈과 이만 새하얀 행인들이 초라한 행색으로 외국인이 탄 버스를 찡그리며 응시하고 있다. 괜히 눈을 마주치기가 무안해 고개를 돌리니 곧게 뻗어 있는 철로가 보이고 기차가 정차해 있다. 역사도 보이지 않는 저곳이 바로 그 유명한 빅토리아 폴스 역이란다. 20세기 초 아프리카 식민경영을 위해 이집트의 카이로에서부터 남아공의 케이프타운까지 대륙을 남북으로 종단하는 철로를 가설했던 영국 식민통치의 부산물이었던 이 역은 항공교통이 대중화되기 전까지 빅토리아 폭포 관광의 일등공신이었었다. 그러고 보니, 서구 제국주의가 발호하던 20세기 초엽, 독일의 3B 정책(베를린-바그다드-비잔티움을 잇는 수송정책)에 대응했던 게 영국의 3C정책(카이로-캘커타-케이프타운을 잇는 수송정책)이라며 학창시절 외웠던 게 불현듯 상기되어진다. 지금은 초라한 시골 간이역으로 퇴색한 빅폴 역엔 낡은 기차에서 오르내리는 아프리카의 고단한 초상들만이 한낮의 땡볕에 애처롭다.

빅폴 시가를 벗어나자 곧 우렁찬 폭포의 굉음이 가까워지더니 멀리서 물보라가 올려퍼지는 것이 보이기 시작했다. 나는 마침내 세계 3대폭포를 모두 섭렵한다는 더 할 수 없는 홍분 속에 물보라를 뿌리며 접근을 완강히 거부하는 빅토리아의 장막을 헤집고 한 걸음 한 걸음 굉음 속으로 다가서고 있었다.

2) 쵸베에서 사파리를

아프리카 대륙에서 맞이하는 첫 여명은 분명 남다른 감동이 있다. 롯지 객실의 커튼 사이로 엊저녁에 밀려났던 태양이 복권(復權)의 기운을 추스르는가 싶더니, 이곳이 그네들의 '나와바리'(?)임을 각인시키듯 롯지 정원 한가운데를 버젓이 가로지르는 바분(baboon; 개코원숭이) 한 쌍의 불량(不良)스런 활보로부터 새벽이 열리고 있었다. 어제 점심을 먹었던 롯지의 식당에서 아침 식사를 하는데, 이곳의 절기가 북반부와 계절이 반대(겨울)임을 을씨년스런 아침공기가 그대로 대변해주고 있다. 긴 팔 옷을 걸쳤는데도 냉랭한 한기에 오금이 저릴 정도다. 이러다가도 낮이면 땡볕이 내리쬐이는 열기를 내뿜으니 인솔자 조선생 말대로 양파 복장(두껍게 입었다 한 겹씩 벗는)이 제 격이다.

　오늘 우리는 이곳 빅토리아 폴스에서 약 1시간 거리에 있는 보츠와나 국경을 통과해 세계최대의 코끼리 서식지대인 '쵸베 국립공원'에서 육상 및 수상 사파리를 즐길 예정이다. 우리는 짐바브웨 출입국 사무소를 거쳐 보츠와나 출입국 사무소에 이날 아침 가장 먼저 도착했다. 그러나 비자 면제 협정이 체결되어 있는 일본의 단체관광객에게 순서를 추월당하고 130불의 비자피를 낸 후, 1시간 여를 기다려서야 국경을 통과할 수 있었다. 보츠와나에 대한 기본 상식이라야 영화 [부시맨]의 종족이 사는, 칼라하리 사막을 끼고 있는 아프리카 남부의 왕국이라는 게 고작이었는데, 남아공 다음으로 아프리카 남부에선 가장 부국에 속하며 안정된 취업률과 낮은 범죄율을 자랑한다고 한다. 평균 수명이 아직 40세가 안 될 정도로 적은 인구(200만 남짓)를 강력한 사법체제(범법자의 손을 자르고 일가친척이 보는 앞에서 공개 처형함.)로 적절히 통제해 아프리카의 고질적 병폐인 부정부패를 근절한 덕에 1인당 소득 3,000불에 육박하는 아프리카의 부자나라가 되었다고 한다.

　실제로 보츠와나~짐바브웨 국경엔 유래없는 인플레이션으로 국가경제가 도산 직전에 빠져있는 짐바브웨의 보따리 상인들이 상대적으로 물자가 풍부한 보츠와나로부터 유입된 맥주, 빵 등을 비롯한 각종 생필품들을 어깨에 걸머지고 줄지어 통관을 기다리는 모습들이 목격되었다. 잠시 후, 우리는 '쵸베 국립공원'에 도착했다. 어제 우리가 크루즈를 즐긴 잠베지강의 빅폴 유역에서 50km를 거슬러 오면 이곳에 이른단다. 바지선에 승선한 우리 일행은 일단 오전에 수상 사파리부터 체험하기로 했다. 어린 시절, 당시 한국 최고의 배구 중계 캐스터 임문택 아나운서가 진행하던 [동물의 왕국] 프로그램의 오프닝 시그널로 화면에 펼쳐지던 '쵸베 국립공원'에 실제로 발을 디뎠다고 생각하니 그 감회는 이루 말로 다할 수가 없었다.

무려 12만 마리의 코끼리를 비롯해 하마, 코뿔소, 악어, 사자, 표범, 물소, 임팔라, 기린, 쿠두 등의 육상동물은 물론 독수리, 기니파울(호로호로새), 아프리카 가마우치, 붉은배 찌르레기, 윕버드(weeper bird) 등 각종 조류에 이르기까지 '쵸베'는 다양한 동물콘텐츠를 보유한 천혜의 영역이었다. 이번 일정에 빠진 아프리카 사파리의 대명사 케냐 일원(암보셀리, 마사이마라, 나쿠루)관광과 킬리만자로 관망의 기회를 대신 보상받기 위해 우리는 불시에 나타날 '쵸베'의 동물주민을 맞을 만반의 준비를 다했다.

그러나 모두가 카메라의 조리개를 매만지며 그렇게도 출현을 고대하던 코끼리는 우리가 쵸베의 잠베지강가를 주유한 지 2시간이 다 되도록 그림자도 찾아볼 수 없었다. 12만 마리의 개체수를 자랑한다던 세계최대의 코끼리 서식지라는 명성은 대체 어디서 온 걸까? 어제의 수화물 미도착 사건에 이어 코끼리의 텃밭에서 코끼리의 그림자도 구경 못한 것이 자기 탓이기나 한 것처럼 안절부절 못하는 우리의 불쌍(?)한 인솔자 조 선생의 탄식이 고도를 높여가는 쵸베의 백주 태양에 묻혀가고 있었다.

물론 그 시간 동안, 우리가 전혀 동물 구경을 못한 건 아니었다. 어제는 물 밖으로 전신을 드러내지 않았던 하마란 놈이 떼를 지어 습지에서 뒹굴거리는 걸 볼 수 있었고 (우리는 거기를 '하마밭'이라 불렀다.) 가마우치처럼 생긴 물새가 요상스런 나뭇가지에 앉아 폼을 잡는 모습이며 이름을 알 수 없는 작은 새가 사파리 배 난간에 앉아 우리를 되려 사파리의 대상으로 삼던 앙증맞은 광경마저도 안광에 담을 수 있었다. 뿐만 아니라, 어제처럼 물가 둔덕에 배를 깔고 엎드려 귀찮은 듯 관광객을 째려보는 악어와 물가 나뭇가지에 죽은 듯 매달린 도마뱀, 그리고 하마 무리에 섞여 태연스레 풀을 뜯는 버펄로들까지 볼 수 있었다. 이 과정에서, 좀 더 가까이서 하마 구경을 시켜주려 '하마밭'에 접근했다가 수초에 스크류가 걸려 옴짝달싹 못하는 다른 배를 견인해 줬는데, 이번엔 우리 배가 같은 처지가 되기도 하는 등 한 바탕 고초를 겪기도 했다. 흑인 가이드가 아프리카에서 인명살상을 가장 많이 하는 위험 동물이 사자가 아닌 하마라며 (하마가 육지에서 풀을 뜯어 먹는 중에 자신과 물 사이에 등장하는 물체가 있으면 이를 자신이 물로 복귀하는 것을 방해하는 자로 간주해 가차없이 밟아 죽이기 때문이라 함. 하마는 보통 낮에 태양열로부터 피부를 보호키 위해 물 속에 몸을 담그고 있다 해진 뒤 육지에 올라 풀을 뜯는데 육지에서의 최고 시속은 40km/h라고 함.) 우리의 심드렁한 심기를 달래려 아프리카의 'mass murderer' 하마의 위용을 침 튀기며 설명하고 있을 때, 거의 몇 백 m 전방에 어슬렁거리는 검은 물체가 눈에 띄었다.

전속력으로 다가가 보니 그것은 학수고대하던 코끼리였다. 12만 마리가 산다는 이곳에서 겨우 1마리를 발견한 우리는 그 동안 참았던 탄성을 일시에 터뜨리며 카메라의 셔터를 누르기 바빴다. 그런데 코끼리 중에도 '끼 있는 탤런트'가 있는지, 뒤늦게 나타난 이 빅5(아프리카 사파리의 대표적 5동물; 사자, 표범, 물소, 코뿔소, 코끼리) 종족의 대표동물은 뛰어난 개인기로 맥바진 수상 사파리에 지쳐있던 우리를 무진장 즐겁게 해주었다. 어슬렁거리며 물가에 나타났던 그는 멋있는 자태로 수중에 입수하더니 초반엔 수중 걷기의 모드에서, 물이 점차 깊어지자 우아한 자유영의 모드로 바꾸더니 건너편 습지 둔덕에 도착해 뭍에 오르자 마자 이번엔 진흙바닥에 온몸을 굴리며 머드 팩의 진수를 선보이고 있었다.

　그 격렬하면서도 절도있는 머드팩의 향연에 이어 그는 자신의 남성(?)을 최대한 팽창시키는 것으로 깜짝 원맨쇼를 마무리지었다. "어머머! 저걸 어째! 난 몰라" 하며 난데 없는 지상 최대동물의 팬서비스에 충격어린 탄성을 내뿜는 대한민국 아줌마들의 아우성을 뒤로 오전 수상 사파리가 끝나가고 있었다. 나는 점심식사를 향해 사파리공원내 식당으로 향하며 12만 코끼리를 대표해 우리를 즐겁게 해 준 그 기특한 코끼리를 떠올리며 "량보다는 질"이라는 평범한 아포리즘을 다시금 상기해 보았다. 아프리칸 뷔페로 점심을 마친 우리는 2대의 사파리 트럭에 분승해 육상 사파리에 도전했다. 혼자 온 원죄(?)로 전망 좋은 뒷칸에 타지 못하고 가이드(기사) 옆 조수석에 타게 된 나는 가이드의 설명을 분명히 알아들을 수 있어 좋았으나, 수시로 고개를 뒤로 돌리며 시야를 개척해야 하는 번거로움을 감수해야 했다.

　오후의 육상 사파리는 오전 수상 사파리의 갈증을 일시에 해소할 정도로 풍성했다. 숲 속 길 초입에서 임팔라 무리가 우리를 맞을 때부터 뭔가 심상찮더니 연이어 쿠두, 오릭스, 워터벅, 가젤 등의 초식 영양류는 물론 기린, 멧돼지, 버펄로 등이 마치 순서를 기다리는 패션쇼 모델처럼 차례로 등장해 우리를 즐겁게 했다. 이윽고 사파리 차량이 잠베지강이 드러나 보이는 T자 길에서 물가를 따라 좌회전하자 이곳이 코끼리의 아성임을 확인해 주듯 20~30마리 씩 군집을 이룬 코끼리 무리들이 여기저기서 물놀이를 즐기는 모습이 내 눈에 포착되었다. 리더의 통제에 따라 일사불란하게 대열을 지어 숲속 그네들의 전용로를 지나와선 물가에서 머드팩과 수영을 즐기곤 다시 줄 맞춰 왔던 길을 되돌아 숲 속으로 사라지는 이 거대한 동물을 물끄러미 바라보며 '인간이 감히 넘볼 수 없는 동물왕국의 섭리와 질서'에 경건해지는 나 자신을 되돌아 보았다. 아버지가 어린 아들을 목욕탕에 데리고 다니듯, 조심스레 아기 코끼리를 보호해 인도하는 이들 무리 속에서 인수(人獸)를 초월한 아프리카의 평화스런 정경이 더 없이 애틋하다.

가이드를 겸한 기사는 코끼리가 머드 팩을 하는 건 뜨거운 태양열로부터 피부를 보호하고 물 속에서 달라붙는 진드기를 쫓기 위한 것이라고 귀뜸해 준다. 쵸베공원의 잠베지강가와 습지 둔덕에 숱한 코끼리 무리와 하마, 버펄로들이 공생하고 있음을 확인한 우리가 차머리를 돌려 귀로에 접어들 무렵, 갑자기 우리 차 앞에 숱한 차량들이 정적 속에 정차해 있음을 깨달을 수 있었다. 내 옆의 가이드가 눈을 찡긋하며 입에 손가락을 갖다대더니 "레퍼드(표범)"라 속삭인다. 잠시 후, 과연 물가로 이어진 숲 덤불 아래로 날렵한 몸매의 표범 한 마리가 어슬렁거리며 내려오고 있다. 나무 밑에서 서성거리는 청설모 1마리를 발견하고 전속으로 돌진했으나 어느새 청설모는 나무 꼭대기로 피신 한 뒤였다. 우리에게 마지막 서바이벌 실황을 보여준 표범에게 감사하며 등을 돌리는데, 몇 주전 표범의 소행이라며 나뭇가지에 결려있는 '내장 없는 쿠두의 시신'을 가이드가 가리킨다.

빅5 중 코뿔소와 사자를 끝내 못 봤다는 아쉬움을 뒤로 하고 우리는 귀로에 올랐다. 아까 오던 길의 역순으로 보츠와나~짐바브웨 국경을 통과해 숙소로 돌아오는 중에 어제 누락된 수화물에 대한 일행의 궁금증이 일시에 폭발한다. 공항 수화물 취급자를 수소문하기 위해 빅폴 시내의 킹덤 리조트(Kingdom Resort)에 들렀으나 그는 오리무중이다. 덕분에 특급 호텔 수준인 '킹덤 리조트'의 훌륭한 시설을 확인할 수 있었다. 조선생도 빅폴에 이런 고급 숙박시설이 있는 줄 처음 알았단다. 결국 우리 일행은 나를 비롯한 비관련자 일부를 숙소에 데려다 준 뒤 수화물 도착여부를 직접 확인키 위해 공항으로 달려가야 했다. 말라리아약(라리암) 후유증인지 오후 내내 골치가 아팠던 나는 일행이 무사히 짐을 찾아오기를 기원하며 숙소에서 샤워를 끝낸 뒤 약속시간에 로비에 내려왔다. 다행히 1가족의 가방 1개를 제외한 모든 짐이 도착해 있었다. 모두들 짐을 찾은 기쁨에 젖어 아프리카 전통 특식 보마 요리를 들기 위해 식당으로 가는 차 안은 따뜻한 훈기와 웃음으로 가득하다.

　세계 각국에서 모인 관광객들이 원주민의 전통 민속공연을 보며 즐기는 보마 요리는 색다른 맛의 체험으로 손색이 없었다. 이날 저녁 나는 임팔라, 타조, 쿠두, 악어, 멧돼지 등 다양한 동물의 고기를 맛봤는데 임팔라와 타조가 가장 입에 맞은 것같았다. 온갖 동물이 뱃속 가득 채워진 포만감으로 숙소에 돌아 왔을 때 CNN은 아프칸 한국인 질의 2번째 살해 소식을 숨가쁘게 전하고 있다. 잠시 잊었던 두통이 다시 도지기 시작한다. 아프리카에서 맞는 7월의 마지막 밤이 소리없이 저물고 있었다.

3) 아! 희망봉!

　잠비아 쪽에서 바라보는 빅토리아 폭포는 또 다른 감흥이 있다. 차창 너머로 번지점프대가 설치된 짐바브웨~잠비아 국경 다리(빅토리아대교)의 아치 속 비경이 나를 설레게 하고 있었다. 짐바브웨의 것과는 다른 포즈로 우리를 맞는 리빙스턴 동상을 지나 이스턴 폭포(Eastern Falls)와 안락의자 폭포(Armchair Falls)로부터 시작되는 잠비아 사이드의 빅폴을 순회하자니 폭포 물세례가 장난이 아니다. 우기 때는 우의를 걸쳐도 비에 젖은 생쥐 꼴이 된다는 가이드 말이 실감난다. 물세례 뿐 아니라 폭포의 스펙타클한 경관도 짐바브웨 쪽보다 한결 더 역동적이다. 잠비아 쪽을 둘러보지 않고 짐바브웨 쪽만 보고 갔다면 크나큰 회한을 남길 뻔했다. 특히 무지개 펼쳐진 현교(懸橋)를 지나 폭포에서 떨어진 물회오리가 장관을 이루던 용소까지 거닐었던 순간은 평생 잊지 못할 소중한 추억으로 남을 것이다. 시간이 여의치 않아 빅폴의 전모를 공중에서 조감할 수 있는 헬기 투어(20분 정도에 약 120불)를 하지 못한 것이 못내 아쉽다.
　10불의 비자피를 물고 건너간 잠비아에서의 빅폴 관광은 분명 만족스러운 것이었다. 빅토리아대교를 지나 다시 짐바브웨로 돌아온(정확히 말하자면 잠비아의 '리빙스턴'시티로부터 짐바브웨의 '빅토리아폴스' 시티로) 우리는 전통목각시장에서 간단한 쇼핑을 한 후 요하네스버그 행 비행기를 타기 위해 공항으로 내달렸다. 나는 빅5 동물이 목각된 벽걸이 제품을 5불에 구입하였다. 더 타산적으로 흥정을 했다면 1~2불 더 깎을 수도 있었겠지만 이네들의 애타는 눈망울을 보니 박절하게 굴 수가 없었다. 공항에서 3일 동안 우리의 충실한 발과 입이 되어주었던 가이드 피오스와 작별을 해야 했다. 사진을 같이 찍으며 이별의 아쉬움을 달랬다. 퍽 총명하고 성실한 그의 눈매가 언제까지나 생각날 것 같다.

요하네스버그(이곳에선 '조벅'이라 줄여 부른다.) 공항에서 국내선으로의 환승 대기를 거쳐 이날의 최종목적지 케이프타운에 도착한 시각은 2007년 8월 1일 오후 6시 경이었다. 케이프타운에 거의 가까워질 무렵, 하늘에서 내려다 본 그랜드캐년을 방불케 하는 남아공 남부의 오묘한 지세(地勢)가 퍽 인상적이었다. 현지 교민이 경영하는 한식당에 들러 오랜만에 갈비와 찌개를 곁들인 저녁식사를 하고 나니 한결 생기 있는 눈으로 이 아름다운 도시의 밤 풍경을 여유 있게 살필 수 있었다. 케이프타운 항만을 굽어 볼 수 있는 언덕배기에 자리한 '가든 코트' 호텔은 위치만큼이나 훌륭한 시설을 자랑해 우리를 흡족하게 했다. 1급 호텔로서는 나무랄 데 없는 설비를 갖추고 있었고 널찍한 트윈 베드와 함께 객실상태도 양호한 편이었다. 덕분에 편안한 밤을 보낼 수 있었다.

이튿날 아침, 먼동이 터오는 케이프타운 항만을 내려다보며 아메리칸 조식 뷔페로 넉넉히 배를 채운 내가 객실로 돌아 왔을 때, CNN은 미네소타의 다리붕괴소식을 전하며 호들갑을 떨고 있다. 성수대교 참사 때, '대표적인 후진국형 사고'라며 미국 같은 선진국에선 상상도 할 수 없는 일이라던 그네들의 오만함과 자만심이 부른 결과이리라! 케이프타운 시내 관광에 이어 희망봉까지 돌아오려면 되도록 이른 시각에 출발을 해야 한다며 이른 아침 종종걸음으로 달려온 현지 한인가이드 이승한 신생의 스포티한 차림새가 정장 차림의 어제 분위기와는 사뭇 달라 이채롭다.

어젯밤 호텔 바에서 인솔자 조 선생과 셋이서 맥주잔을 기울이며 남아공 이민생활의 희노애락을 토로하던 중, 그는 퍽 놀랍고 흥미로운 사실을 얘기했었다. 그건 바로 이 선생의 부인이 한국에서도 개봉된 아프리카 시에라라리온 내전 소재의 [블러드 다이아몬드]에 엑스트라로 출연했다는 것이었다. 그러고 보니 영화 초반부, 아프리카 문제 해결을 위한 세계 정상회담 장면에 퍽 기품 있는 동양여성이 카메라에 잡혔던 것이 생각난다. 세상에 우째 이런 우연의 만남이……. 조벅에서 이민생활을 하다 케이프타운으로 이주하기까지의 개인적 이민사에 곁들여 남아공의 정정(政情)및 전반적 생활상, 역사 등을 해박한 지식과 정연한 논리로 특유의 유머에 섞어 전하는 그의 눈매에 한국인으로서의 자긍심과 고국 관광객을 맞는 반가움이 물씬 묻어난다.

이른 아침 차창 너머로 보이는 케이프타운의 시가는 여느 아름답고 평온한 유럽 도시와 다를 바 없다. 테이블마운틴이 회백색 구름 속에 버티고 선 이 도시의 아침을 맞기 위해 우리는 우선 캠프스 베이(Camps bay)로 향했다. 테이블마운틴의 산록과 푸른 물결이 넘실대는 해안을 배산임수(背山臨水)의 형세로 머금은 고급 주택과 호텔들이 병풍처럼 둘러쳐진 '12사도 바위(Twelve Apostles)'와 더불어 고혹적인 앙상블을 연출하고 있다. 마치 지진으로 무너진 집처럼 어긋난 사선(斜線)을 강조한 하얀색 저택이 특히 눈길을 끌었다. 호주의 '그레이트 오션로드(GOR)'에도 바다 속에 일렬로 늘어선 '12사도 바위(Twelve Apostles)'가 있지만 바다를 내려다보며 테이블마운틴에 연해 산록에 늘어선 '12사도 바위'는 또 다른 감흥을 불러일으키기에 족했다. 나는 이 장엄한 자연의 파노라마를 배경으로 사진을 찍은 뒤, 그 정취에 취해 이곳에서 '남아프리카의 풍광'을 담은 DVD 타이틀을 20불에 구입했다.

　이어서 우리가 케이프반도에서 가장 아름답다는 해안마을 호우트 베이(Hout bay)에 이르는 동안, 차창 밖으론 한 폭의 평화롭고 아름다운 풍경화가 황갈색 전원(田園)의 운치로 고즈넉이 펼쳐진다. 호우트 베이 선착장에서 '서클 론치'(Circle Launches; 1972년 설립된 여객운송업체)의 유람선에 탑승한 우리는 약 10여분 후 물개와 바다새의 집단서식지로 유명한 도이커(Duiker) 섬 해상에 도착했다. 정확히 말하자면 '물개'가 아니라 '바다표범(Cape Fur Seal)'인 이들의 이곳에서의 최대 개체수는 약 5,000마리라고 하는데 그들 특유의 반짝이는 흑갈색 톤으로 섬 전체를 뒤덮고 있었다. 이와 함께 갈매기의 일종인 '제방 가마우치(the Bank Comorant)'의 무리가 물개들과 어울려 해군과 공군의 합동훈련을 연상시키듯 동거를 하고 있는 장면이 인상적이었다. 대서양으로 뻗어 있는 이곳 해상엔 고래(the Southern Right Whale)와 돌고래(the Heavisides Dolphin)도 자주 출몰한다는데 도이커 섬 주변의 풍랑이 워낙 심했던 이날엔 이들의 모습을 대할 수 없어 아쉬웠다.

　다시 호우트 베이 선착장으로 돌아온 우리는 M6도로로 케이프반도를 횡단해 이번엔 인도양 연안의 해안도로로 접어들었다. 우리나라의 정동진 해안을 연상시키듯 굽이쳐 감도는 곡각해안을 따라 자동차도로와 철로가 나란히 놓여져 있었는데, 노란색 기차가 그림같은 해안을 달리는 풍경은 아직까지 내 가슴에 영원한 노스탤지어로 남아있다. 카크 베이(Kalk bay)의 골동품 상가를 주유하며 잠시 휴식을 취한 우리는 이어서 '테이블마운틴 국립공원' 내의 '볼더스(the

Boulders)' 비치를 찾았다. 주차장에서 매표소 입구까지 10여분 정도를 도보로 가는 사이 펼쳐진 노변 풍광은 호주, 뉴질랜드와 같은 남반부적 정취로 가득하다.

매표소를 지나 공원 경내로 들어서니 먼저 감포 앞바다의 문무대왕릉을 연상시키는 넓적한 바위(일명 '노아의 방주'라 부른단다.)가 눈에 띈다. 오른편으로 휘돌아 나가니 여기가 아프리카에서만 서식하는 '자카드 펭귄'의 집단서식지임을 증명하듯 수 많은 펭귄들이 삼삼오오 대열을 지나 그네들만의 왕국을 조심스레 공개한다. 남호주 캥거루섬에서 본 '페어리 펭귄'보다 약간 큰 몸집의 이들 '자카드 펭귄'들은 바위와 모래와 해변과 숲이 절묘히 조화된 이곳에서 다양한 포즈로 그들의 파라다이스를 연출해 가고 있었다.

이색적이게도 중국식당에서 앙증스런 소형 랩스터(이곳 특산의)와 초밥, 캘리포니아롤 등 전혀 중국적이지 않은 메뉴로 만족한 점심식사를 마친 우리는 이제 드디어 대서양과 인도양이 만나는 아프리카 대륙의 최남단 '희망봉(Cape of Good Hope)'으로 향한다. 이곳으로 향하는 도중, 창밖의 산세와 풍광을 살펴보니 키작은 관목지대가 평원에 연이어져 있는 것이 작은 덤불(부쉬; bush)이 주종을 이루는 호주의 시골(outback), 특히 캥거루섬 의 경관과 많이 닮아있다. 초목이 좀 더 푸르고 산록을 끼고 있다는 점이 호주의 자연과 다른 점이라고 할 까? 우리나라에선 상대적으로 귀한 자연산 전복이 이 일대 해안과 그 주변에 굉장히 풍성하게 서식한다는 이 선생의 설명을 듣는 사이에 벌써 차는 케이프 포인트(Cape Point)의 주차장에 진입하고 있다.

우리는 일단 등대가 있는 케이프 포인트 전망대로 가기 위해 '푸닌클라'에 탑승했다. 학창시절 '푸닌클라 푸닌클리'라는 이태리 가요를 통해 처음 알게 된 이 산악용 궤도차량을 나는 이미 칠레의 발파라이소에서 타본 경험이 있어 이번이 두 번 째 탑승인 셈이다. 발파라이소의 것이 목조로 된 낡은 것이라 운치가 있는 대신 속도도 느리고 불안했다면 케이프 포인트의 푸닌클라는 신형 철제차량이어서 안정감은 있었으나 케이블카나 일반전철의 상투적 탑승감 이상을 맛보긴 힘들었다. 세계 각국 주요도시까지의 방향과 거리가 표시된 이정표 아래서 사진을 찍은 내가 전망대에 서서 바다를 내려다보니 좌청룡 우백호가 아니라, 좌인도양 우대서양이다. 실로 감개가 무량하다. 오른쪽으로 고개를 돌려 몸을 트니 그 유명한 희망봉(Cape of Good Hope)이 발 아래 보인다. 바로 손에 잡힐 듯 지척인데도, 구불구불한 트레일 코스를 휘감아 돌아야 하므로 이곳 케이프포인트 전망대에서 도보로 약 30~40분 이상이 소요된단다. 다시 푸닌클라를 타고 주차장 입구로 되돌아가기 보다는 이곳에 왔으니 이 역사적 처소에 발자욱을 남기고 싶은 소망이 불현듯 일어 희망봉까지 걸어가기로 했다.

아프리카 대륙의 실질적인 최남단은 희망봉의 남동쪽 150km 지점에 위치한 아굴라스 곶(Cape Agulhas)이나, 대서양과 인도양의 분기점으로서의 역사적 위상 때문에 '희망봉'(사실은 희망곶이란 번역이 맞다.)이 우리의 뇌리엔 더 친숙하게 담겨져 있다.

1488년 폴투칼 탐험가 디아스(Batholomeu Dias)가 최초로 이곳을 발견한 후(그래서 케이프 포인트를 디아스 포이트라고도 한다.), 원래 폭풍의 곶(Cabo Tormentoso)이리 명명하였으나 당시의 폴투칼 국왕 조안 2세가 보다 긍정적인 희망의 곶(Cabo da Bõa Esperança)

으로 개명(改名)하여 오늘에 이르렀다고 한다. 원래 이 해역은 대서양의 뱅굴라 한류와 인도양의 아굴라 난류가 합류하는 곳으로, 아프리카 서부해안의 극심한 풍랑으로 고생을 하던 선원들이 이 곳까지만 무사히 오면 인도까지 갈 수 있는 희망이 보인다고 하여 '희망봉'이라 불렀다는 설도 있다. 케이프 포인트에서 희망봉으로 향하는 트레일 코스에 서서 대서양 쪽을 보니 과연 만만찮은 파고가 몸을 가누기 힘들 정도의 세찬 바람과 함께 들어닥치고 있었다. 범선 시절, 이 해상에서 숱한 배들이 난파 당했으니, '폭풍의 곳'이라 불렸던 연유를 알 것도 같았다. 케이프 포인트를 등지고 희망봉을 향해서 가니 이번엔 반대로 대서양이 내 좌측에, 인도양이 내 우측에 전개되고 있다. 등 한번 돌리는 사이 5대양의 2바다가 좌우로 왔다갔다 하는 이 희한한 트레일 체험을 난 평생 잊지 못할 것이다. 2대양을 가르는 곡각해안의 암벽과 검푸른 파도, 낮게 비행하는 갈매기, 통나무와 흙, 나무널판지로 끝없이 이어진 트레일 코스, 세계각국에서 모여든 다양한 복장의 온갖 인종들, 해안 절벽과 트레일 코스를 이어주는 각종 식물군, 바다 속으로 도보 관광객을 밀어넣을 기세로 배후에서 엄습하는 삭풍, 이 모든 것들이 2007년 8월 2일, 케이프 포인트~희망봉의 한낮 풍경을 스캐닝(scanning)해 주고 있었다.

희망봉 트레일 코스를 완주한 후, 표지판 앞에서 기념사진을 찍고 떨어지지 않는 아쉬운 발걸음을 돌린 우리가 워터프론트에 도착했을 땐 이미 땅거미가 지기 시작한 저녁나절이었다. 때 마침 보슬비까지 내리는 워터프론트 광장의 노벨평화상 수상자 4인(루툴리, 투투, 만델라, 드 클레르크)의 동상 앞에서 급히 사진을 찍고는 워터프론트 부둣가의 낭만을 맛볼 새도 없이 앨프레드 쇼핑몰로 피신해야 했다.

[덴 앵커](Den Anker)란 멋있는 상호의 바에서 맥주잔을 기울이며 비내리는 워터프론트의 어두워지는 사위를 우두커니 지켜보고 있자니, 부둣가 노동자의 투쟁과 애환을 그린 1954년 영화 〈워터프론트〉의 타이틀롤을 맡았던 말론브란도의 외로운 눈망울이 떠오른다. 인솔자 조 선생, 현지가이드 이 선생의 맥주잔 너머 창밖으로 워터프론트의 밤기운이 도도히 용트림하고 있었다.

(『굿바이소년을 찾아서』, 새미, 2010, 18-22쪽 & 25-40쪽)

9. 중동의 모랫바람 사이로; 이집트 · 요르단 · 이스라엘

1) 수에즈 터널을 지나 모세의 광야로

카이로행 야간 침대열차는 그다지 나쁜 편은 아니었으나 영화에서 나 본 럭셔리한 침대열차를 상상했더라면 실망할 만한 수준이었다. 물론 인도에서 경험했던 '델리~바라나시' 구간의 3단 침대열차에 비해 독립된 캐빈의 문이 있을 뿐 아니라 침대도 2단이어서 하드웨어 측면에서 훨씬 나은 감이 있었고 담당 웨이터의 서빙으로 저녁과 아침 식사도 정기적으로 제공되는 등, (특히 우리 담당 웨이터는 먹통이 되어버린 우리 캐빈 충전시스템을 대체해 자신의 사무실에서 장 로님과 나의 카메라 충전을 해결해 주는 친절로 우리를 감동시켰다.) 기본적인 서비스는 확보할 수 있었다. 그러나 곡각진 코스를 주행하며 쉴 새 없이 덜컹거리는 야간열차의 소음은 그날따라 부쩍 심해진 나그네의 불면증을 더욱 부채질하였다. 어둠 속에, 고난도 묘기에 버금가는 사다리타기를 하며 2층 침대에서 내려왔다. 그리곤 덜컹거리는 복도를 지나 겨우 문을 열고 화장실에 들어갈 수 있었다. 오줌줄기가 흔들리는지 화장실이 흔들리는지 분간이 되지 않았다. 어느덧 차창 밖으로 먼동이 트고 있었다.

　기자(Giza) 역의 아침은 숱한 여행객들의 부산스러운 움직임으로부터 시작되고 있다. 역전에 대기한 버스에 올라 피라밋으로 향하는 동안 차창 밖 풍경은 다시 거대도시 카이로의 서부 쪽 분위기를 그대로 대변하고 있다. 약 20분 쯤 달리니 드디어 창 밖으로 피라밋이 모습을 드러낸다. 카이로 남남서쪽 약 23km, 나일강 서안의 이 곳 기자에는 모두 3개의 피라밋이 있어 관광객의 발길이 끊이지 않는다. 2차대전 후 한국의 운명을 결정한 역사적인 카이로 회담의 접견장을 지나 언덕을 휘돌아 오르니 거대한 돌덩이의 위용이 눈 앞을 가로막는다. 3 피라밋 중 가장 큰 쿠푸 왕의 大피라밋이다. 고왕국 4왕조(BC 2613경~2494경)의 2번째 왕으로 알려진 쿠푸 왕(그리스어로 케오프스)의 피라밋은 각 밑변 길이 238m, 원래 높이 146m의 웅장함으로 북쪽에 자리하고 있다. 번개로 꼭대기 윗벽이 약 7m 가량 떨어져 나간 모습이 육안으로 확인된다. 인류 최대의 단일 건축물인 이 피라밋에는 1개당 평균 2.5t 무게의 돌 230만 개가 사용되었단다.

　가운데 위치한 中피라밋은 4왕조 4번째의 카우프라 왕(그리스어로 케프렌)의 것으로, 각 밑변 길이는 216m, 원래 높이는 143m에 이른다. 현존하는 86기의 이집트 피라밋 중, 가장 아름다운 기하학적 구도를 자랑하는 고깔콘 모양의 이 피라밋은 바로 동쪽의 저지대에 위치한 이집트 최초 최대의 스핑크스(길이 약 70m, 높이 약 20m, 폭 약 4m)와 앙상블을 이루며 가히 기자 피라밋 단지의 하이라이트 역할을 하고 있다. 비록 코가 떨어져 나갔지만(망실된 코는 대영박물관에 보관되어 있다.) 근엄한 표정의 카리스마가 카우프라 왕의 생전 모습과 닮았대서 화제가 되고 있는 스핑크스의 바로 뒤편에는 계곡 신전이 위치하고 있었다.

왕의 사후, 고왕국 당시의 수도였던 멤피스로부터 나일강을 타고 이곳으로 후송된 왕의 시신이 미이라로 만들어지던 계곡 신전에는 死者를 목욕시키고 장기를 적출하던 해부대와 제단 등이 부속되어 있었다. 남쪽 끝에 위치한 小피라밋은 4왕조 6번째 왕 멘카우레(그리스어로 미케리노스)의 것으로, 밑변 길이 109m, 원래 높이 66m인데 그 옆으로 다시 형체가 불분명한 3개의 작은 피라밋을 거느리고 있었다.

입장권을 판매하는 관리사무소 옆 화장실에서 볼 일을 본 뒤, 우리는 먼저 주차장 앞에 버티고 선 대피라밋의 왼쪽을 돌아 내부가 견본 공개되는 왕비의 분묘 속까지 둘러보았다. 찌는 듯한 폭염을 뚫고 다시 대피라밋의 정면으로 돌아나와 내부 입구가 있는 13번째 계단까지 올라가 맞은편을 바라보니 일대에 주차된 버스의 장사진과 드문드문 낙타를 타고 大피라밋 주변 경사진 모래둔덕을 오르는 관광객의 실루엣이 묘한 조화를 이루고 있다. 원래 피라밋만이 위치한 황량한 사막지역이었으나 점차 주거지역화 되어가는 주변 경관에서 유네스코의 시름이 깊어가는 이유를 알 것 같다. 다시 버스에 오른 우리는 차창 밖으로 3개의 피라밋이 차례로 출몰하는 사막길을 따라 이들 피라밋의 원경을 한눈에 조망할 수 있는 전망대에 이르렀다. 룩소르에서 접했던 사하라사막, 고센에서 접했던 동부사막과는 또다른 서부사막의 묘한 분위기가 일렬로 도열한 피라밋의 群舞 속에 느껴진다.

　세계 각국에서 온 관광객들의 소음 속에 3개의 피라밋을 등 뒤로 품고 단체사진을 찍은 뒤, 대피라밋 뒤쪽 쿠푸 왕의 선박박물관을 돌아 스핑크스와 계곡신전까지 둘러보고 출구로 나오니 스핑크스와 中피라밋이 마주 보이는 정면에 야간 조명쇼 관람 의자들이 줄지어 놓여져 있다. 순간, 1977년 개봉된 [007 나를 사랑한 스파이]에서 이 곳의 야간 피라밋 조명쇼 현장을 배경으로 007(로저 무어)과 거인 '죠스(리처드 킬)'가 격투를 벌이던 장면이 상기되어진다. 그러나 피라밋을 꼭 가봐야겠다는 환상을 심어준 영화 속 그 장면처럼 피라밋 관광이 그렇게 환상적이었던 건 아니었다. 고혹적 조명이 명멸하는 야간이 아닌 혹서에 시달린 대낮에 이곳을 찾아서일까? 조명이 비치는 피라밋 속으로 사라지던 여자 스파이를 쫓던 007의 흔적을 따라 자꾸만 대피라밋 쪽으로 눈길이 갔다.

　기자를 벗어난 우리는 카이로로 東進해 국립 고고학 박물관을 찾았다. 세계 5대 박물관에 드는 이곳엔 25만 점의 유물이 107개 전시실에 전시되어 있다. 파피루스꽃이 소담스레 핀 건물 중앙 연못을 지나 1층 현관에 들어서 오른 편으로 발길을 돌리니 그 유명한 '로제타 스톤'이 우리를 맞는다. 이건 분명히 대영박물관에서 본 기억이 있다 싶어 고개를 갸웃거리니 진품은 대영박물관에 있고 여기 것은 모조품이란다. 고대 이집트 상형문자 해독의 시금석이 된 로제타 스톤은 나폴레옹 침략시 프랑스군이 발굴했던 것을 영국이 프랑스와의 海戰에서 이긴 후 재탈취해 본국으로 가져갔다고 한다. 주로 석상류가 전시된 1층을 둘러본 후, 2층에 오르니 유일하게 도굴되지 않은 투탕카문 왕의 분묘에서 출토된 각종 부장물이 펼쳐져 있다. 세계 최초의 순금부장물을 포함해 모두 3,000여점에 이르는 투탕카문의 유물은 전세계를 순회하며 연중 전시 중이라 현재 이곳엔 약 1,700여점만이 일반에 공개 중이란다. 저 유명한 투탕카문의 황금마스크를 비롯해 6중으로 이뤄진 각개의 관곽, 왕비의 생리대, 부채, 베개 등 상상을 초월한 유물들은 3,000여년 전 시대를 앞서 간 이들의 고품격 생활과 철학을 미루어 짐작하게 했다. 1897년 프랑스 고고학자 오기스트에 의해 세워졌던 이 박물관은 그간 몇 차례 중건되며 확장되어 왔으나, 포화상태에 이른 전시물의 압박을 견디지 못해 오는 2012년, 기자의 피라밋 근처에 건축 중인 새 건물로 이사할 예정이란다.

카메라를 입구 수위실에 맡겨야 했기에 주옥같은 전시물을 촬영할 수 없어 못내 아쉬웠다. 한식 도시락으로 버스 안에서 점심을 해결하는 사이, 버스는 올드 카이로의 아기예수 피난교회와 모세 기념교회로 향한다. 아기예수가 헤롯 왕을 피해 애급에서 숨어 지낸 곳에 세워진 아기예수 피난교회에선 예수의 웅혼한 숨결과 콥트교도들의 은인자중(隱忍自重)하는 인내가 느껴졌다. 아기예수 가족이 숨어있었던 곳은 교회의 지하에 위치했는데 출입을 못하게 봉쇄되어 있었다. 이어서 지근(至近)의 도보거리에 위치한 모세기념교회로 걸음을 옮겼다. 이 교회는 모세가 물에서 건져진 곳이기도 하고, 모세가 광야로 나갈 때 기도한 곳이기도 한 위치에 지어진 '시나고그(유대교 회당)'이다.

이제 버스는 카이로를 벗어나 동부사막에 접어들기 시작한다. 수에즈 터널을 통과해 척박한 시나이반도의 광야를 내달릴 기세다. 차창 밖으로 땡볕에 불타는 대지의 포효(咆哮)가 전해오는 듯하다. 사막에 핀 관목 무리를 보며 午睡와 다투는 동안, 버스가 휴게소에 멈춰

선다. 수에즈 터널 통과 전의 마지막 휴게소인 이름하여 '시나이 휴게소'다. 방파트너인 장로님께서 수박을 쏘신다. 熱沙의 땅에서 먹는 중동 수박의 맛은 분명 별다른 감흥을 동반한다. 드디어 수에즈 해저 터널을 통과해 시나이반도로 접어들었다.

　모세가 홍해 바다를 갈라 건너던 역사의 현장을 버스를 타고 건너는 감회를 뭐라고 설명해야 할까? 아무 짓도 하지 않고 버스에 몸을 맡겼을 뿐인데 바다 밑을 건너 아프리카에서 아시아로 옮겨온 '문명의 조화'에 감사드려야 할지, 홍해 구경을 하지 못한 서운함을 애써 달래야 할지 도대체 어안이 벙벙하다. 터널을 빠져나오자 도로 양측에 수직으로 솟아오른 토벽 위에 삼엄한 자세로 경비 중인 이집트 군인들의 모습이 보인다. 이집트의 황금 젖줄 수에즈 운하에 대한 당국의 집념어린 포즈를 읽을 수 있을 듯하다. 유럽에서 아시아, 태평양을 연결하는 최단거리 코스인 수에즈 운하는 1967년 6일 전쟁에서 이집트가 패한 이래 운항이 중지되었다 8년 만에 복귀된 쓰라린 전력이 있다. 6일 전쟁에서 시나이반도의 민가가 입은 피해는 且置(차치)하고라도 수에즈 운하 불통에 따른 이집트의 경제적 손실은 길이길이 역사의 교훈으로 남아 있을 터이다. 저 멀리 어렴풋이 보이던 수에즈운하의 선박들이 홍해로 접어들 무렵, 사막 속 대추야자나무의 무리가 보인다 싶더니 버스가 정차한다. '마라의 우물'이란다. 출애굽 후 갈증에 지친 이스라엘 백성들이 발견한 우물이 써서 마시지 못하자 모세가 꺾은 나뭇가지를 넣어 달게 한, 바로 그 우물이다. 수에즈운하를 빠져나와 홍해로 들어서는 선박과 우물 주변 사막의 야자수를 배경으로 사진을 찍곤 다시 버스에 올랐다.

　차창에 머리를 박고 침을 흘리며 헛제사를 지내다, 흠칫 놀라 창밖을 보니 온통 돌, 모래, 자갈의 황갈색 토양을 을씨년스럽게 암산이 감싸고 있다. 이스라엘이 1979년 캠프 데이비드 협정으로 시나이반도를 반환한 이유를 깨달을 수 있을 만큼 척박한 땅이었다. 출애급 후 땡볕과 기근에 시달리던 백성들에게 하느님이 만나와 메추라기 세례를 내렸다는 '신광야(Zin Wilderness)'의 여름 직사광선은 더할 나위 없이 매서웠다. 이스라엘 백성들의 원망과 불평을 이해할 수 있을 듯하였다. 황무지 사막이나 다름 없는 이곳을 광야라 칭하는 이유는 그나마 강수량이 50mm 이상이기 때문이란다. 광야와 사막의 분류기준(연중 강수량 50mm)을 비로소 알게 되었다. 잠시 후, 어느 나무 아래 버스가 선다. 세계 최대의 싯딤나무(아프리카 가시나무) 아래서 모두들 기념촬영을 하였다. 사방을 둘러보니 베두인(아랍계 유목민)족의 가옥이 듬성듬성 보인다.

　다시 버스에 올라 광야의 여정을 계속하는데, 차창 밖으로 베두인의 집단주거지로 보이는 개량가옥들과 학교 등 일련의 공용시설들이 지나간다. 르비딤 지역이다. 신광야에서 방황하던 이스라엘 백성이 장막을 친 후, 모세, 여호수아, 아론의 지휘 하에 아멜렉족속과의 전투에서 승리한 이곳 르비딤 골짜기엔 시나이반도 최대의 오아시스가 4km 남짓 흐르고 있다. 우리는 버스에서 내려, 모세가 하느님의 영력을 빌어 아멜렉과의 싸움에서 이기게 한 역사의 현장인 타운산 꼭대기까지 올라가 보았다. 타운산 정상에서 내려다 보니, 병풍처럼 돌산이 양쪽에서 둘러쳐진 가운데 오아시스를 따라 조성된 종려나무 숲의 푸른 색 물결이 끝없이 뻗어 있는 아스팔트 포장도로와 묘한 조화를 이루고 있다.

　사람이 그리운 베두인 청년이 맨발에 슬리퍼 차림으로 산 정상까지 따라와 우리에게 계속 눈빛으로 말을 건다. 모세가 앉았을 자리에서 모세가 취했을, 손을 번쩍 든 포즈로 베두인 청년과 어깨동무를 하고 사진을 찍자니 서편 하늘에 반달이 수줍게 얼굴을 드러낸다. 그로부터 2시간 30분여를 더 달려 오늘의 숙박지, 누에바의 '소네스타(sonesta) 리조트'에 도착했다. 밤이라 홍해의 쪽빛 아름다움은 볼 수 없었지만 수영장에 비친 달 그림자에서 시나이반도의 고단하고 서정적인 역사를 읽을 수 있을 것 같았다. 이번 여행 중 가장 훌륭하고 착한 숙소에서 맞이하는 안락하고 포근한 밤이었다.

2) 아! 페트라!

홍해를 끼고 자리 잡은 누에바의 숙소(Sonesta Resort)는 정말 환상적이었다. 지정학적 위치도 그랬지만 규모와 시설에 있어서도 부족함이 없을 정도였다. 패키지가 아닌 개별 부킹이었다면 성수기 시즌엔 상당한 비용을 치러야 할 숙소였다. 오늘(2009.7.31)은 요르단으로의 월경(越境) 외엔 뚜렷한 스케줄이 없는 지라 숙소가 위치한 홍해의 해변에서 느긋하게 휴식을 취할 수 있어 좋았다. 열사(熱沙)의 땅에서 계속 강행군을 하다, 모처럼 맑은 바다에 누워 돌산에 이웃한 수평선 너머 하늘을 보니 구름 위에서 솜사탕 먹는 기분이다. 모세가 갈랐다던 홍해는 티끌 한 점 없이 맑아 바다에서 유영하는 물고기의 무리를 명료히 관찰할 수 있었다. 호텔 구역 내 해변 사장에 놓여진 비치파라솔과 일광욕 침상이 야자수와 멋진 하모니를 이루고 있다.

느즈막히 체크아웃을 한 뒤 국경 반대편에 위치한 한식당에서 중식을 마친 우리는 우선 타바 국경으로 향했다. 6일 전쟁 후 줄곧 이스라엘이 관할하던 지역이어선지 이집트의 여느 곳과는 다르게 국경으로 이어지는 해변엔 크고 작은 휴양시설들이 연이어 들어서 있었는데 곡각진 해변 연도와 어울려 아름다운 풍경화를 연출하고 있다.

 이윽고 이스라엘과 국경을 접하는 타바 출국장에 도착했다. 그간 우리를 안내했던 이집트현지가이드. 김여사와 아쉬운 작별을 해야 했다. 이스라엘 국경의 에일럿 입국 심사장은 절차가 까다로웠다. 회교권 적성국가로 둘러싸여 항상 살얼음판을 걸어온 유태인들의 심정을 모르는 바는 아니나, 새파란 젊은 요원들의 고압적이고 무표정한 심사태도는 우리를 피곤하고 짜증나게 했다. 지루한 입국심사를 마친 우리는 버스에 올라 다시 요르단 국경으로 향했다. 아카바만의 대표적 휴양도시(다이빙과 일광욕으로 유명하단다.)이면서 국제무역항인 인구 5만의 에일럿은 솔로몬시대 이래 중계무역항으로 성장해 온 곳이다. 불과 지척의 이집트와 확연히 구분되는 쾌적한 도시환경은 같은 홍해인데도 훨씬 투명한 바닷물 빛깔과 더불어 퍽 인상적으로 다가온다. 해변에 운집한 고급 리조트단지와 대규모 LNG 터미널, 선박에서 내려져 육로 수송 대기 중인 수입 차량들, 도시규모에 가당찮게 도심 복판에 위치한 공항 등, 차창 밖에 펼쳐진 에일럿의 풍광은 무척 매력적이다. 에일럿 국경 입국심사장 앞 바다에서 주인과 함께 동반 수영하는 하얀 개의 여유에서 인간보다 더 행복한 표정을 읽을 수 있다.

 약 15분여를 달려 요르단의 아라바 국경 입국장에 도착했다. 10여년 전 이스라엘의 키브츠에 연수왔다 여권을 잃어버린 탓에 현지 유태인과 결혼해 이곳에 정착했다는 이스라엘 국경수속 가이드, 최여사와 작별하고 걸어서 요르단 국경을 넘어왔다. 암만에서 다년간 선교활동을 해온 요르단 가이드 박선생이 우리를 맞아주었다. 국경 휴게소 벽에 걸린 요르단 왕실의 가족사진 옆에 과거 중동의 키신저로 불렸던 故후세인왕의 낯익은 미소가 걸려있다. 후세인의 아들이며 마호멧의 43세손인 현 압둘라2세 국왕과 미모의 왕비를 비롯해 어린 4자녀가 함께 한 가족사진은 여느 匹夫 가정의 단란한 한때 모습과 다름이 없다. 제트기 조종이 취미였던 아버지를 닮아 만능 스포츠맨인 압둘라 2세가 헬리콥터를 몰고 와디럼 사막에 내려 수비대의 사열을 받던 다큐멘타리 프로를 본 기억이 나는데 여기서 그의 사진을 보니 감회가 새롭다.

이제 요르단에서 갈아탄 버스로 새로운 여정이 시작된다. 출애굽 후 이스라엘 백성들이 이스라엘 계곡과 요르단 계곡을 방황하며 거의 40년 세월을 보냈던 아라바 평원을 지나 와디럼 사막을 거쳐 오늘의 숙박지 페트라에 도착하기까지 3시간 반이 넘게 소요되었다.

와디럼 사막은 영화 [아라비아의 로렌스]의 배경이 되었던 곳으로, 영화 속에서 아카바 병영을 기습하기 위해 로렌스가 거슬러갔던 이 곳을 버스를 타고 거꾸로 횡행한다고 생각하니 감개가 무량했다. 아랍어로 '달의 계곡'을 의미하는 와디럼은 기암괴석이 즐비해 그 명칭만큼이나 훌륭한 경관을 자랑했다. 10,000년 전 바다가 융기한 사암지대인 이 사막 지하에 엄청난 량의 생수가 보존되어 있다니 석유 한 방울 나지 않는 비산유국, 요르단의 효자 노릇을 톡톡히 하는 땅임에 틀림없다.

알렉산드리아에서 안디옥까지 이어진 해안길인 '정복자의 길'이 침략의 도로였다면 구약 창세기에도 나오는 5,000년 역사의 '왕의 길'은 무역로인 셈이다. '실크로드'가 동서를 연결하는 장거리 무역로였다면 '왕의 길'은 암만 일원에서 다마스커스와 레바논까지 남북으로 이어진 이 지역의 실질적인 교역로이다. 고속도로를 벗어난 우리 버스는 달빛 어린 '왕의 길'을 내달려 오후 8시가 지나서야 에돔 왕국의 고도 페트라에 도착할 수 있었다.

이튿날(2009.8.1), 오랜 만에 숙면을 취했더니 기상하는 몸이 한결 가볍다. 식사를 하고 나오며 호텔 베란더에 위치한 수영장에 들렀더니 멀리 모세의 형 아론이 묻힌 호르산이 정면으로 보인다. 해발 1,400m 고원에 위치해 중동에서 가장 시원한 곳이기도 한 페트라(Petra)는 원래 바위(盤石)를 의미하는 남성 명사 '베드로'의 여성명사로서, 동생 야곱에게 장자권을 판 이삭의 맏아들 '에서'와 그 후손들이 세운 에돔(Edom)왕국(기원전 1400~1200년 경)의 수도였다. 출애굽 후, 약속의 땅으로 가던 모세와 그의 무리가 거쳐 갔던 곳이니 여러 모로 의미 깊은 땅이다.

영국 시인 존 윌리엄 버건이 "영원의 절반만큼 오래된, 장미빛 같은 붉은 도시"라고 이 도시를 노래했듯이, 병풍처럼 호텔을 둘러싼 붉은 사암의 황홀한 자태가 아침햇살에 반사되어 전율이 일 지경이다. 호텔이 자리잡은 '와디무사(모세의 계곡)' 지역에서 페트라 유적지까지는 길지 않은 시간이 소요되었다. 고대 에돔과 모압의 접경에 위치한 페트라 유적지는 BC 6세기에서 AD 1세기에 나바테아인(시리아와 아라비아반도 등지에서 활약한 아랍계 유목민)에 의해 조성된 것으로, 이집트, 아라비아, 페니키아 등의 교차지점에 위치하여 선사시대부터 중계무역을 하며 로마문명을 위시한 세계 도처의 선진문명을 흡수해 오던 나바테아인의 왕성한 프론티어정신의 산물이다.

입장권을 끊은 후 암산에 둘러싸인 비포장 황토길을 걸으며 좌우를 둘러보니, 마치 옛 나바테아인의 석공예 작품전에 초대된 기분이다. 자연석을 깎고 뚫어 이룩한 그네들의 석조문명에 혀가 내둘러진다.

 약 500m 쯤 가니 'SIQ(시크는 아랍어로 협곡을 의미한다.)'란 팻말이 보이고, 하늘 높이 수직으로 솟은 바위 사이의 협곡이 나타난다. 여기서부터 이번 여행의 이유가 시작되는 셈이다. 세계 신7대 불가사의 중, 내가 유일하게 가보지 못한 곳, 페트라의 전모가 백일하에 드러나기 시작한다. 붉은 사암 틈새의 좁고 깊은 골짜기를 따라 2km를 가는 동안, 눈길을 끈 것은 암벽을 파서 만든 수로(水路)와 홍수조절과 급수 기능을 하던 암벽댐, 그리고 암벽 속에 뿌리 내리며 생명의 끈질김을 과시하는 나무들이었다.

 그러나 이 모두도 '시크'가 거의 끝날 무렵, 코끼리의 형상으로 우리에게 다가온 코끼리 바위의 강렬한 인상에 비할 바는 아니었다. 드디어 시크가 끝나는가 싶더니 석벽 틈으로 사진과 동영상으로 숱하게 봐왔던 웅장한 석조물이 수줍은 듯 속살을 드러낸다. 페트라의 대명사, 알카즈네 신전이다! 알카즈네는 보물창고의 용도로 지어진 곳으로 이오니아와 코린트 양식이 혼합 응용되어 있다. 당대 나바테아인의, 세계를 향해 열려진 치열한 개방정신을 미뤄 짐작할 수 있게 하는 대목이다. 밖에서 보면 훨씬 멋있는 석조 조각으로 이뤄진 2층은 사실상 내부 실체가 없고, 1층만이 내부가 뚫려 있었다.

 1989년의 영화 [인디아나 존스 - 마지막 성배](Indiana Jones and the Last Crusade)를 통해 화면 속에서 봤을 때와는 달리, 텅 빈 실내는 화려한 외부 양각 석조에 비해 다소 실망스러웠다. 알카즈네의 우측을 따라 길이 나있는 곳을 계속 걸어나가니 이 도시의 놀라운 저력이 속속 드러난다. 원형극장, 온수 목욕탕, 납골당, 신전, 수도원 등의 기반시설이 석벽을 타고 가설된 상수도와 함께 완벽하게 갖춰져 있어 마치 현대도시를 옮겨온 듯한 착각마저 들게 한다. 그 중, 7왕의 무덤과 암굴형 주택이 특히 인상적이었다. 요즘 같으면 분양금액이 꽤 비쌀 것 같은 멋있는 암굴 주택 앞에서 단체사진을 찍었다. 모두들 자기집을 분양받은 듯 행복한 표정들이시다.

모세가 바위를 쳐서 물을 솟게 했다는 '모세의 샘'을 들른 후, 우리는 모압 평원을 가로질러 가다가 도로변에 위치한 식당에서 아랍식 뷔페로 점심을 해결했다. 깻잎, 김, 김치, 고추장 등 한국에서 가져온 밑반찬이 식탁 위에 총동원되어 타향 음식에 지쳐가는 나그네의 시름을 달래고 있다. 예로부터 땅이 비옥하고 낮은 구릉이 이어져 양치기에 적당했던 모압은 소돔에서 탈출한 롯의 자손이 정착했던 곳이다. 시나이반도의 황량한 벌판과는 달리 군데군데 나무숲이 보이는가 하면 地質도 훨씬 윤택하고 기름져 보인다. 식곤증에 눈이 감기며 차창에 머리를 박아대기 시작할 무렵, 그랜드캐넌을 방불케 하는 파노라마가 창밖으로 펼쳐진다. 기암괴석의 암반이 끝없는 지평선을 이루는 가운데, 구비구비 산악을 돌아나가는 저 먼 발치로 댐 수문에 가로막힌 강물의 허무와 체념이 눈 앞에 들어찬다. 아르논강 계곡이다!

아르논강은 30km를 더 흘러 사해로 들어가게 된다. 아르논강이 사해에 거의 다다를 무렵, 요르단이 자랑하는 세계적 비경, '와디무집'의 속살이 드러난다. 바위 계곡 물살을 온몸으로 감싸 안으며 도도한 자연의 위세에 등용문의 기개로 맞서던 '와디무집' 투어르포를 EBS에서 본 적이 있는지라, 아르논강의 물줄기가 낯설지 않다. 후일 자유여행으로 다시 찾을 때, '와디무집' 계곡 물살 투어를 꼭 해보리라 다짐해 본다. 세례 요한이 참수당한 마케루스의 헤롯왕 여름별장 터가 바라다 보이는 도로 꼭대기에서 잠시 정차, 휴식을 취한 뒤 버스가 도착한 곳은 모세의 무덤이 있다는 느보산.

교황 요한 바오로 2세의 방문기념 석탑을 지나 오르막길을 오르면 사해와 모압평원이 한눈에 내려다보이는 전망대에 이르게 된다. 모세가 여호와께 약속의 땅에 한 발짝만 딛게 해 달라고 갈구하던 바로 그곳이다. 현위치를 중심으로 요단강, 예루살렘, 베들레헴, 헤브론, 여리고 등으로의 방위각이 표시된 난간에 서니 모세의 절망이 온몸으로 느껴진다. 바로 뒤편에 피렌체의 조각 예술가 지오바니 판토니가 설치했다는 구리놋뱀 장대 조형물(모세가 불뱀으로부터 이스라엘 백성을 지킨 가데스 바네아 사건을 기념함.)이 모세의 심경을 대변하듯 꼿꼿이 하늘을 올려다 보고 있다. 내려오는 길에 Abu Badd 수도원에서 사용했다는 '구르는 돌' 앞에서 사진을 찍곤, AD 4세기경에 지어진 바실리카 양식의 모세기념교회는 안내판만 보고 지나쳐 왔다. 들어가 봤자 별 수 없었겠지만 지금 생각하니 많이 아쉽다. 마케루스와 느보산은 성모 마리아의 성소가 있는 안자라 교회, 예수가 세례를 받은 요단강의 베다니, 엘리야의 고향인 엘리야스와 더불어 교황청이 선정한 요르단의 5대성지인데, 불과 1시간여 만에 두 곳을 섭렵한 셈이다.

오늘의 숙박지요 요르단의 수도인 암만을 향해 버스가 힘차게 페달을 밟는다. 창밖에 故후세인왕이 운명했던 요르단 최대의 왕립병원과 그가 사재를 기증해 국민의 휴식공간으로 조성한 후세인 파크가 보인다 싶더니 암만의 중심가가 들어선다. 호텔을 지나 한참을 더 가던 버스는 외곽에서 유턴을 한 뒤에야 가던 길을 되돌아 와 우리를 내려주었다. 이집트에서부터 늘 느껴오던 것이지만, 중동지역의 비능률적인 유턴 방식에 회의가 든다. 도로체계를 합리적으로 조정할 필요가 있겠다.

오랜 만에 자택으로 귀가하는 가이드 박선생의 차에 빈대붙어 밤마실을 나갔다. 요르단 최고의 지성이 모인다는 요르단대학 인근의 맥도날드에서 콜라를 마시며 암만의 밤 풍경을 완상(玩賞)해 보았다. 숱한 차가 뒤따르는 요르단대학 앞 도로에 정차시켜 놓고 요르단대학 정문을 배경으로 사진을 찍었다. 1장의 사진을 위해, 멈춰선 차의 크락션 소리에도 아랑곳하지 않고 침착하게 셔터를 누르는 박선생의 진지함과 느긋함에 감탄할 지경이다.

호텔로 돌아오는 길에 길가 카페에서 물담배를 피우는 요르단 젊은이들과 잠시 수인사를 나눴다. 영어가 유창한 대학생 압둘 카미르는 독한 담배가 많은 중동에서 이를 물로 순화시키기 위해 물담배가 등장했고 쉬샤, 후까, 카리안, 허블리버블리 등 나라와 지역마다 다양한 명칭이 있으나 요르단에서는 '나르길레'(Nargileh)라 한다며 친절한 설명을 아끼지 않았다. 영리한 눈망울의 그가 앙증맞은 미소를 지으며 깊이 '나르길레'를 빨아 당긴다. 연한 포말처럼 스러지는 물담배 연기 속으로 암만의 여름밤이 비틀거리며 빨려 들고 있었다.

3) 사해에 누워

암만에서 맞는 아침은 암만 생각해도 뿌듯하다. 이번 여행의 이유라고 할 페트라 관광을 마친 성취감과 그에 기인한 느긋함 때문일까? 2009년 8월 2일 일요일 아침이 밝았다. 식사 후, 동행한 일행분들은 호텔 회의실에서 간단한 주일 아침예배를 올렸다. 비록 신자는 아니지만 종교를 알고 배운다는 자세로 그 자리에 참예했다. 남을 배려하는 위트 있는 성품의 김 목사님이 박력 있는 톤과 절묘한 비유로 명쾌한 설교를 하는데 큰 감명을 받았다. 어제 밤늦도록 동호회 모임인 듯한 심야음악회를 열던 호텔 1층 로비에서 바라다보는 이 도시의 아침엔 중동 유수 도시로서의 프라이드가 잔뜩 서려 있다. 기도가 끝난 직후, 우리는 이스라엘로 넘어가는 새로운 여정을 위해 버스에 몸을 실었다. 어제밤 어둠 속에 잠겨 있었던 암만의 본색이 버스 차창 밖으로 드러나는 순간, 우리는 하시미트 요르단 왕국의 수도인 이 도시와 결별할 수순을 서서히 밟아가고 있었다.

암몬사람들의 성읍이었던 아벨 그라밈(Abel-Keramim)을 지났다. 구약에 의하면 사사 입다가 암몬 족속과의 싸움에서 대승한 곳이다. 이어서 갓 支派와 르우벤 支派의 경계 성읍이었던 엘르알레를 거쳐 출애급 당시 아모리족 시혼왕의 도읍이었던 헤스본을 지나쳤다. 멀리 차창 너머로 헤스본성의 윤곽이 보인다. 오늘날 히스반(Hisban)으로 불리는 헤스본을 지나치니 사해 위쪽의 요르단 골짜기인 싯딤 골짜기가 펼쳐진다. 금세 요르단-이스라엘 국경을 이루는 구릉이 보이기 시작한다. 알렌비(Allenby) 국경의 요르단 출국장에서 가이드 박선생과 작별하고 여권 수속을 마친 우리는 요단강을 가로지르는 다리를 건너 이스라엘 땅을 다시 밟을 수 있었다. 킹 후세인 다리(요르단)가 알렌비 다리(이스라엘)로 바뀌는 중앙지점에서 요단강을 훔쳐보니 강이라기 보단 실개천이란 표현이 어울릴 규모의 수량이다. 사막 속 천금 같은 물의 위상을 실감할 만하다.

알렌비의 이스라엘 입국장엔 관광객과 국경을 일상적으로 오가는 아랍주민들이 뒤섞여 장사진을 이루고 있다. 통관을 도와주는 보조원들도 대부분이 이스라엘계가 아니고 요르단계 아랍인이다. 며칠 전 에일럿 국경 통과시와 마찬가지로 복잡한 절차를 거쳐서야 입국장을 벗어날 수 있었다. 짐 수색, 입국심사, 보안 검색 등의 수속이 이중 삼중으로 행해져 통관객의 진을 다 빼는 이 시스템은 세계 어느 나라에서도 유래를 찾기 힘들 것이다. 자기보호의 알레르기를 앓고 있는 유태인의 호들갑에 의연해질 수 없는 나 자신이 답답하기만 하다. 입국장 밖에서, 수능시험을 치르고 나오는 수험생을 맞듯 이스라엘 가이드 김 목사님이 환한 미소로 손짓하고 있다.

이스라엘 버스로 갈아탄 우리는 먼저 요단강 서안(West Bank), 팔레스타인 자치구역의 여리고(Jericho) 지역으로 향하였다. 단구(短軀)의 地方稅吏 삭개오가 예수를 보기 위해 올라갔다는 문제의 돌무화과 나무 앞에서 사진을 찍고 있는데 경찰 패트롤카가 지나간다.

가만히 살펴보니 이스라엘 경찰이 아니라 Palestinian National Authority(팔레스타인 자치정부) 경찰의 표식을 달고 있다. 이곳이 국내 안보 및 공공질서를 팔레스타인 측이 책임지고 담당하는 요단강 서안의 자치구역임을 실감할 수 있었다. 이스라엘 속의 아랍답게, 연도엔 헤잡(hijab) 차림의 여성이 삼삼오오 짝을 지어 다닌다.

이어서 우리는 예수가 40일간 금식기도하며 마귀의 유혹을 물리친 시험산(유혹의 산)으로 향했다. 버스가 케이블카 정류장에 서자 창 밖으로 시험산 기도원을 광고하는 한글 현수막이 눈에 들어찬다. 케이블카를 타고 시험산 위로 올라간 우리는 싯딤 평원이 눈 아래 펼쳐진 전망 좋은 식당에서 현지식 뷔페로 점심을 들었다. 시험산 산정에서 내려다보이는 녹색의 평원은 10,000년 전 이곳에 도시가 들어서

게 된 분명한 이유를 말해 주고 있다. 암만에서 예루살렘을 잇는 도정의 여러 곳 중, 이곳만큼 물과 나무가 풍부한 데가 없었던 지라 여리고성이 여기에 축조되게 된 것은 어쩌면 너무나 당연한 일인 듯 싶었다. 여리고성은 황량한 광야 속 한 줌의 빛이고 소금이었다.

산정의 식당 베란더에서 세월의 흔적을 더듬으며 예수의 고뇌를 되새기다 다시 케이블카를 타고 하강했다. 여호수아의 지휘 아래 이스라엘 백성이 가나안 입성 후 처음 차지한 여리고성의 유적이 케이블카 바로 아래, 처연한 모습으로 다가온다. 생각보다 상당히 좁은 바운더리(boundary)이다. 다시 광야의 땅을 디딘 우리는 '사해사본'으로 유명한 쿰란(Qumran)으로 향하였다. 입장권을 끊고 쿰란국립공원의 경내로 들어서자 암산 속에 빼꼼이 들어선 동굴의 입구들이 보이기 시작한다. 약 2천년 전, 예루살렘 대제사장의 권위를 인정치 않고 이곳 유다 광야의 쿰란 계곡에서 칩거생활을 하던 종말론적 공동체 집단(엣세네파; essene)의 주거지였던 곳이다.

BC 33년경, 지진으로 이들이 이곳을 떠나며 남긴 성경 필사본이 발견됨으로써 세계의 주목을 받게 된 이곳 쿰란은 바로 앞에 사해를 마주하고 있었으나, 한여름 의 폭염을 피해갈 순 없었다. 그늘 한 점 없는 계곡 광야에서 항아리 속 성경이 갈무리되어 있던 11개의 동굴을 세어보는 일행의 찡그린 얼굴은 땀범벅이 되어있다. 우리는 서둘러 쿰란 국립공원을 벗어났다. 앳띤 모습의 여군이 미소짓는 이스라엘 검문소를 지나 사해변을 끼고 남하하기를 1시간여, 엔게디(Ein Gedi)의 사해 온천장에 도착할 수 있었다.

탈의 후 수영복 차림으로 머드 팩 체험을 하게 되었는데 매트릭스 선글래스를 착용한 김 목사님의 포복절도할 포즈에 모두가 즐거운 시간을 보낼 수 있었다. 야외 샤워장에서 진흙을 모두 걷어낸 후 우리는 내장객 수송용 무궤도 간이열차를 타고 해변으로 나아갔다. 열차를 견인하는 조종칸이 실제 증기기관차를 방불케 하여 퍽이나 인상적이었다. 해변 슬리퍼를 미처 준비 못한 탓에, 대신 양말을 신었는데 태양에 달궈진 해변의 지열이 얼마나 대단하던지 도저히 뜨거워서 한 발자국도 내딛지 못할 지경이다. 결국 바다 바로 앞까지 신발을 신고 가야 했다. 양말 차림으로 물 속에 발을 담가 보니 설상가상으로 바다 밑바닥은 소금 퇴적층이 두껍게 쌓여 완전히 칼날이다. 맨발이었더라면 그대로 발바닥이 절단날 지경이다. 차츰 깊이 걸어 들어가니 장딴지가 저절로 들리는 기분이다. 허리춤에 물이 차는 지점에서 뒤로 드러누워 하늘을 올려다보았다. 중학생 시절, 과학책에서 사해에 떠 있는 사람을 보고 신기해하던 내가 그 사진 속의 인물이 됐다고 생각하니 부풀어 오르는 똥집을 주체할 수 없다. 박해수 시인은 '저 바다에 누워 외로운 물새가 될까'라고 되뇌었지만, 난 그저 물베개를 하고 구름 속에 두둥실 떠가는 이 기분 그대로를 언제까지나 즐기고 싶을 뿐이다.

　해수면이 해발 -400m에 위치한 세계 최저의 바다인 사해는 염분이 많아 생물이 살 수 없대서 死海(Dead Sea)라 불려지게 됐으나, 고농도 마그네슘, 탄산염, 황산염 등을 배출하는 덕에 사해산 머드와 비누, 로션, 선크림 등이 관광객의 인기를 얻고 있다. 현재 사해는 요단강과 함께 동서로 나눠져 요르단과 이스라엘의 국경을 이루고 있다. 뒤집기를 시도하다 그대로 사해 속으로 잠수하고 만 나는 보통 바다보다 몇 배의 소금을 뒤덮어 쓴 채 온몸이 따끔거리는 형벌을 받아야 했다.

숙소로 찾아가는 차창 밖으로 노을에 저무는 좁다란 요단강과 요르단 계곡의 구릉, 그리고 종려나무 숲이 차례로 출몰하는가 싶더니 땅거미가 질 때쯤, 갈릴리호반의 마간 빌리지에 도착할 수 있었다. 갈릴리의 사위를 뚜렷히 볼 수 없어 아쉬웠으나, 키브츠를 개량한 호반의 숙소는 퍽이나 아늑하였다.

저녁 식사 후, 갈릴리호수에 발을 담그러 호반으로 내려가는데 이곳 롯지에 휴가를 즐기러 온 현지인 가족들이 불판을 피워놓고 고기 굽기에 여념이 없다. 불판 앞에서 땀을 닦는 이들의 눈망울에서 사막 속의 옥토를 가꾼 이스라엘인들의 집념을 읽을 수 있을 것 같았다. 달빛 어린 호수에 발을 담그는 낭만은 가슴을 설레게 하기에 충분했으나 그 대가로 신발은 진흙투성이가 되어야 했다. 진흙을 털고 비비며 객실로 돌아오는 내 뒤통수 위로 갈릴리의 여름 달그림자가 유장(悠長)히 비켜 가고 있었다.

(『굿바이소년을 찾아서』, 새미, 2010, 214-235쪽)

10. 백색 자화상은 환상을 부르고; 아이슬란드

1) 레이캬비크의 여명

밤새 뒤척이다 한 순간도 눈을 붙이지 못했다. 시계는 2011년 1월 14일(목) 오전 6시를 가리키고 있다. 일단 호텔 식당으로 향했다. 콘티넨탈 블랙퍼스트(continental breakfast)로 차려진 식당 창밖으로 어둠에 묻힌 레이캬비크의 시가지가 졸린 표정으로 인사하고 있다.

인천공항에서 런던 히드로 공항까지 12시간, 다시 4시간대기 끝에 오후 8시 반 출발 예정이었던 레이캬비크행 아이슬란드 에어라인의 항공기는 활주로 사정이 여의치 않다며 밤 10시가 다 되어서야 이륙하였다. 덕분에 레이캬비크 도심의 예약숙소(캐빈호텔)에는 새벽 2시 반이 넘어서 체크인할 수 있었다. 졸린 눈으로 황색 이방인을 맞으며 예약번호를 확인하곤 룸키를 내주는 야간근무자의 눈망울이 퍽이나 맑아 보였다. 이내 입실해 짐정리를 하고 침대에 드러누웠으나 시차 탓인지 좀체 잠을 이룰 수 없었었다.

버터와 치즈, 햄을 곁들인 빵조각만으론 밤새 뒤척인 육신을 달래지 못할 것 같아 첫날부터 컵라면을 들이부었더니 한결 원기가 솟는다. 객실에서 쉬다가 정확히 오전 9시, 호텔을 나섰다. 시침은 9시를 가리키고 있으나, 캄캄한 거리의 조도(照度)로 봐선 오전 9시인지 오후 9시인지 전혀 구별이 안 된다. 칠흑(漆黑) 같은 어둠에 싸인 북국의 겨울 아침을 직접 체험하는 기분이 말할 수 없는 흥분을 불러일으킨다.

사위가 새까맣건만 아침이랍시고 출근해 사무실 컴퓨터를 켜고 모닝커피를 든 채 의자를 끌어당기는 아이슬란드 청춘들의 실루엣이 윈도우 너머로 가득하다. 가로등 불빛에 의지해 레이캬비크만의 겨울 삭풍이 몰아치는 해변을 20여분 쯤 따라 걸었을까? 왼편으로 시내 중심가인 듯한 밀집구역이 나타난다. 레이캬비크의 쇼핑가와 공공기관들이 밀집해 있는 최번화가 뢰이가베구르(Laugavegur) 거리이다. 캄캄하기 짝이 없는 세계 최북단의 수도 레이캬비크의 아달스트래티(Athalstraiti) 광장엔 개미 새끼 한 마리 없고 인근의 인포메이션 센터는 문도 열지 않았다. 근처 은행에 들러 30유로를 환전했다.

4,500크로나로 바꿔준다. 돋보기 너머로 돈을 세는 할머니 행원에게 몇 시에 해가 뜨느냐고 물었더니 11시쯤이란다.

호텔 프런트에서 집어온 지도를 가로등빛에 비춰가며 무작정 남쪽으로 향하는데 무수한 백조와 오리떼가 꽁꽁 언 호수 위에 도열해 있다. 마치 여명(黎明)을 기다리는 백색 근위병의 무리 같다. 지도를 살펴 보니 예가 바로 트여르닌(Tjornin) 호수. 호젓한 겨울호반을 따라 계속 남하하다 보니 어젯밤 케플라빅공항에서 탄 플라이버스(Fly Bus)가 승객을 최초로 하차시키던 BSI 터미널이다. 레이캬비크 당일 관광의 기점이 되는 곳이다. 이왕 여기까지 온 김에 레이캬비크 익스커젼(Reykjavik Excursions)사의 오후 반나절 시내 투어를 신청했다. 겨우 3시간 남짓 시내를 훑는 맛보기 투어가 4,900크로나(한화 49,000원)라니 악명 높은 이곳의 물가를 실감할 수 있었다. BSI 터미널을 가로질러 위치한 주유소 매점에서 600,000/1 지도를 구입한 뒤, 바로 옆의 서브웨이에서 샌드위치 1쪽과 콜라 1잔(이게 거의 9,000원 돈)으로 배를 채우고 밖으로 나오니 그제야 먼동이 트기 시작한다. 시계는 오전 10시 40분을 가리키고 있다. 시내 중심가까지 다시 되걸어가 어둠을 털어내고 자신의 본모습을 되찾는 시가지를 카메라에 담았다.

인포메이션센터에서 아이슬란드의 고혹적 풍광을 그린 카드 몇 장과 고급스럽게 디자인된 책갈피(book mark)를 구입한 뒤, (조그만 북마크 하나가 2,300원 가량이라니 기가 찬다.) 몇 걸음 올라가니 우측 정면에 멋있는 건축물이 버티고 서있다. 가히 시계(視界)를 압도한다. 나중에서야 레이캬비크 시내의 대표적 명소인 할그림스키르캬(Hallgrimskirkja; 할그림 교회)인 줄 알았지만, 용암이 분출하는 듯한 형용을 한 좌우대칭의 기하학적 구도가 아름다우면서도 웅장한 멋을 더하고 있었다. 좌우 눈치를 살펴가며 차도 한복판에서 교회를 중앙에 두고 사진을 찍어봤지만 시원찮은 겨울 조도(11시 10분 경) 탓에 제대로 된 풍경을 건질 순 없었다. 이 멋있는 건축물을 정면에서 바라볼 수 있는 이 가도가 바로 스퀼라보더스티궈(Skolavorthustigur) 거리. 레이캬비크 제일의 쇼핑가 뢰이가베구르(Laugavegur)거리의 우측으로 갈라져 분기(分岐)된다. 아이슬란드의 지명은 발음하기가 무척 어려워 입밖으로 발성하는 게 꼭 방송국 예능프로 게임을 방불케 한다. 게다가 영어의 발음기호를 스펠로 사용하는 판국이니……. BSI터미널로 되돌아오는 길은 갔던 경로와 달리 트여르닌(Tjornin) 호수를 거치지 않고 여행자의 감에 의존해(물론 지도의 도움을 받긴 했지만) 니야더가타(Njarthargata)거리를 가로질러 왔더니 금방이다.

  1시에 출발하는 반나절 시내투어의 일행은 모두 15명, 미국, 영국, 호주, 남아공, 브라질, 페루, 일본 그리고 한국 등 동서양 8개국의 다양한 인종이 20인승 밴 한 대에 콩나물시루 속의 콩나물처럼 옹기종기 모여 앉았다. 가이드를 겸한 운전기사는 헤드폰마이크를 낀 채 능숙하게 핸들을 돌리며 레이캬비크 시내의 명소를 설명해 나간다. 어떻게 운전을 하면서도 저렇게 녹음기 틀 듯 대사가 술술 나올까? 거의 자동이다. 첫 번째 정류 장소는 역시 할그림스키르캬(Hallgrimskirkja). 아이슬란드의 대표적 건축가 구드욘 사무엘슨에 의해 1934년 착공돼 1974년 완공된 이 아름다운 교회는 이곳 출신의 성직자 할그리무르 페투르손의 이름에서 명명되어졌는데 이제는 시내 어디에서도 관측이 가능한 그 빼어난 자태로 인해 이도시의 대표적 랜드마크로 가능하고 있다. 입구엔 유럽인 최초로 북미대륙을 탐험한 바이킹, 레이프 에릭슨의 동상이 용사의 기품을 가득 안은 채 관광객을 맞고 있었다.

　실내의 화려한 스테인드글라스와 파이프오르간 등을 둘러보는 사이, 가이드는 교회 건축에 관한 역사적 사실과 구조물 내역에 대해 설명한다. 가이드 바로 앞에 서 있는 바람에 그의 눈길에 맞춰 하염없이 고개를 끄덕여야 하는 장년의 일본인 부부가 퍽 안쓰럽다. 다시 투어 밴에 오른 우리는 여느 대도시처럼 화려하고 번화하진 않지만 아기자기한 한겨울의 매력을 한껏 발산하는 레이캬비크의 메인스트리트를 서서히 주유한 후, 트여르닌(Tjornin) 호수가의 시청에 이르렀다. 고드름이 함지박처럼 달려있는 분수대를 지나 청사 안으로 들어가니 관청이 아니라 무슨 미술관이나 문예회관 같은 분위기가 물씬 풍긴다. 커피샵을 거쳐 호수로 연결된 바깥 발코니로 나오니 아까 여명 전에 봤던 백조와 오리떼들이 무더기로 얼음 속 유영을 즐기고 있다. 가히 평화롭고도 인상적인 북국 도심의 풍경화를 연출하고 있다.

　시청사와 연이어진 국회의사당과 레이캬비크 대성당을 휘돌아 바다 쪽으로 발길을 돌리니 눈에 익은 시가의 모퉁이가 모습을 드러낸다. 아까 새벽에 지나쳤던 아달스트래티(Athalstraiti) 광장이다. 멋도 모르고 지나쳤던 이곳 주변은 알고보니 이 도시의 역사적 기원이 서린 지역이었다. 가이드는 원래 바닷물이 들어찼던 해변을 주거지로 건설해 다운타운을 조성했던 이 도시의 역사를 목청 높여 역설한다. 좌우에 따라 홀짝으로 번지수가 부과되었던 도시의 기점판, 1752년 세워진 레이캬비크 최고(最古)의 건물 포게타스토푸르(Fogetastofur), 지하 유리관으로 보존된 초창기 거류민의 최초 정착터 등을 찬찬히 짚어가는 그의 표정에서 문화전도사로서의 자긍심마저 읽혀진다. 식민시절, 이 도시를 다스리던 덴마크 통치자와 연관된 역사적 에피소드가 자주 등장하는 걸 보니 레이캬비크 도시 건설의 상당부분이 덴마크 통치 시절에 이뤄진 것 같다. 가이드의 표현대로 30분 정도의 짬을 내어 부근을 'stroll(유유자적 거닐기)'하였다. 무료로 드나들 수 있는 각종 갤러리(아트 뮤지엄, 사진박물관 등)들이 부근에 산개해 있어 전시물을 감상하며 주변의 풍광을 카메라에 담았다. 그 과정에서 브라질 상파울루에서 왔다는 청년과 통성명을 하게 되었는데 이후 그와 나는 서로의 전속사진사가 되어야 했다. 다시 밴에 올라탄 우리는 레이캬비크만을 둘러싼 雪山의 자태가 더욱 고혹적으로 다가오는 고래 관광투어의 출발기점인 항만을 한 바퀴 휘돌아 보곤 기수를 남으로 돌려 이 도시의 최고의 전망대, 페를란(Perlan)으로 향하였다.

 입구의 인체조형물부터 예사롭잖은 이곳은 지열을 이용해 이 도시의 난방온수를 공급하는 레이캬비크 시민의 종합난방 사령탑인 동시에 도시의 전망을 한 눈에 조망할 수 있는 전망대를 갖추고 있을 뿐 아니라 내부에 사가(saga; 중세 무용담)박물관까지 거느리고 있어 그야말로 할그림스키르캬와 더불어 레이캬비크의 상징적 랜드마크가 되고 있는 장소다. 아이슬란드의 사가(saga)는 여느 유럽의 무용담과는 달리 바이킹의 전투적이고 진취적 기상과 북국의 음울하면서도 이국적 정취를 잘 녹여내 훗날 대작 로망스의 스토리텔링적 기반이 되었는데, 이 나라 최초의 노벨문학상 수상자인 현대소설가 락스네스의 문학적 원천도 이것에서 비롯된 것이라 할 수 있다. 페를란(Perlan)의 3층 옥상 전망대에서 바라보는 레이캬비크의 사위는 문자 그대로 겨울 북국의 백색 자화상을 대변하고 있다.

짧은 겨울 해를 탓하며 카메라 렌즈를 바삐 움직였으나 육안으로 대하는 만큼의 감동을 카메라가 담아내진 못한 것 같다. 구내매점에서 사 먹은 350크로나 짜리 아이스크림의 희한한 감촉이 입안에서 알알한 사이, 우리의 밴은 BSI터미널 근처의 국내선 공항 주위를 한 바퀴 선회한 뒤, 국립박물관, 아이슬란드 국립대학 및 도서관을 거쳐 어느덧 레이캬비크 교외를 관통하는 링로드를 달리고 있다. 레이캬비크만 남부 해안의 모습이 눈에 들어찬다 싶더니 가이드는 외곽의 주요 포인트마다 차를 세우고 지세(地勢)에 대한 설명을 멈추지 않는다. 그러나 어젯밤의 수면부족으로 난 계속 차창에 머리를 박아댈 수밖에 없었다.

이윽고 투어 밴은 날 호텔에 내려준 후, 이른 어둠에 서서히 묻혀 가는 보가틴(Borgartun)거리 너머로 사라져 갔다. 어제 밤잠을 설친지라 한국에서 고이 가져온 일회용 비빔밥으로 일찍 저녁을 해결한 후, 야간의 오로라 투어 시각까지 눈을 부치기로 했다. 초저녁 꿈까지 꾸고 얼마간 눈을 부쳤다 싶은데 전화벨 소리에 후다닥 일어났다. 기상악화로 오늘밤 오로라 관측투어가 취소됐다는 프런트의 전갈이다. 아쉬운 마음에 4층객실 창밖으로 고개를 돌렸더니 보가틴(Borgartun) 거리의 밤 가로등이 안타까운 미소로 응대해 온다. 뾰족하게 한 것도 없이 피곤하기만 한 1월 14일 밤이 그렇게 저물고 있었다.

2) 한겨울의 골든서클

2011년 1월 15일 아침, 레이캬비크 익스커전의 픽업버스는 픽업타임인 8시 30분보다 10분이나 먼저 캐빈호텔에 도착했다. 호텔로비에서 세계 남자핸드볼 선수권대회 독일과 아이슬란드의 경기를 시청하던 일군의 관광객들이 버스에 오르자 버스는 아침이라기엔 너무 칙칙한 어둠을 뚫고 몇 군데 호텔을 더 들른 뒤 BSI터미널에 우리를 내려놓았다.

　창구에서 오늘 내가 관광할 골든 서틀(Golden Circle) 투어 티켓(9시~17시; 9,800 크로나)을 끊은 뒤 터미널 앞에 주차한 버스에 올랐다. 골든 서틀(Golden Circle)이 아이슬란드를 대표하는 최고의 관광명소임을 실감할 수 있게 60인승 버스는 입추의 여지가 없다. 그런데 이 버스가 2대 동시에 출발한다는 거다. 다른 투어가 마이크로 밴으로 운용되거나 혹은 버스 1대 좌석을 다 못 채우고 출발하는 것에 비해 겨울 비수기를 무색케 하는 부동의 인기이다. 가이드 경력 16년차의 레이캬비크 본토박이라고 자신을 소개한 초로의 여성가이드는 유창한 발음으로 영어와 독어를 번갈아가며 속사포 해설을 쏟아놓는다. 원래 이 투어는 영어 가이드가 원칙이나 토요일에 한해 독어를 병용한다고 한다. 그러고 보니 버스 안에 독일어를 주고받는 독일어권 단체승객이 꽤 여럿이 앉아 있다. 아직 밝지 않은 차창 밖으로 귓털이 탐스러운 말들이 초원에서 풀을 뜯는 장면들이 목도된다. 아직도 컴컴하기 이를 데 없건만 아침이랍시고 짐승들이 일어나 단체로 풀을 뜯는 모습을 보니 바이오리듬이란 인간 아닌 동물에게도 적용되는 만고의 법칙이란 생각이 문득 든다.

　후덕한 맏며느리 인상의 가이드가 지나치는 지역과 연관된 아이슬란드 민담에 섞어 그네들의 포크송을 육성으로 읊조리며 승객들의 갈채를 유도하는 사이, 버스는 아직 어둠의 그림자에 휩싸여 있는 휴게소에 닿고 있다. 화장실을 다녀와서 백설에 젖은 바깥 대지를 바라봤지만 아직도 동틀 기미는 보이지 않는다. 다시 운행을 시작한 버스 속은 삼삼오오 짝을 지은 무리들이 각국의 언어로 한담을 속삭이느라 작은 세미나장을 방불케 한다. 11세기에서 18세기말까지 약 700년간 아이슬란드의 정치·문화·종교(기독교)의 중심지로 기능하면서 이 시기 아이슬란드인들의 정착상을 적나라하게 엿볼 수 있게 하는 스퀄홀트(Skalholt)에 이르니 그제사 먼동이 트기 시작한다. 당시 세워진 교회와 주교관을 비롯한 정착민들의 공동시설을 둘러보고 다시 여정을 계속하는데 얼마 안 가 사잇길로 접어들다 싶더니 눈 앞에 멋있는 겨울 폭포가 등장한다. 모두들 버스가 정차하자마자 폭포 앞에 냅다 질러가서 카메라를 들어대느라 정신이 없다. 범상치 않은 비경임엔 틀림없으나 사진으로 봤던 '굴포스'로 단정하기엔 왠지 허접한 듯하여 이 폭포의 이름이 뭔지 주변 사람들에게 물어봤으나 제대로 아는 이가 없다.

버스 안에서 잠시 존 탓에 가이드 설명을 제대로 듣지 못한 벌을 단단히 받는다는 생각이 든다. 아직까지도 정확한 명칭 대신 '사이비 굴포스' 정도로 기억되는 이 폭포는 곧 우리가 보게 될 굴포스의 데모 버전(demo-version)이라 해도 좋을 만큼 아이슬란드의 겨울 인상을 강렬히 심어주고 있었다. 정오가 거의 다 되어서야 골든 서클의 첫 목적지 굴포스(Gull foss)에 도착할 수 있었다. 주차장에서 내려 오솔길을 따라 걷다 우측으로 꺾어진 계단에 들어서 물소리 나는 쪽으로 고개를 돌리니 그야말로 장엄무비한 절경이 펼쳐진다. 나도 모르게 "와" 소리가 절로 난다.

아이슬란드어로 '황금 폭포'를 의미한다는 굴포스의 위용이 온몸에 전율을 일으키게 한다. 조심조심 빙판길을 걸어 얼음과 폭포와 유수(流水)가 절묘한 화합을 도모하는 북단(北端)의 동토에 올라선 이 감흥을 어디에 비길까! 가히 구름 위에서 솜사탕 먹는 기분이다. 때마침 폭포 위로 선명한 무지개까지 가로지르니 정녕 도원선경(桃園仙境)이 따로 없다.

나이아가라, 빅토리아, 이구아수 등 소위 세계 3대 폭포를 다 섭렵해 봤지만 이들에 비해 웅장한 맛은 떨어지나, 그 고혹적 풍치는 오히려 한 수 위란 생각이 든다. 랑요쿨(Langjokkull) 빙하 녹은 물이 드넓은 흐비타강을 이루며 남쪽으로 흐르다가 갑자기 급전직하, 직각을 이루며 형성된 굴포스는 빙하의 땅 아이슬란드를 대표하는 골든 서클 중에서도 노란 자위에 해당한다. 굴포스는 처음에 폭넓게 굽어지면서 3단의 계단형으로 쏟아져 내리다가 갑자기 좁게 갈라진 협곡으로 직하한다. 직하할 때는 높이 11m와 21m의 2단으로 나누어진다. 호박덩이처럼 얼어붙은 얼음덩이를 복스럽게 주렁주렁 매단 폭포 협곡 사이에서 대자연의 경외로움에 취해 있다 보니 버스 출발시각이 임박해 있다. 굴포스 휴게소 식당에서 이곳의 별미로 이름 높은 양고기 스프(1,350크로나)를 맛보고 버스에 올랐다. 양고기를 즐기지 않는 편이지만 비싼 가격이 아깝지 않을 만큼 맛있었다.

이제 우리의 버스는 굴포스를 먼저 보기 위해 아까 지나쳤던 게이시르(geyser)로 향한다. 간헐천을 뜻하는 보통명사이지만, 이젠 고유명사 지명으로 굳어진 게이사르는 세계적인 갈헐천의 명성에 걸맞게 약 5분마다 한 번씩 신비로운 푸른빛의 뜨거운 물을 내뿜는다. 22개의 활화산이 활동하는 아이슬란드인지라 지하 20m의 수온은 127도에 육박한다. 그러나 지표면에 도달한 순간 100도로 조절되면서 기포와 함께 고공으로 분출하게 되는데 가히 대자연의 스펙타클한 행위예술이라 할 만하다. 1960년대까지 활동한 그레이트 게이시르는 80m까지 분출했지만 지금의 게이시르 간헐천은 간혹 60m 높이의 물기둥을 내뿜기도 하나 보통 35m 내외의 높이에 그치고 있다.

그러나 주위를 에워싼 관광객들은 카메라를 들이댄 채 5분마다의 환호어린 탄성을 마음껏 즐기고 있다. 기포가 보글거리는 간헐천 분출구 옆에 90~120m의 분출높이를 자랑하던 미국의 스팀보트(steam boat)에 이어 한 때 세계 2위의 고공쇼(70~80m)를 펼치던 이 경이로운 '세계자연유산'에 대한 안내판이 자리하고 있다. 관광객들은 알라딘의 요술램프처럼 저마다 하얀 꼬리를 드리우고 있는 크고 작은 분출구 주위를 맴돌며 사진을 찍어대다, 버스가 먼저 가서 그네들을 기다리고 있는 휴게소 쪽으로 삼삼오오 발걸음을 옮기기 시작한다.

이제 버스는 오늘의 마지막 목적지 싱벨리어(Thingvellir) 국립공원으로 향한다. 이곳은 아이슬란드 건국의 모태가 된 역사적 장소이자 대자연의 지각활동을 생생히 증명해 보여주는 지질학의 생태 교습현장이기도 하다. 굴포스, 게이시르와 근역에 위치한 탓에 이들과 더불어 골든 서클이라 불리며 레이캬비크 인근의 대표적 관광자원으로 꼽히는 아이슬란드 남서부의 싱벨리어 국립공원은 아이슬란드 최초의 국립공원이자 2004년에 유네스코 세계문화유산으로도 지정된 곳이다. 아이슬란드 최대의 빙하호, 싱뱰라바튼(Thingvallava) 호수를 중심으로 수려한 계곡과 기암괴석, 폭포와 간헐천 등이 친목계를 하듯 오붓이 모여있는 이곳은 화산활동의 결과로 유럽지각판과 미주지각판이 마주치며 생성되었다.

이곳 들판, 마법의 돌에서 930년 바이킹들이 모여 의회(Althing)를 구성하였고, 국가를 수립한 이후, 1798년까지 매년 의회를 개최했는데 이는 세계 최초의 공식 의회로 인정받고 있다. 유네스코에서 이곳을 세계문화유산으로 등재한 것도 이러한 역사적 연원을 높이 샀기 때문이다. 유럽지각판과 미주지각판의 경계에 놓여 있는 Almannagja의 아르빈나무 협곡은 기이한 형상의 바위들이 병풍처럼 도열해 장관을 이루고 있는데, 돌무리 협곡이 주위를 둘러싼 이곳이 지혜를 모아 토론하기에 천혜의 공간이었음은 중언할 필요가 없다. 이처럼 화산활동의 결과로 초래된 토굴과 광장과 협곡의 하모니가 인간의 정치사회적 행위의 원천으로 작용하고 있다는 사실에서 대자연과 인간의 운명적 조우를 뼈저리게 실감하게 된다.

싱뱉라바튼(Thingvallava)호수가의 언덕 위 전망대에서 겨울 노을에 물든 초록빛 구릉을 훑어보노라니, 바위 협곡 사이로 삼삼오오 짝을 지어 거니는 관광객의 무리가 뱀의 군무(群舞)처럼 교교(皎皎)히 아른거린다. 오늘의 일정을 모두 마친 투어 버스가 레이캬비크 시내로 들어섰을 때, 겨울 북국의 도심은 이미 어둠에 점령 당한 뒤였다. 투숙호텔(캐빈호텔)에 날 내려주고 눈 덮인 차도 너머 터미널 쪽으로 사라지는 버스의 백설에 얼룩진 뒤태가 유난히 청승맞다.

햄버거로 대충 저녁을 때우고 어제 불발된 오로라 투어 시각까지 눈을 부쳤다. 시간에 맞춰 1층으로 내려갔더니 호텔로비는 인산인해를 이루고 있다. 어제 취소된 탓에 인원이 가중된데다 인근에 거주하는 오로라 관광객들이 픽업집결지인 우리 호텔로 모여들었기 때문이다. 픽업버스에 올라타 터미널로 갔더니 무려 5대의 버스가 오로라 투어에 징발되어 있다. 60인승 초대형 버스 5대! 가히 300명의 인원이 오늘 오로라 투어에 들이대고 있다는 거다. 몸을 재빨리 움직인 탓에 운전기사 뒤 전망 좋은 자리를 확보할 수 있었다. 잠시 후 승차한 가이드에게 어제 취소된 투어티켓을 체크받고 털모자의 끈을 조으니 벌써 오랜 염원이었던 오로라를 본 듯한 성취감에 가슴이 뛴다. 정예기상요원들이 컴퓨터로 분석한 장소를 운전기사에게 무전으로 알려주며 오로라 관찰의 최적장소로 이동하기 때문에 확률이 높다며 가이드가 설레발을 치자, 세계 각국에서 모인 관광객들이 "부라보" 환호성으로 응대한다.

그러나 그날 밤 9시부터 새벽 1시까지 무려 4시간에 걸쳐 이곳저곳을 끌려다니며 추위에 떨었던 우리는 끝내 오로라를 볼 수 없었다. 극도로 떨어진 밤기온 탓에 이를 부딪치는 한기를 억지로 참고 있는 내 귓가에 "아이슬란드의 겨울밤이 내 인생에 평생 도움이 안 된다"는 가이드의 넋두리가 꿈결인 듯 들려왔다. 언제부터인지 함박눈이 차창을 때리고 있었다.

3) 레이캬네즈반도에 부는 바람

2011년 1월 16일(일)의 아침이 밝았다. 오늘은 아이슬란드 여행의 3일차, 레이캬비크 인근의 레이캬네즈(Reykjanes)반도로 여정의 추를 돌렸다. 이 지역이 대중적 인기를 얻지 못한 곳임을 방증하듯 12인승 밴엔 나를 포함해 모두 6명의 투어신청자만이 탑승해 있다. 미국에서 온 남성 헤어디자이너 2인, 네덜란드인 부부 1쌍, 프랑스에서 온 목장 아가씨 1인, 그리고 나, 이렇게 동서양에서 모인 우리 6사람은 오붓한 분위기 속에 금방 하나가 될 수 있었다.

오전 9시, 어둠에 묻힌 BSI터미널을 출발한 우리의 밴은 레이캬비크 연안 부두를 한 바퀴 휘돌고 나서 곧장 시내방향에서 서남진(西南進)해 레이캬네즈반도로 향하였다. 아직 먼동도 트지 않은 생선 덕장에는 말린 대구의 비릿한 냄새가 진동하고 있었다. 점차 내륙으로 남하해 들어가자 이내 검은 화산재에 뒤덮힌 용암밭(lavafield)이 끝없이 펼쳐지기 시작한다. 검은 대지에 매스게임하듯 돌출하는 산록과 분화구와 호수의 하모니가 어둠을 서서히 걷어내고 있었다. 마치 '스타워즈'의 배경 속에 몰래 잠입한 듯한 착각이 인다. 잿빛 비포장도로와 구릉을 넘나들며 오르막을 오르니 눈앞에 얼음빛 호수가 자태를 드러낸다. 레이캬네즈반도 최대의 화산호 클라이파바튼(Kleifarvatn) 호수다.

  백설을 두른 산록과 검정빛 흑토 사이로 수줍은 듯 냉수 마사지한 얼굴을 내비치는 얼음빛 호수의 고혹적 품새가 예사롭지 않다. 마치 캄차카반도에나 있을 법한 자연의 풍광이 이곳에 고즈넉이 자리하고 있다. 서서히 먼동이 트기 시작한다. 이 지역 강수량의 바로미터로 체크되어지는 호수의 수량은 해마다 줄어드는 실정이란다. 뉴욕 출신의 성격 좋은 헤어 디자이너 폴이 화산 산록을 배경으로 사진을 찍어주며 내게도 자신의 카메라를 맡긴다. 클라이파바튼(Kleifarvatn) 호수를 지나쳐 용암의 검은 고름 같은 흑색 비포장도로를 계속 달리다 보니 최루탄을 터트린 듯 온통 황갈색 대지 위에 희뿌연 증기가 난무하고 있다. 코를 찌르는 유황 냄새가 이 곳이 고열·고온의 온천 지대임을 각인시킨다. 셀튄(Seltun) 온천 지구다.

  화산분화의 후유증으로 잉태된 다종다양한 토양의 용트림이 느껴진다. 보글보글 방울이 맺혀진 수포덩이를 양산하는 웅덩이 곳곳에서 대지의 여신, 가이아(Gaea)의 신음소리가 들리는 듯하다. 일대를 한 바퀴 돌고 나니 온통 신발은 진흙투성이다. 호젓한 셀퇸 호수가에서 지열(地熱)을 숙지운 뒤, 크리쉬빅(Krisuvik)을 가로질러 레이캬네즈반도에서의 여정을 계속한다. 용암에 이끼를 덮어쓴 흑록의 바위군(群)이 흑산(黑山)과 끊임 없이 조우하는 흑토(黑土)의 비포장 구릉을 쉴 새 없이 넘어가다 보니 어느덧 안개비 속에 해변포구가 모습을 드러낸다. 대구잡이로 유명한 어항 그린다빅(Grindavik)이다. 흩날리는 가랑비가 반도 남단의 겨울 정취를 더해준다.

그 이름도 정겨운 '맘마미아' 식당에서 점심을 해결한 뒤, 우리의 가이드 스티브는 상어 고기의 염장(鹽藏) 창고로 우리를 안내한다. 레이캬네즈반도의 대표적 어항에 왔으니 맛이나 보라며 잘게 썬 말린 상어고기를 요지에 찍어 우리 입에 밀어 넣는다. 그리곤 보드카 한 잔씩을 돌린다. 명절 제사 때 먹던 돔배기의 상큼한 뒷맛이 알싸한 보드카 향에 어울려 혀끝에 전해져 온다. 이어서 우리는 난데 없이 양떼를 방목한 기슭과 내장객이 아무도 없는 을씨년스런 해변 골프장을 지나, 차가운 돌풍이 몰아치는 반도의 남서부 해안을 치달려 레이캬네스타(Reykjanesta)해변에 이르렀다.

마침내 가랑비까지 가세해 한겨울의 반도 최남단은 심한 우울증에 시달리고 있었다. 1887년 지진으로 무너진 옛 것을 대신해 1907년에 재건된 레이캬네스비티(Reykjanesviti)등대만이 배야펠(Bajarfell) 언덕에서 외로이 대서양의 풍랑을 맞고 있었다. 한여름에 70,000마리가 날아든다는 세계 최대의 북양가마우지(gannet) 서식지 엘데이(Eldey) 바위섬을 등지고 급하게 인증샷을 찍은 후 쫓기듯 해안을 떠나야 했다. 얼마 지나지 않아, 차창을 때리는 가랑비 속으로 대지에서 쏟아 오르는 자욱한 연기가 안광(眼眶)에 들어찬다. 이 지역의 광범한 화산온천지구대에서 분출되는 어마어마한 지열의 위력을 실감하기에 충분하다. 연옥(煉獄)에 다름 없는 이곳의 지열을 발전(發電)에 활용해 인근에 대규모 발전소가 가동하고 있었는데, 황량한 벌판에서 발산되는 대연막의 향연이 아이슬란드 대자연의 포효(咆哮)를 상징하는 듯하다.

 반도 서쪽 해안을 북진해 올라가다 갑자기 밴이 멈춘다. 표지판을 보니 예가 스토라산드빅(Stora-Sandvik), 유라시아 지판과 북아메리카 지판이 이곳을 기점으로 분리되었다 한다. 양 지판이 만나는 접점엔 숱한 지각활동과 분화의 흔적이 잿빛 구릉의 추억으로 남아 있다. 우리의 밴은 잿빛 대지에 끝 없이 이어진 대형 파이프를 따라 길을 재촉한다. 이 파이프를 통해 지열로 데워진 용암수를 송출한다는데, 그러고 보니 차창 밖으로 자욱한 연기 속에 웬 정유공장 같은 건물이 눈에 띈다. 이곳의 용암수로 특수처리된 일급 제품을 생산하는 화장품 공장이란다. 유리공예점 한 군데를 더 들른 뒤 마침내 우리의 밴은 오늘의 최종종착지 블루라군(Blue Lagoon)에 도착했다. 입구에서 오늘 하루 성심성의껏 우리를 안내한 가이드스티브를 포함한 7명의 일행이 기념사진을 찍었다.

 라군(Lagoon)은 아이슬란드어로 온천을 의미한다. 따라서 블루라군은 '푸른 온천'이란 뜻일 터……. 아이슬란드를 대표하는 명소이자 세계 최대의 노천온천인 블루라군은 아이슬란드의 관문 케플라빅(Keflavik) 국제공항 어귀에 위치해 출국길의 외국관광객이 들리기도 한다. 블루라군은 인근의 지열발전소에서 나오는 물로 채워진다. 아주 뜨거운 물은 용암이 흐르는 근처의 땅에서 나오며, 전기를 발전시키는 터빈을 움직이는 데 사용된다. 터빈을 통과한 증기와 뜨거운 물은 열교환기를 지나 온수난방시스템에 열을 공급하고 난 뒤에 블루라군과 온천으로 흘러 들어간다. 온천수에는 실리카와 유황 같은 광물질이 풍부하고, 건선과 같은 피부병으로 고통받는 많은 사람들에게 도움이 되는 것으로 알려져 있다. 온천수의 온도는 평균 40℃이다. 광물질의 함유로 물빛은 항상 우유빛 푸른색을 띠게 돼 신비로움을 더한다.

영하의 날씨에 부들부들 떨며 쏜살같이 입수한 우리는 금세 온몸을 적시는 블루라군의 온기에 아늑히 젖어들고 말았다. 마음씨 좋은 네덜란드 커플의 남편 반다이크가 쏜 맥주를 마시며 이 포근한 푸른 물사위 속에서 언제까지나 주저앉아 있고 싶어졌다. (그래야 45,000원에 이르는 입장료의 본전을 뽑을테니까.) 이내 푸른 물결 위로 증기가 자욱하더니 북국의 이른 밤별이 내 머리 위로 어둠을 영접하고 있었다.

4) 사우스 쇼어엔 눈이 나리고

캐빈호텔 4층 객실에서 내려다 보이는 패스트푸드 체인 [서브웨이]의 노랑 전광등이 함박눈에 입맞춤하고 있다. 밤새 내린 눈에 반사돼 캄캄하기만 했던 북국의 겨울 아침이 모처럼 어슴푸레하게나마 빛을 보인다. 그렇게 2011년 1월 17일 월요일 아침이 밝아(?)왔다. 어제 저녁 호텔 프론트를 통해 예약한 투어 시각에 맞추기 위해 서둘러 아침식사를 마치고 픽업버스에 올랐다. 오늘의 목표는 사우스 쇼어(South Shore), 이곳 아이슬란드에서의 마지막 여정이다. BSI터미널에서 행선지판을 보고 제일 우측에 주차된 밴에 올랐다.

20인승 밴에는 프랑스 관광객이 대세를 이루고 있다. 가이드도 영어와 불어 병용가이드라 승객들과 좌우를 돌아보며 능란한 2개국어로 담소한다. 그런데 출발시각이 지났는데도 웬 수다쟁이 중년남자와 계속 불어로 뭔가를 숙덕거리며 심각한 표정을 짓는 게 영 심상치 않다. 한참만에야 뭔가 합의가 된 듯 출발을 하긴 하는데, 그 와중에도 수다쟁이 프랑스인은 운전기사를 겸한 가이드 뒷자리에 앉아 어깨를 꾹꾹 찌르며 계속 수다를 떨어대는 품이 밉깔스럽기 그지없다.

　　마치 오로라의 잔영인 듯 캄캄한 밤하늘엔 청록의 여광이 흩날리고 있다. 차창 밖으로 어둠 속에 풀을 뜯는 말들의 모습이 보이는가 싶더니 잠깐 눈을 붙였다 싶은데, 어제의 용암밭과는 달리 바깥은 온통 눈과 얼음밭이다. 아이슬란드 남서부 해안의 절경을 대표하는 사우스 쇼어(South Shore)로 가는 길은 또 다른 감동의 연속이다. 목가적 서정을 불러 일으키는 셀포스(Selfoss)와 백설의 낭만으로 유혹하는 헬라(Hella)를 거쳐 흐볼스뵐뢰르(Hvolsvollur)에 닿았을 때 비로소 먼동이 트기 시작한다.

　　휴게소에서 과자와 우유를 먹으며 쉬는데 "한국은 영하 20도까지 내려가는 한파대란"이란 딸아이의 문자가 날아온다. 거기는 오죽하겠느냐는 딸아이의 걱정어린 안부다. 여긴 오히려 영도에서 영하 2~3도를 밑도는 정도라 걱정말란 회신을 보냈다. 물론 우리가 가고 있는 사우스 쇼어의 빙하나 남부 해변지역은 훨씬 더 춥겠지만 레이캬비크 인근의 내륙지역은 난류의 영향으로 생각보다 따뜻함을 이곳에 와서 몸소 체감할 수 있다. 다시 백색의 화원을 가로질러 곧게 뻗은 눈길을 신나게 달리는데 창 밖엔 마치 알프스산록이 내 앞으로 낮게 내려앉아 다가서 있는 듯하다. 굴곡진 구비마다 백설에 둘러싸인 암산의 자태가 기기묘묘(奇奇妙妙)한 형상으로 다가오는 좌측 차창 너머 멀리 우측으론 사우스 코스트 해변의 겨울 풍랑이 넘실댄다. 실로 절경이 따로 없다.

우리의 밴이 곧게 직진하던 코스에서 이탈해 갑자기 좌회전하더니 내륙 쪽으로 북진하기 시작한다. 하얀 눈밭 속에 개울을 건너고 빙판 언덕을 수도 없이 오르내리며 신공에 가까운 아이스드라이빙(Ice-driving) 실력을 과시하던 가이드는 근 30분 만에 우리를 솔하이마죠쿨(Solheimajokull)빙하 앞에 내려 놓는다. 이 지역의 대표적 명소 미달(Myrdals)빙하까지 가기엔 겨울의 여건상 무리라 그 입구에 해당하는 이곳에 하차시킨 것이다.

빙하 바로 앞까지 걸어가 사진을 찍으려는데 갑자기 살인 우박이 뺨을 후려친다. 층층이 너울진 얼음덩이를 감싼 눈자락 위로 빙하 본연의 푸른 색이 드러나는 찰라, 돌멩이처럼 단단한 우박 눈세례는 더욱 매서워진다. 부리나케 뛰어도 밴으로 돌아오는데 5분이나 걸린다. 여기서 9명에 달하는 프랑스 관광객들은 장비를 챙겨 전문인솔자가 이끄는 빙하 투어에 나서고 나머지 승객들은 다시 밴을 타고 사우스 쇼어의 여정을 계속한다. 밴이 출발하자마자 이젠 불어를 할 필요가 없어진 가이드가 아침의 실랑이에 대해 해명한다. 말인즉, 사우스 쇼어 투어의 원래 일정을 무시하고 프랑스 승객들이 자신들은 이곳 빙하까지만 와서 빙하투어를 즐기겠다고 고집했다는 것이다. 모두의 합의에 의해 정해진 루트를 자기네의 기호에 따라 마음대로 농단(壟斷)하는 프랑스인들의 이기주의에 울화가 치밀어왔다. 솔하이마죠쿨 빙하의 일기가 사나워 그들이 죽을 고생을 했으면 샘통이겠다는 생각마저 들었다.

왔던 길을 되돌아 예의 1번도로로 다시 복귀한 우리는 20여분을 달려 이번엔 우회전해 215번 도로를 타고 해변으로 파고들기 시작한다. 이윽고 차가 서고 우리 눈 앞엔 을씨년스럽지만 황홀한 겨울 해변이 격랑 속에 모습을 드러낸다. 레이니스파라(Reynisfjara)해안 남서 구역의 명물 할사넾쉘러(Halsanefshellir)가 우리 앞에 버티고 서 있다. 해안의 동쪽 기슭을 따라 아치형 동굴을 형성시켜 나간 아름다운 현무암 돌기둥의 집합체인 이 기념비적 자연의 조형물 둘레를 자신의 위수지역을 엄호하듯 겨울 물새들이 비행하고 있다.

　영하 15도의 날씨에 해변의 바람까지 가세하니 사진의 포즈를 취하는 잠시를 견딜 수 없을 만큼 춥다. 살을 에이는 듯하다. 레이니스파라(Reynisfjara)해안의 또 다른 명물인 다이호레이(Dyrholaey; 바다 속에 걸려있는 아치가 멋있는 Reynisfjara 서쪽의 곶)와 레이니스드랑거(Reynisdranger; Reynisfjara 동쪽의 아름다운 해상 바위군)를 배경으로 사진을 찍고 아쉬운 발걸음을 돌려야 했다.

　사우스 쇼어의 남단 해변마을 빅(Vik)에 닿았을 때 시계는 12시 25분을 가리키고 있었다. 모두가 말하듯이 빅은 정녕 아름다운 곳이었다. 휴게소 식당에서 점심을 들면서 바깥을 내다보니 내가 마치 백색의 도원경에 와 있는 기분이다. 정면으론 설산이 내 눈 앞에 내려와 앉아 있고 후면으론 아까 할사넾쉘러(Halsanefshellir)에서 측면만 살짝 보여줬던 레이니스드랑거(Reynisdranger)의 전모가 확연히 드러난다. 가로등을 살짝 비켜 내 시야에 들어오는 산록 위 교회 건물까지 기가 막힌 서경적 구도를 자랑한다. 휴게소 밖으로 나가 검은 모래밭, 소위 흑사장(黑砂場)으로 유명한 빅의 겨울 해변을 주유해 본다. 해변의 쓰러진 나무둥치 위로 오버랩되어진 레이니스드랑거

(Reynisdranger)의 자태에서 이 바위군에 관련된 전설(2거인이 배 3척을 산 위로 옮기다 바위가 되었다는)이 상기되어진다.

　겨울의 우울한 그림자가 배어있는 빅의 흑사장 해변에 가랑비가 흩날리기 시작한다.

　다시 밴에 오른 우리는 이제껏 왔던 길을 되돌아 레이캬비크로의 귀로에 오른다. 먼저 사우스 쇼어의 대표적 명승지, 스코가포스(Skogar foss) 폭포 지근(至近)의 스코가 민속박물관에 들렀다. 우리 일행이 바이킹의 후손인 이곳 정착민들의 이주사를 박물관 학예사로부터 설명 듣는 사이, 우리의 가이드는 프랑스 투어객들을 픽업하러 솔하이마죠쿨(Solheimajokull)빙하로 달려가고 있었다. "모진 넘들 만나 가이드가 고생이군!" 이심전심인 듯 우리 모두의 눈빛이 같은 말을 하고 있었다. 가이드를 기다리는 사이, 박물관 밖 스코가(Skogar) 타운의 설원을 눈 속에 거닐어본다. 황혼에 저물어가는 북국의 겨울 실루엣에 가슴이 저민다. 왠지 모를 슬픔마저 동반하는 이 겨울의 고적한 아름다움! 아이슬란드의 겨울과 조우하지 못한 이와는 앞으로 진정한 아름다움을 같이 논하지 말아야겠다.

　프랑스 투어객을 태운 가이드가 우리에게 죄지은 표정으로 다시 나타났을 때, 오히려 북국의 낭만과 사색을 즐길 기회를 준 그에게 우리 모두는 마음 속 깊이 감사하고 있었다. 잠시 후 우리 모두는 스코가포스 앞에 우뚝 섰다. 청록색 커튼을 드리우던 여름과는 달리, 새하얗게 치장된 스코가포스는 60m의 위용 속에 겨울 폭포의 매력을 발산하고 있었다. 멀리서 볼 때와 달리 바로 앞까지 다가가니 굉음과 함께 세찬 물줄기에 옷과 디카가 다 젖고 말았다. 썩어도 준치라던가! 비록 주변부는 결빙되었지만 폭포로서의 장중함을 잃지 않은 스코가포스의 포스에 고개가 숙여진다. 이 스코가포스의 바로 북쪽 지척에 작년 여름 유럽항공대란의 주범, 아이야팔라조쿨(Eyjafjallajokull) 화산이 있다고 생각하니 왠지 전율마저 느껴진다.

스코가포스를 빠져나와, 폭포 뒤를 지나치는 이색 통로로 유명한 셀라란드스포스(seljalandsfoss)까지 둘러 본 우리는 바야흐로 완전한 귀로에 올랐다. 레이캬비크로 곧게 뻗은 눈길엔 짙은 어둠이 이미 깔려 있었다. 나지막한 설산이 매스게임을 하듯 내려와 앉고 요소요소에 빙하와 폭포가 출몰하는가 하면 겨울 해변의 바위섬에 몰아치는 눈보라와 파도마저 사랑스러운 사우스 쇼어(South shore)야 말로 신이 내린 지구상의 마지막 종합선물세트란 생각이 문득 들었다.

어둠 속에 총총이 사라지는 밴에 손을 흔들며 호텔에 들어선 난 프런트의 안내문부터 살펴봤다. 기상관계로 어제 취소되었던 오로라 투어에 관한 공지가 궁금해서였다. 다행히 오늘은 취소된다는 내용이 아직 없다. 피곤한 몸을 이끌고 올라와 즉석 1회용 비빔밥으로 일단 저녁부터 해결했다. 그리곤 이번 여행의 마지막 남은 숙제(오로라 보기) 시각까지 비장한 마음으로 기다렸다. 내일 런던으로 가는 나로선 오늘 밤이 오로라를 볼 절체절명의 마지막 기회다. 그간 사흘밤을 시도했으나 기상악화로 인한 2번의 취소와 1번의 관측실패로 결국 오로라를 볼 수 없었던 내 마음은 절박하기 이를 데 없다.

저녁 9시, 픽업버스로 도착한 BSI터미널엔 사흘 전보다는 적으나 여전히 3대의 버스를 꽉 채운 투어객들이 초조한 기다림을 계속하고 있었다. 창구에서 사흘 전 관측실패한 투어객임을 확인받고(오로라 투어는 관측이 가능할 때까지 기회를 보장한다.) 버스에 오르니 관록이 느껴지는 초로의 여성 가이드가 푸근한 웃음으로 맞아준다. 왠지 오늘은 볼 수 있을 것 같은 예감이다. 그러나 거기까지였다. 9시부터 새벽1시까지 4시간을 옮겨 다니며 오로라의 행방을 좇았던 우리는 이날도 그와의 합궁을 일궈내지 못했다. 4일밤을 투자한 노력이 수포로 돌아가는 순간이었다. 숙소로 돌아오는 버스 속에서 레이캬네즈 반도 여행을 같이 했던 프랑스 목장아가씨의 유쾌한 웃음소리가 꿈결인 듯 들려왔다. "난 오로라 투어 4번 갔다가 다 실패하고, 결국 내가 묵은 호텔 창밖으로 자기 전에 우연히 봤지롱! 낄낄낄"

(『시간 속의 여행』, 중문, 2021, 196-230쪽)

11. 발칸의 정원에서; 루마니아 · 불가리아 · (구)유고연방

1) 드라큘라의 눈물, 브란성

밤새 뒤척이다 새벽녘 겨우 잠이 들었다 싶은데 벌써 모닝콜이 울린다. 동침한 K선생은 잽싸게 가족이 있는 옆방으로 옮겨가신다. 룸메이트에게 폐를 끼치지 않으려 애쓰는 모습에 가슴이 뭉클하다. 주행거리제한에 걸려 오늘은 다른 버스가 오기로 했단다. 기다리는 동안 호텔 주변을 둘러보니 스탈린 양식의 웅장함을 자랑하는 프레스센터의 위용이 새삼스럽다. 오늘 우리의 여정은 드라큘라의 체취가 깃든 브란성과 카를1세의 여름별궁, 펠레쉬성을 둘러보는 것으로 짜여져 있다. 부쿠레시티 인근의 평원을 벗어나 한참을 달리니 드디어 산록이 모습을 드러낸다.

오스만트루크가 이 땅을 침략했을 때 '숲이 우거진 산림의 나라'라

하여 그네들 말로 '발칸'이라 하였다는데 부쿠레시티 인근에선 좀처럼 볼 수 없었던 산(그것도 빽빽한 침엽수로 채워진)을 이제사 대하니 발칸의 개념이 제대로 잡히는 듯하다. 발칸의 한 줄기인 카르파티아산맥이 시작될 즈음, 첫 목적지인 브란성에 당도할 수 있었다. 브란(루마니아어)의 어원은 '세관'에서 비롯되었는데, 1377년 건축된 이 성이 원래 트란실바니아 지방을 왕래하는 상인들에게 통행세를 징수하는 목적으로 사용되었던 것과 무관치 않다. 브란성이 드라큘라성으로 세계인의 관심을 받게 된 것은 아일랜드 소설가 브람 스토커의 소설이 창조한 흡혈귀 전설의 괴기적 스토리텔링에 힘입은 바 크다.

드라큘라(블라드 드라큘 제뻬쉬)는 15세기 왈라키아 왕국(루마니아 5대 공국의 하나였던 곳)의 왕자로 실존인물인데, 왈라키아가 오스만 트루크와 헝가리의 압제에 시달리던 시절, 적국에서 볼모 생활을 하며 절치부심(切齒腐心) 기회를 엿보다 결국 왕위에 올랐었다. 그러나 그는 볼모 시절 자신에게 치욕을 안겨줬던 트루크에 대한 깊은 원한을 포로가 된 트루크 병사를 잔인하게 고문살해함으로써 풀었다고 한다. 가시가 박힌 마차바퀴를 포로의 배 위로 관통시키는가 하면, 뾰족한 나무꼬챙이로 포로의 항문을 통과시켜 입으로 나오게 했다는데 이렇게 참혹하게 죽어가는 포로들의 모습을 식사를 하면서까지 지켜봤다고 하니 가히 트루크병사에게 드라큘라는 공포의 저승사자로 각인되기에 충분했을 터…….

드라큘라의 본명 제뻬쉬(루마니아어로 '꼬챙이')는 이런 그의 기행에서 유래된 것이다. 일설에 의하면 그의 부왕이 신하의 배반으로 살해되었기에 아버지의 원수를 갚기 위해 당시 모반에 관련된 모든 자를 꼬챙이에 끼워 잔인하게 살해한 데서 그의 악명이 높아졌다고도 한다. 어쨌든 드라큘라의 이러한 엽기적 잔인성을 소재로 흡혈귀 모티프에 접목시켜 세계적 화제의 괴기소설을 쓴 브람 스토커의 순발력도 대단하지만, 드라큘라가 세계적 유명인사가 된 것은 역시 영화의 유통보급에 따른 인지도 제고에 힘입은 바 크다고 하겠다.

그러나 포로에게 이렇듯 무자비했던 드라큘라이건만 왈라키아의 백성에겐 선정을 베푼 선군이자 오스만트루크의 침략을 격퇴하고 백성을 보호한 전쟁영웅으로 알려져 있어 허구와 사실(史實)의 괴리를 다시금 뼈저리게 인각해야 했다. 브란성은 오스만 트루크의 공격에 대비해 드라큘라의 선조대에 방어용으로 축성된 부근의 몇 개 성 중의 하나로, 드라큘라가 이곳을 무대로 오스만 트루크 병사와의 전투에서 혁혁한 무공을 세웠다고 하나, 실제로 활약한 주무대가 바로 이곳인지 아니면 지금은 없어진 이 인근의 또 다른 성인지는 확실치 않은 것 같았다. 루마니아 통일 후, 루마니아 중앙집권 왕실에 복속된 브란성은 1920년대 당시 마리아 왕비의 별장으로 사용되다가 막내딸 일레나 공주에게 양도되었는데 공산화 이후 공산당에 징발되었다고 한다. 그러나 차우체스쿠 정권 붕괴 이후 미국에 거주하는 일레나 공주의 후손이 양도소송에서 이긴 후 약 6,000만 유로에 매물로 내놓은 상태라 한다.

우리는 주차장에서 내려 단체입장권을 끊은 후, 오르막 진입로를 따라 조심스럽게 드라큘라의 흔적을 더듬기 위해 성 안으로 들어갔다. 때 마침 가랑비가 드라큘라의 눈물인 듯 처량하게 우리를 맞고 있다. 성 내부는 식당, 거실, 서재, 무기 전시실 등 일상의 생활공간이 오밀조밀히 배치되어 있었다. 그러나 가장 눈길을 끈 것은 역시 외부 적의 공격을 차단하고 역공을 가하는 한편, 혹 성내에 잠입한 적의 방향감각을 마비시켜 감금하기 위한 갖가지 전략적 기능으로 성내부 전체가 일사불란히 요새화되어 있다는 사실이었다. 미로로 이어진 토굴식 계단, 긴급피난처와 연결된 우물, 적을 급공(急攻)하고 재빨리 몸을 숨기기 위한 회전식 나무방패, 침입한 적이 헤매다 빠져나갈 수 있는 유일한 길목으로 이어지는 막다른 절벽 등을 갖춘 브란성은 한 마디로 수려한 자연경관 속에 놓여진 철옹성의 방어용 요새였다.

들어올 때 뿌리던 빗방울이 브란성을 나서자 소리 없이 소멸된다. 난데없이 흡혈귀로 둔갑해야 했던 드라큘라의 억울한 원혼이 눈물을 거둔 것일까? 어쩌면 산기슭에 지어진 볼품없이 평범한 고성에 불과한 브란성에 세계 각국의 관광객이 모이게 하는 스토리텔링의 위대함에 다시 한 번 전율이 인다. 우리의 문화유산에도 스토리텔링을 덧입히는 작업을 게을리 말아야겠다는 각성이 일었다. 아쉽게 브란성과 작별한 우리가 카르파티아산맥의 주봉을 감상하며 다다른 곳은 브라쇼브. 수도 부쿠레시티 북서북방 170km 지점에 위치한 남카르타피아 산맥 능선의 이 도시는 1211년 독일의 튜튼 기사단에 의해 건설된 이래, 15세기 한 때 크론슈다트로 불리며 트란실바니아의 중심축으로 기능해왔다. 고즈넉한 분위기의 구시가 스파툴루이 광장엔 마침 휴가철의 휴일(일요일)를 즐기려는 가족 단위 인파들로 넘쳐나고 있었고, 광장 북동쪽 교회 앞에서 막 끝난 장례식의 순례행렬은 구슬픈 악대의 인도에 따라 장사진을 친 채 광장을 가로지르고 있었다.

우리는 광장 인근의 식당에서 현지식으로 점심식사를 마친 뒤 광장 중심의 옛 시청사(현 박물관 및 여행안내소)와 나팔수의 탑 등을 배경으로 기념사진을 찍었다. 아까 장례식이 치러지던 스핀투니콜라스 교회(루마니아 정교)와 13세기 건축돼 브라쇼브 최고(最古)의 건물인 스핀투바르톨로뮤 교회 옆으로 지붕이 잿빛인 고딕식 교회가 눈길을 끈다. 1689년 합스부르크 군대의 공격으로 벽과 지붕이 검게 그을려 '검은 교회'로 불리는 이곳의 명소인 이 루터교회는 높이가 65m에 달하는 트란실바니아 최대의 고딕건축물이란다. 불현듯 나는 이 평화로운 산록도시에서 여행을 멈추고 정중동의 여유를 즐기고픈 충동이 일었다.

  그러나 여행은 또 다른 만남을 위한 떠남의 과정인 걸 어찌하랴! 스파툴루이 광장을 떠나는 우리 버스 차창 밖으로 남카르타피아의 산록에 걸쳐진 '브라쇼브'의 백색 영어표식이 서글프게 작별인사를 한다. 이어서 우리는 루마니아 통일왕국의 초대 국왕 카를1세의 여름별장 펠리쉬성으로 향하였다. 펠리쉬성이 자리한 푸른 산록의 도시 시나이아로 가는 길은 무척이나 아름다웠다. 기기묘묘한 석회암과 빽빽한 삼림이 조화를 이룬 가운데 이들을 자락에 품은 크고 작은 산들이 조화롭게 연이어져 있는 카르파티아산맥은 정녕 그 자체로 신의 축복이었다. 시나이아가 가까워 오자 카르파티아의 주봉 카레히만산이 차창 밖으로 그 근엄한 모습을 드러낸다. 산세도 아름다웠지만, 열렬한 신자였던 당시 왕비의 발원에 의해 산 정상에 세워진 십자가는 우리의 이목을 끌기에 충분했다.

  펠리쉬성 주차장에 내린 우리가 시나이아의 산기운을 가슴으로 느끼며 아치형의 진출입구를 통과하자 천상의 유혼을 담은 그림같은 고성이 시야에 잡힌다. 러시아의 침략으로부터 루마니아를 구해준 데 대한 보답으로 독일왕실로부터 영입된 카를1세(재위; 1881~1914)의 여름 별궁으로 사용키 위해 1883년 완공된 이 성은 19세기의 각종 최첨단기술(전기로 조절되는 스테인드글라스, 중앙집전식으로 통제되는 진공소제 시스템, 중앙난방식으로 공급되는 라지에이터, 음식 배달과 인력 이동의 용도로 나눠져 별도로 가동된 엘리베이터)이 응용된 과학건축의 시연장이기도 하다. 우리는 접견실을 필두로 무기의 방, 문학의 방, 영화감상실, 콘서트홀, 거실, 서재, 식당 등을 두루 거치며 '작은 베르사이유'의 감동에 젖어들었다. 시간상 제약으로 성내 170개의 방을 모두 볼 수 없는 아쉬움이 있었으나, 뇌쇄적 운치의 도자기와 금은접시, 화려한 스테인드글라스와 고혹적 태깔의 크리스탈 샹들리에, 그리고 2,000여 점에 달하는 유럽 유명화가들의 회화작품들은 우리를 잠시나마 카를1세로 빙의(憑依)되게끔 하기에 충분했다. 특히 비엔나 분리파(상징주의)의 선구자를 자처하는 천재화가 구스타프 크림트(1862~1918)의 약관시절 그림이 걸려있는 영화감상실엔 청년 크림트의 숨겨진 예술혼이 꿈틀거리는 듯하였다.

내부 관람을 마치고 정원으로 나온 우리는 카르파티아의 진주, 시나이아의 산록에 둘러싸인 아름다운 성과 그 주변 조형물을 배경으로 기념촬영을 하곤 부쿠레시티로의 귀로에 나섰다. 버스 차창 밖으로 아직 퇴근하긴 이르다며 까탈을 부리는 여름 석양이 광기어린 불빛 햇살을 내뿜고 있었다.

2) 발칸의 신비를 벗다; 불가리아

루마니아와 불가리아의 국경을 가르는 다뉴강의 여름 물살은 왠지 신산(辛酸)스러워 보인다. 다뉴강의 운치는 역시 세차니 다리가 놓여진 부다페스트의 동산 위에서 즐기는 게 제격이다. 유럽과 아시아를 가르는 볼가강에 이어 유럽 두 번째 길이의 다뉴강은 전장이 2,850km로, 독일 슈바르츠발트('검은 숲'이라는 뜻) 삼림지대에서 발원해 동유럽 9개국을 흘러 흑해에 이르게 되는데 지역에 따라 도나우강, 두노강 등으로 불린다. 다뉴강의 다리 한복판 국경을 지나 불가리아 경내로 접어들어 얼마를 지나자 해바라기밭이 황색의 향연을 펼친다. 한참을 더 가 점차 푸르런 산세가 짙어진다 싶더니, 오늘의 첫 목적지 벨리코 투르노보로 향하는 차창 밖은 온통 울창한 녹색 물결이다. 발칸 산맥의 40%가 불가리아 국토에 위치한다는 지리적 위상을 눈으로 확인할 수 있었다.

불가리아 북부의 고풍스런 고도 벨리코 투르노보(Veliko Tarnovo)는 제2차 불가리아 제국(1185~1396)의 수도였던 곳으로, 고혹적 곡각미를 자랑하는 얀트라강 협곡의 능선에 자리하고 있었다. 우리는 시청 앞 식당에서 현지식으로 점심을 든 후, 13세기 오스만 트루크 침공에 대비해 요새화된 중세의 성채, 벨리코 투르노보성으로 향하였다. 1393년 오스만제국의 공격으로 불탈 때까지 불가리아 방위의 첨병이었던 이 곳 성채 위에서 협곡을 구비쳐 흐르는 얀트라강을 굽어보니 어디선가 눈에 익은 지형이 생각난다. 그렇다! 타호강이 유유히 흐르던, 중세 스페인(카스티야)의 수도였던 고도 톨레도의 지형과 빼닮아 있다. 발칸반도에서 느끼는 남유럽의 정취는 묘한 설레임을 동반케 한다.

우리는 방어적 기능으로 요새화된 고성 위를 주유하며 '불가리아의 아테네'로 불렸던 고도(古都)의 운치를 되새김질해 보았다. 여느 교회와 달리 벽화가 상당히 현대적 회화풍이어서 눈길을 끈 성모승

천성당과 성 입구초입 맞은편에 근엄한 자태를 드러내는 종합대학이 가장 인상적이었다. 성에서 내려온 우리는 600년 역사의 전통가옥거리와 차르베츠 구릉지대를 거닐며 자유시간을 가졌다. 동구권에서 사라져가는 레닌 동상이 마을 어귀 한 켠에 아직도 건재한 모습을 보니 이곳이 세속에 물들지 않고 시간이 더디 흐르는 전통의 고도임에 틀림없나 보다. 다시 버스는 수도 소피아로의 먼 여정을 계속한다. 발칸의 산세가 창밖으로 멀어졌다 가까워지며 태양과 숨바꼭질하기를 너덧시간, 오후 6시경이 되어서야 우리는 동로마의 유스티니아누스 황제가 딸 소피아 공주의 요양치료를 위해 들렀다가 도시의 이름으로 명명하게 되었다는 지혜와 장미의 도시 소피아에 다다를 수 있었다.

2011년 6월 28일, 소피아의 아침은 무궤도 차량에 실려가는 민생의 숨소리로부터 시작되고 있었다. 소피아 시내 중심가에서 하차한 우리 눈 앞에 가장 먼저 포착된 것은 오스만 지배 시절 건설된 이슬람사원 바냐바시 모스크. 발칸 최고(最古) 이슬람사원인 이 건물 맞은편으로 역시 동시대에 세워진 이슬람의 재래시장 그랜드 바자르가 위치해 있고 그 안쪽으론 시나고그(유대교 공회당)가 모습을 드러낸다. 출근길에 나선 소피아 시민들과 눈인사를 나누며 좌측 한길로 들어서니 많은 이들이 공중 수돗가에서 물을 마시거나 세면을 하며 휴식을 취하고 있다. 나신의 큐피터상이 마중하는 이곳은 바로 소피아 시민이 애호하는 온천수 공급대.

오스만 시절 이래 이곳의 풍부하고 양질의 지하온수는 오스만의 명물 터키탕 건립의 원천이 되어 왔었다. 동로마 시절의 유적과 오스만 시절의 터키탕 유허를 지나 계속 걷다 보니 지하철 공사 현장이

나타난다. 예가 바로 공산정권 시절 소피아의 최중심부, 레닌광장이다. 레닌 동상이 철거된 자리에 대체된 지혜의 여신 소피아 상을 마주보며 좌우측에 대통령궁과 정부청사가 자리한 가운데, 그 중심에 스탈린 양식의 구 공산당 본부가 위용을 뽐내고 있다. 공사 도중 로마시대의 유물이 발굴돼 임시 보존 중인 지하도를 건너 대통령궁 초입에 들어서니 흰색 예복으로 한껏 멋을 낸 2인조의 근위 초병이 근엄한 표정으로 버티고 서 있다.

궁내에서 가장 주목되는 곳은 세르디카(비잔틴 시절 소피아의 지명) 유적지. 3세기경 로마인에 의해 적벽돌로 세워진 세르디카 성벽의 일부가 궁내 뜰에 남아 있는데, 성벽 바로 안쪽으로 십자가를 매단 도움형 지붕이 소담스러운 성 조지 교회(4세기 건립)가 자리하고 있어 눈길을 끈다. 성조지교회 맞은편으론 쉐라톤 호텔이 위치하고 있는데 덕분에 이 호텔 화장실에서 용변을 해결할 수 있어 좋았다. 대통령궁을 나온 우리는 레닌광장에 우뚝 솟은 소피아 여신상과 성 페트카 지하교회(오스만 시절인 14세기에 반지하로 지어진 중세 불가리아정교회)를 배경으로 기념촬영을 한 뒤, 광장 북쪽으로 거슬러 올라갔다.

고풍스런 품격이 돋보이는 춤백화점과 발칸호텔을 지나쳐 돌로 포장된 운치있는 도로 옆 인도를 걸어가는데 신호대기 중인 자동차 속 운전자들이 이방인의 무리를 환하게 웃으며 반겨준다. 유럽에서 가장 오랜 고도(古都)의 하나인 소피아의 고품격 낭만이 가슴으로 전해져 온다. 입구에 주차된 은행장의 벤츠 승용차가 탐스러웠던 국영중앙은행, 처마 위에 걸린 베토벤 합창교향곡의 악보가 인상적인 국립미술관(옛 왕궁), 녹색의 아름다운 자태를 뽐내던 니콜라스 교회당

(불가리아 정교) 등을 지나니 넓은 교차로 광장이 나타나고 중앙으로 러시아 황제 알렉산더 넵스키의 기마동상이 위용을 자랑한다.

　기마 동상을 중심으로 백색의 국회의사당, 푸른 지붕의 소피아대학, 검은 지붕의 국영인쇄창 등이 방사선 구도로 자리하고 있는 이 지역에서 가장 눈길을 끈 것은 뭐니뭐니 해도 발칸 최대의 정교회 사원인 알렉산더 넵스키 사원. 러시아·투르크 전쟁(1877~1878)에서 불가리아 독립을 위해 전사한 20만 러시아군의 원혼을 달래기 위해 건축(1882~1912)된 네오비잔틴 양식의 이 성당의 명칭은 당시 러시아 황제 알렉산더 넵스키의 이름에서 명명되었다. 5,000명을 수용할 수 있는 성당 내부는 6개국 예술가들에 의해 완성된 프레스코 벽화 및 거대한 샹들리에로 화려하게 장식되어 있었는데 이태리 대리석과 이집트 설화석고, 그리고 브라질 마노 목재조각 등 이질적 재료들이 묘한 조화를 이루고 있어 감탄을 자아내게 한다. 특히 성당 입구에 러시아를 비롯한 동구 슬라브 문화권에 광범위하게 쓰이고 있는 키릴 문자를 발명한 불가리아정교회의 사제 키릴로스, 성 메토디오스 형제의 초상화가 이콘으로 장식되어 있어 눈길을 끌었는데, 그리스인 키릴로스 형제는 슬라브 문화권에 쉽게 포교하기 위해 자신들의 고향 방언을 바탕으로, 마케도니아어, 글라골어 등을 효과적으로 혼합해 키릴문자를 창조했다고 한다.

　소피아의 하이라이트, 알렉산더 넵스키 성당을 나온 우리는 성당 인근의 노점에서 기념품 쇼핑을 하며 자유시간을 즐겼는데, 모딜리아니의 화풍을 닮은 자신의 그림을 판매대에 전시해 두고 유유자적 담배를 피우는 초로의 여류화가의 표정에서 발칸을 대표하는 지성과 문화의 도시 소피아(희랍어로 지혜를 의미하는 단어)의 자긍심을 읽을 수 있었다. 베오그라드를 향해 출발하는 버스의 차창 밖으로 핸드폰 통화에 정신이 없는 정교회 사제의 실루엣이 어른거린다 싶더니, 로마와 비잔틴과 오스만의 웅혼한 숨결이 묻어나는 소피아의 이글거리는 한낮 태양이 아쉬운 작별의 손짓을 해대고 있었다.

3) 발칸의 맹주를 찾아서; 세르비아

2011년 6월 29일(수요일) 베오그라드의 아침은 추적추적 내리는 여름비의 청승으로 시작되고 있다. 오늘 우리의 첫 여정은 세르비아의 민족적 비원이 담긴 칼레메그단 공원. '요새'란 뜻의 칼레(kale)와 '전쟁'이란 뜻의 메그단(megdan)의 터키합성어로 명명된 이 곳은 원래 동로마 유스티니아누스 1세 시절에 건축된 요새였으나, 현재는 베오그라드 시민들의 휴식공간으로 각광받고 있다. 특히 19세기 초 2차에 걸친 대 오스만 항전(1804~1813년, 1815~1818년)에서 숱한 세르비아 젊은이들이 산화한 비극의 현장이기도 한 이 곳은 세르비아의 민족적 자존심과 애국심을 대변하는 상징적 처소이기도 한데, 성채 위에서 바라보면 좌측의 사바강과 우측의 다뉴강이 합쳐지는 '두물머리'의 현장성이 생생히 각인된다.

유럽의 강 중 유일하게 동진(東進)하는 다뉴강과 유럽 중남부의 구 유고연방을 순례하는 사바강이 이 곳에서 합쳐진다는 건 단순한 지정학적 의미 이상으로 내게 다가왔다. 유럽의 온 기운을 세르비아인의 가슴에 품게 해 발칸반도를 이끄는 맹주로서의 자부심을 갖게 한 원동력을 예서 발견한 때문이다. 사상 초유의 인종청소론으로 세계 각국으로부터 비난을 받고 결국은 세르비아의 수중에서 떨어져 나간

코소보만 해도 그렇다. (물론 세르비아는 아직 코소보의 독립을 승인하지 않고 있다.) 코소보는 단지 오스만시절 알바니아 이슬람교도의 집단이주지이기만 한 게 아니라, 오스만군대와 전투에서 세르비아군이 옥쇄(玉碎)한 세르비아 민족의 정신적 추모지로서 결코 포기할 수 없는 민족적 성지인 것이다.

베오그라드(하얀 성채란 뜻) 도시 자체가 바로 이 칼레메그단을 모체로 형성되었다 할 정도로 중요한 이 성채의 윗부분엔 2차대전 승리를 기념하는 '승리자의 탑(스포메니크 포베드니카)'이 위치해 공원 산보객에게 뒷 자태를 보여주고 있는데, 앞면을 보여주지 않고 구태여 돌아서 있는 건 횃불을 든 탑의 인물이 나신(裸身)이기 때문이다. 성채 외곽에 전시된 양차 세계대전의 무기들을 흘깃 살피며 성 밖으로 나오는데 빗방울이 더욱 거세진다.(재미있는 건 양차 대전 무기를 구별하는 기준이 고무의 착용 여부라 한다.)

우리는 공원 중심부의 전쟁박물관을 지나 울창한 숲에 둘러싸인 세르비아 예술가들의 흉상들을 보면서 '투쟁의 분수(폰타나 보르바)'와 제1차 세계대전의 동맹국 프랑스에 대한 세르비아인의 사의를 표시한 '프랑스에 대한 감사기념탑'에까지 이르렀다. 칼레메그단 공원을 나와 지척의 문화거리 스카다리야에 이르도록 빗방울은 전혀 수그러들지 않는다. 돌로 포장된 이 거리의 둔덕을 거닐며 여름비의 운치를 맛보는 것도 가히 나쁘지 않은 추억이 될 것 같다. 19~20세기 초 세르비아 유명 예술인들의 집결처로, 파리의 몽마르뜨에 비견된다는 이 곳엔 당시 이 거리에서 웅혼한 예술혼을 펼쳤던 그들의 숨결을 접할 수 있었는데, 특히 매일 일정시각에 빨강,하양,검정의 모자를 쓴 세 문인이 만났다는 '세 모자 카페'와 그 주인공을 형상화한 유라 야크월의 청동좌상이 인상적이었다.

　알록달록 천연색으로 예쁘게 도색된 버스와 무궤도차량이 빗방울을 가르며 서행하는 대로에 나서니 베오그라드의 우중 낭만이 온몸에 전해진다. 스카다리야의 조용한 감동을 가슴에 안고 한길로 나선 우리 눈 앞에 금방이라도 말에서 뛰어내릴 듯한 기세의 위엄있는 사내가 버티고 서 있다. 미하일 왕 기마상이다. 그러고 보니 예가 1945년 11월 29일 공화국제 공포를 기념키 위해 명명된 공화국 광장이다. 미하일 왕 기마상을 중심으로 오페라하우스, 국립중앙도서관 등이 연이어진 공화국광장 건너편으로 주말이면 젊은이들로 넘치는 트라지예 광장이 자리하고 있다. 광장을 지나 보행자 전용도로로 접어드니 온갖 유명 브랜드샵과 쇼핑몰, 카페, 갤러리 등이 밀집해 있다. 세르비아의 수도 베오그라드의 속 깊은 저력을 보여주는 이 거리가 바로 크네즈 미하일로 거리.

　때 마침 축제 중이라, 축제의 테마에 맞추느라 형형색색의 컬러로 치장한 온갖 형상의 우공(牛公)들이 인간 대신 퍼포먼스의 행렬을 펼치고 있어 이채롭다. 정면에 우물분수대를 거느리고 크네즈 미하일로 안쪽에 숨어있는 베오그라드 철학대학을 지나 비 나리는 보행자 도로를 좌측으로 돌아 한참 가니 멋있는 정교회 건물이 나타난다. 예가 1840년 '사바'라는 이가 세운 세르비아 정교의 보루, 사보르나 교회다. 교회 이름을 빙자해 '사보르나 교회 옆 카페'란 상호로 영업하다 교회의 제재로 이를 못 쓰게 하자 '물음표(?) 카페'로 상호를 바꿔 더욱 성업 중이라는 교회 맞은 편 카페를 보면서 인간의 끝 없이 기발한 발상을 잠시 되새김질하는 동안, 빗줄기가 조금 가늘어진다.

　되돌아오는 길에 잠시 베오그라드 철학대학 구내에 잠입해 보았다. 이곳의 인문계 수재들이 몰린다는 이 대학의 수업중인 대형강의실엔 세르비아 젊은 지성의 조용한 열기로 가득차 있었다. 체리, 수박, 바나나, 살구 등 유럽특산 과일구매를 위해 들렀던 재래시장에서 세르비아 서민의 건강한 숨소리를 실컷 들은 우리가 다시 버스에 올라 베오그라드 시내를 주유(周遊)하는데 차창 밖으로 내전 당시의 폭격으로 만신창이가 된 건물이 보인다. 나토(NATO)의 스마트포탄(건물외부를 뚫고 들어가 내부에서만 폭발하는 특수탄) 세례를 받은 국방부와 육군본부 청사란다. 현재 리모델링할 새 주인을 맞기 위해 매물로 내놓은 상태라고 한다. 이제 발칸의 맹주를 자처하는 세르비아의 수도 베오그라드의 일정이 막을 내리는 찰라, 새로운 여정을 위해 사라예보로 진군하는 우리 앞에 사바강이 자태를 드러낸다.

휴가시즌에 도로공사를 하느라 베오그라드를 빠져나가려는 차량이 고가도로 진입로에 연 걸리듯 주렁주렁 매달린 사이로 삼성의 로고 간판이 선명히 보인다. 그러다 어느 순간 우리 시야에서 사라졌던 사바강이 다시 나타난 건 보스니아와의 국경지대. 며칠 전 루마니아에서 불가리아로 월경할 때 다뉴강을 건넜던 것처럼 보스니아로 건너가는 오늘은 사바강을 다시 건넌다. 보스니아 경내로 접어들고서도 사바강과 매치된 줄리언알프스 산록을 한참이나 따돌린 끝에 드디어 오늘의 숙소, 사라예보의 할리우드호텔에 이를 수 있었다. 서둘러 저녁식사를 끝내고 사라예보의 밤마실에 나섰다. 프론트에서 5유로 어치의 보스니아 화폐로 급히 환전한 후, 인근의 종점에서 3번 트램을 집어탔다. 사라예보의 구시가 중심까지 갔다 그 길로 되돌아오는 순환노선이다. 약 45분 가량을 가서야 1차세계대전의 비원이 서린 라틴다리가 차창 밖으로 헬슥한 자태를 드러낸다.

달빛어린 밀랴츠카 강변 인도를 거닐어 사라예보의 상징, 세빌리 샘이 위치한 바슈카르지아 광장에 찾아들었다. 야외 카페에 앉아 쥬스 한 잔을 마시며 이슬람의 정취를 한껏 뽐내는 가지 후스레브 베그 모스크의 왠지 서글픈 속살을 물끄러미 바라보노라니 신혼시절 아내의 쪽진 머리가 불현듯 떠오른다. 이래서 여행은 '추억으로 가는 마지막 비상구'라 하나보다. 그러나 오만한 방외인(房外人)에 대한 축복은 거기까지였다. 흐뭇한 똥집을 고이 누르며 귀환 트램에 오른 나는 미친 홍에 홀로 겨워 승차권 구매를 까맣게 잊고 말았다. '가는 날이 장날'이런가! 불과 3정거장을 못 넘기고 집채만한 덩치의 단속반에게 걸리고 말았다. 이날 밤 나는 정상운임의 30배에 달하는 15유로의 패널티를 물고서야 다시 트램에 오를 수 있었다. 1년에 몇 번 나올까 말까 한다던 단속반이 그날 밤 뜰 줄이야! 아으! 다롱다리! 어즈버! 악연의 사라예보여! 잔뜩 볼이 부어 호텔로 귀환하는 날 태운 3번 트램의 차창 밖으로 사라예보의 초승달이 "꺼이 꺼이" 소리내어 구슬프게 통곡하고 있었다.

4) 이슬람의 숨결, 보스니아 헤르체코비나

세계 1차대전의 발원지요 유고 내전의 격전지 사라예보의 도심엔 밀랴츠카강이 흐르고 있다. 차창 밖 밀랴츠카 강변으로 초하(初夏)의 아침햇살이 싱그럽다. 1973년 4월 이에리사, 정현숙의 한국 여자탁구 대표팀이 중공, 일본을 연파하고 구기 종목 사상 최초로 세계제패를 했던 감격의 현장(스켄데리아 체육관)이 막 차창 밖으로 지나가고 있다. 세계 제1차대전을 잉태시킨 역사의 현장, 라틴다리 아래론

맑은 강물이 비극의 100년 세월을 거슬러 흐르고 있다. 우리는 1914년 6월 28일, 오스트리아 황태자 부부 저격사건이 벌어졌던 그 때 그 장소에 멈춰서서 속절없이 강물을 유유자적(悠悠自適)하는 송어떼를 물끄러미 바라보았다. 이젠 역사 속의 밀랍이 되어버린 그날의 얼굴들이 내게 뭔가 말을 걸어오는 듯하였다.

오스만 제국 이후 새로이 보스니아 헤르체코비나를 통치하게 된 오스트리아 헝가리 제국의 황태자 프란츠 페르디난트가 아내 호엔베르크 소피아를 대동하고 사라예보를 방문하자, 보스니아 헤르체코비나를 범슬라브 민족국가 대열에 합류시키려던 세르비아 청년비밀 결사 '검은 손'의 일원이었던 가브릴로 프린치프가 바로 이 다리 부근에서 이들 부부를 저격했던 것. 원래 '검은 손'의 다른 행동대원이 국회 의사당 앞에서 이들 부부를 향해 방아쇠를 당겼으나 소피아 황태자비가 너무 아름다워 차마 정조준을 못한 탓에 실패로 끝날 뻔한 이 사건은 병원으로 가자는 황태자의 말을 못 알아들은 기사가 호텔로 향하는 라틴 다리 앞을 지나는 바람에 2차 저격으로 이어졌다. 라틴 다리 초입의 카페에서 저격 실패에 따른 대책을 논의하던 '검은 손' 단원 중 프린체프가 때 마침 그들 앞을 통과하던 황태자의 차를 발견하고 뛰쳐나와 대망의 거사를 성공시켰던 것.

젊은 부부의 목숨을 앗아갔던 개인사적 비극은 세계 1차대전이란 집단의 비극을 잉태했던 바, 그 잉태의 현장엔 당시의 흔적을 정리한 역사박물관이 들어서 있고 문제의 카페엔 그날의 피비린내를 날려버리려는 듯 LG마크도 선명한 에어콘 배출기가 끊임 없이 실내의 열기를 걷어내고 있었다. 어젯밤 15유로의 벌금을 물며 내가 타고 나왔던 3번 트램이 경적을 울리며 그 앞을 지나간다. 이 자그마한 다리 위를 날아간 총알 하나가 범게르만(독일, 오스트리아)과 범슬라브(러시아, 세르비아)의 민족감정을 부채질하고 여기에 영국, 프랑스의 견제 심리까지 유발시켜 세계대전을 발발시켰다니 실로 인간사의 부질없는 도미노적 욕망을 절감하게 된다.

우리는 내전의 상처를 씻고 리모델링 중인 합스부르크 시절의 국회의사당 건물(현 사라예보 시청)과 이 공사 때문에 다리 건너로 옮기게 된 '의리의 레스토랑'을 거쳐 라틴 다리 주변에서 기념 촬영을 한 후, 사라예보의 도심으로 서서히 진입해 들어갔다. 박물관 어귀를 좌측으로 돌아서니 비극의 그날 밤 황태자부부가 묵었던 오이로파 호텔이 정면에 마주 보인다. 이 호텔은 그 유명세에 힘입어 훗날 안젤리나 졸리를 비롯한 숱한 인사들이 투숙했단다. 가던 길을 재촉하니 오스만 시절의 이슬람 유적이 도심 속에 펼쳐져 있는 가운데 이슬람 시장 '베지스탄 바자르'의 입구가 보인다.

여느 정교회와 달리 오색의 스테인드글라스로 도배된 보스니아정교회 예배당을 둘러보고 나와 잠시 걷다 보니 노인들이 마당놀이 체스를 즐기는 광장이 보인다. 예가 바로 파고다공원. 지척에 사라예보 평화의 상징 기념비와 1961년 노벨문학상을 수상한 [드리나강의 다리의 작가 이보 안드리치 흉상이 보이고 바닥엔 1984년 사라예보 동계 올림픽의 심벌마크가 보도블록 속에 새겨져 있다. 내부 수리 중이라 입장할 수 없었던 카톨릭교회를 지나 오스만 시절의 여관(모리차한)을 둘러본 후, 오스만 시절의 터키탕을 지나 베지스탄 바자르에 들러 잠시 기념품 쇼핑을 한다.

자갈로 덮힌 터키 장인의 거리 바슈카르지아街를 주유(周遊)하노라면 내가 비로소 유럽 최대의 이슬람 도시 사라예보에 와 있음을 실감하게 된다. 이 거리의 중심에서 미나렛(회교사원의 첨탑)과 함께 그 위용을 드러내는 '가지 후스레브 베그 모스크'를 만나는 순간, 발칸 이슬람의 그 기묘한 체험감은 절정에 이른다. 오스만 시절의 지방 주지사 가지 후스레브 베그에 의해 16세기에 건립된 이 사원은 그 주변에 이슬람교 신학교인 메드레세, 빈민을 위한 무료 취사장인 이마레트, 공중목욕탕인 하맘, 그리고 공중화장실 등을 갖추고 있어 단순 과시용이 아닌, 민생에 밀착한 생활 종교로서의 터전 구실을 톡톡히 하고 있었다. 이슬람풍의 가게가 이어진 자갈도로를 빠져 나오면 바슈카르지아 광장이 나타나는데 광장의 중심에 원두막 모양의 세빌리 샘이 버티고 서있다. 이 샘의 물을 마시면 사라예보에 다시 오게 된다는 속담이 있을 만큼 세빌리 샘은 사라예보 시민의 사랑과 관심을 받는 이곳의 절대적 상징물이다.

말라츠카강의 송어로 요리한 송어구이로 점심을 먹은 우리는 이제 보스니아와 함께 이 나라의 또 다른 축을 이루는 헤르체코비나 제1의 도시(독립왕국 시절의 수도) 모스타르를 향해 남서진(南西進)하기 시작한다. 차창 밖으로 1차대전 위령(타오르는 횃불)탑과 유고 내전 당시 희생된 어린이를 추모하는 조형물이 보이는가 싶더니 어느덧 버스는 교외로 접어들고 있다. 사바강의 지류 보스나강(강폭을 보니 우리 동네 도랑 수준이다.)이 흐른대서 보스니아로 명명된 보스니아 지역과 헤르체코 가문이 터를 닦았대서 헤르체코비나로 명명된 헤르체코비나 지역은 1908년 합스부르크 왕가에 의해 통합되기 전엔 별개의 왕국이었었다. 사라예보를 벗어난 버스가 기암괴석의 산하를 돌아, 맑디 맑은 네레트바강 어귀에 들어서자 여기저기 송어 양식장이 모습을 보이면서 곡각진 푸른 계곡의 고혹적 정경에 숨이 멎을 지경이다.

　드디어 모스타르 성당의 주차장에 버스가 서고, 우리는 이 지역의 명소 스타리 모스트(네레트바강을 가로 지르는 모스타르의 아름다운 다리)를 향해 구시가의 조약돌 거리를 거슬러 올라갔다. 오스만 시절인 1566년 건설되었다가, 유고 내전 당시 이슬람세력의 보급로를 차단키 위해 크로아티아계 카톨릭세력에 의해 1993년 폭파되었던 이 다리는 1088조각의 돌을 그대로 이어붙여 2004년 유네스코에 의해 복원되었다. 네레트바강가에서 올려다 본 다리의 모습도 아름다웠지만, 아이스크림을 베어물며 다리 위에서 모스크를 둘러싼 이슬람 마을을 내려다보는 운치도 정말 멋있었다. 오늘 크로아티아로 넘어가야 하는 우리에겐 너무 짧은 체류시간이 아쉬울 뿐이다. 내전의 탄흔이 가득한 정겨운 조약돌 거리를 내려오는데 자꾸만 뒤돌아 보고픈 충동이 인다.

　다시 포도밭이 나오고 네레트바강이 휘감아도는 산하를 숨바꼭질하듯 내달리는데 '메주고리예'를 가리키는 표지판이 창밖으로 스쳐지나간다. 1981년 성모가 출현했대서 파티마(폴투칼), 루르드(프랑스), 과달루페(멕시코)에 이어 제4의 기적지로 불린다는 메주고리예는 원래 '산과 산 사이의 지역'을 의미하는 말로, 헤르체코비나 남부의 한적한 농촌이다. 오늘 중으로 드브로보닉에 닿아야 하는 일정상 들르지 못하는 아쉬움을 차창 밖 풍경 촬영으로 대신해야 했다.

　드디어 차창 밖으로 아드리아해의 싱그런 물빛이 들어찬다 싶더니 크로아티아 국경에 접어든다. 그러나 얼마 가지 않아 또 다시 보스니아 국경에 들어선다. 보스니아의 아드리아 연안도시 네움(Neum)이다. 이게 웬 일인가 싶어 알아봤더니, 중세 베니스 공화국의 침략에 시달리던 드브로보닉 공화국이 오스만의 보호를 받기 위해 1699년, 약 10여 km 해안의 이 지역을 헌납한 것이 단초였다. 오스만이 물러간 후, 유고연방에 속했던 네움은 유고연방이 해체되자 보스니아에 귀속돼 오늘에 이르게 된다. 약 20여 분을 달리자 다시 크로아티아의 국경이 나타난다. 멋있는 사장교 네레트바대교를 지나 곡각진 해안길을 내달리는데 창 밖은 온통 주황빛 일색이다. 물받침 없는 주황색 기와지붕의 끝 없는 행렬이 매스게임을 하듯 아드리아의 해변을 수놓고 있다. 드브로보닉의 주황빛 서정이 고혹적 몸부림으로 다가오고 있다. 서산 너머로 황금빛 물안개가 힘겹게 태양을 밀어내고 있었다.

(『시간 속의 여행』, 중문, 2021, 246-278쪽)

저자 소개 _ 윤 정 헌

- 경일대 후지오네 칼리지 학장 (교양학부 교수; 문학박사)
- 소설연구자, 영화평론가, 여행칼럼니스트
- 영화칼럼 [윤정헌의 시네마라운지] 연재 (영남일보 : 2004~2017)
- 저서 : 『'허영의 시장'의 이해』(형설출판사, 1988), 『박태원 소설 연구』(형설출판사, 1994), 『문학과 영화 사이』(중문, 1998), 『한국근대소설론고』(국학자료원, 2001), 『영상문학교육론』(중문, 2005), 『갈 곳은 많고 돈은 없다』1·2(북치는 마을, 2006), 『누워서 영화 읽기』(새미, 2009), 『굿바이소년을 찾아서』(새미, 2010), 『영화, 그리고 이야기』(학이사, 2012), 『우리 시대의 영화 읽기』(학이사, 2015), 『영화와 스토리텔링』(중문, 2017), 『현대소설과 스토리텔링』(중문, 2018), 『영화 이야기』(중문, 2020), 『시간 속의 여행』(중문, 2021) 등.

현대 기행수필론

인쇄 _ 2022년 11월 15일
발행 _ 2022년 11월 21일

저자 _ 윤 정 헌

발행처 _ 도서출판 중문
　　　　대구광역시 중구 봉산문화길 70
　　　　전화 _ (053) 424-9977
　　　　E-mail _ jmpress@hanmail.net

ISBN _ 978-89-8080-611-9　03810

정가 _ 15,000원

* 잘못 만들어진 책은 본사나 구입처에서 교환하여 드립니다.
* 저작권법에 의해 보호를 받는 도서이니 일부 또는 전부를 복제 사용하는 것을 금합니다.